BESTACTIVITYBOOKS.COM

PREMIERE ÉDITION

Dépôt légal, 2022

Illustration Graphique Extra: www.freepik.com
Merci à Alekksall, Starline, Pch.vector, Rawpixel.com, Vectorpocket, Dgim-studio, Upklyak, Macrovector, Stockgiu, Pikisuperstar & Freepik.com Designers

5 ASTUCES POUR DÉMARRER !

1) COMMENT RÉSOUDRE LES MOTS MÊLÉS

Les puzzles sont dans un format classique :

- Les mots sont cachés sans espaces, tirets, ...
- Orientation : Les mots peuvent être écrits en avant, en arrière, vers le haut, vers le bas ou en diagonale (ils peuvent être inversés).
- Les mots peuvent se chevaucher ou se croiser.

2) UN APPRENTISSAGE ACTIF

Un espace est prévu à côté de chaque mots pour noter la traduction. Pour favoriser un apprentissage actif un **DICTIONNAIRE** à la fin de cette édition vous permettra de vérifier et étendre vos connaissances. Cherchez et notez les traductions, trouvez-les dans le Puzzle et ajoutez-les à votre vocabulaire !

3) MARQUEZ LES MOTS

Vous pouvez inventer votre propre système de marquage. Peut-être en utilisez-vous déjà un ? Sinon, vous pourriez, par exemple, marquer les mots qui ont été difficiles à trouver d'une croix, ceux que vous avez aimés d'une étoile, les mots nouveaux d'un triangle, les mots rares d'un diamant, etc...

4) STRUCTUREZ VOTRE APPRENTISSAGE

Cette édition vous offre un **CARNET DE NOTES** très pratique à la fin du livre. En vacances ou en voyage ou à la maison, vous pouvez facilement organiser vos nouvelles connaissances sans avoir besoin d'un second bloc-notes !

5) VOUS AVEZ FINI TOUTES LES GRILLES ?

Allez à la section bonus **CHALLENGE FINAL** pour trouver un jeu gratuit à la fin de cette édition !

Simple et Rapide ! Découvrez notre collection de livres d'activités pour votre prochain moment de détente et **d'apprentissage**, à juste un clic de distance !

Trouvez votre prochain défi sur :

BestActivityBooks.com/MonProchainLivre

À vos marques, prêts... Partez !

Saviez-vous qu'il existe environ 7 000 langues différentes dans le monde ? Les mots sont précieux.

Nous aimons les langues et avons travaillé dur pour créer les livres de la plus haute qualité pour vous. Nos ingrédients ?

Une sélection des thématiques d'apprentissage adaptée, trois belles parts de divertissement, puis nous ajoutons une cuillère de mots difficiles et une pincée de mots rares. Nous les servons avec soin et un maximum de plaisir pour vous permettre de résoudre les meilleurs jeux de mots mêlés qui soient et d'apprendre en vous amusant !

Votre avis est essentiel. Vous pouvez participer activement au succès de ce livre en nous laissant un commentaire. Nous aimerions vraiment savoir ce que vous avez préféré dans cette édition !

Voici un lien rapide qui vous mènera à la page d'évaluation de vos commandes :

BestBooksActivity.com/Avis50

Merci pour votre aide et amusez-vous bien !

De la part de toute l'équipe

1 - Adjectifs #2

Φ	Δ	Η	Μ	Ι	Ο	Υ	Ρ	Γ	Ι	Κ	Ή	Τ	Έ	Ε	Λ
Π	Υ	Ν	Ο	Ξ	Μ	Λ	Β	Β	Π	Μ	Ω	Ω	Ν	Ί	Ί
Α	Α	Σ	Ρ	Η	Α	Υ	Ε	Ό	Ρ	Υ	Χ	Σ	Ι	Ν	Τ
Λ	Α	Π	Ι	Η	Μ	Ε	Η	Χ	Ο	Ρ	Ε	Π	Υ	Ο	Χ
Μ	Γ	Ξ	Λ	Κ	Γ	Ό	Ή	Κ	Ι	Τ	Α	Μ	Α	Ρ	Δ
Υ	Ν	Χ	Δ	Γ	Ή	Κ	Ί	Τ	Κ	Ο	Ξ	Ί	Ν	Έ	Π
Ρ	Ό	Ρ	Η	Ξ	Ι	Ι	Λ	Ξ	Ι	Ο	Μ	Β	Μ	Φ	Ε
Ή	Ρ	Ξ	Ω	Ψ	Γ	Τ	Ξ	Η	Σ	Η	Ι	Α	Δ	Α	Ρ
Υ	Π	Ε	Ύ	Θ	Υ	Ν	Ο	Σ	Μ	Ω	Χ	Δ	Τ	Ι	Ι
Κ	Ο	Μ	Ψ	Ό	Ι	Ε	Ι	Ν	Έ	Η	Ί	Ω	Ί	Δ	Γ
Ρ	Χ	Ω	Γ	Ί	Ε	Θ	Ρ	Ρ	Ν	Τ	Σ	Μ	Έ	Ν	Ρ
Τ	Έ	Λ	Έ	Υ	Λ	Υ	Γ	Η	Ο	Β	Ί	Ά	Τ	Ε	Α
Ξ	Η	Π	Λ	Ν	Ί	Α	Ά	Ε	Σ	Ο	Ί	Ν	Ι	Δ	Φ
Ν	Έ	Α	Σ	Ω	Ξ	Ι	Λ	Ι	Σ	Χ	Υ	Ρ	Ή	Δ	Ι
Π	Β	Τ	Ν	Χ	Ί	Λ	Γ	Ξ	Τ	Ρ	Έ	Τ	Μ	Δ	Κ
Έ	Δ	Π	Α	Ρ	Α	Γ	Ω	Γ	Ι	Κ	Ή	Υ	Ψ	Έ	Ό

ΑΥΘΕΝΤΙΚΌ
ΔΙΆΣΗΜΗ
ΔΗΜΙΟΥΡΓΙΚΉ
ΠΕΡΙΓΡΑΦΙΚΌ
ΠΡΟΙΚΙΣΜΈΝΟΣ
ΔΡΑΜΑΤΙΚΉ
ΚΟΜΨΌ
ΥΠΕΡΟΧΗ
ΙΣΧΥΡΉ
ΕΝΔΙΑΦΈΡΟΝ
ΦΥΣΙΚΉ
ΝΈΑ
ΠΑΡΑΓΩΓΙΚΉ
ΙΣΧΥΡΌ
ΑΓΝΌ
ΥΠΕΎΘΥΝΟΣ
ΥΓΙΉ
ΑΛΜΥΡΉ
ΆΓΡΙΟ
ΞΗΡΌ

2 - Formes

Ί	Δ	Η	Ρ	Ι	Γ	Υ	Ο	Ν	Ώ	Γ	Ι	Ρ	Τ	Ο	Ν
Π	Τ	Έ	Ί	Ρ	Ν	Π	Ρ	Ρ	Έ	Ο	Ψ	Ο	Λ	Ψ	Δ
Γ	Έ	Ο	Ε	Η	Μ	Ε	Υ	Ω	Π	Σ	Ρ	Δ	Α	Λ	Δ
Υ	Π	Μ	Χ	Π	Δ	Ρ	Κ	Χ	Α	Ξ	Έ	Π	Έ	Δ	Μ
Σ	Ο	Λ	Κ	Ύ	Κ	Β	Λ	Ώ	Ί	Χ	Σ	Υ	Τ	Λ	Δ
Π	Ω	Δ	Ε	Ψ	Τ	Ο	Χ	Ω	Ν	Μ	Η	Ρ	Κ	Ά	Σ
Α	Ο	Η	Β	Υ	Τ	Λ	Ν	Β	Ω	Ο	Δ	Α	Ν	Ξ	Φ
Σ	Υ	Λ	Υ	Π	Ρ	Ή	Ξ	Ή	Γ	Ε	Σ	Μ	Ί	Π	Α
Β	Ω	Ύ	Ύ	Υ	Ε	Ά	Λ	Μ	Ν	Α	Υ	Ί	Τ	Ι	Ί
Δ	Δ	Π	Α	Γ	Α	Έ	Σ	Μ	Π	Μ	Ι	Δ	Ν	Ν	Ρ
Γ	Ι	Μ	Έ	Β	Ω	Π	Ί	Α	Ί	Ε	Τ	Α	Λ	Π	Α
Ο	Λ	Α	Π	Υ	Κ	Ν	Ξ	Ρ	Ε	Η	Χ	Τ	Τ	Έ	Μ
Β	Γ	Κ	Ν	Χ	Ύ	Γ	Ο	Γ	Π	Τ	Η	Ω	Π	Υ	Σ
Ά	Ρ	Ω	Χ	Δ	Β	Κ	Ύ	Λ	Ι	Ν	Δ	Ρ	Ο	Σ	Ί
Λ	Ο	Τ	Η	Ξ	Ο	Έ	Λ	Λ	Ε	Ι	Ψ	Η	Ρ	Ί	Ρ
Ξ	Τ	Ό	Ξ	Ο	Σ	Ο	Ρ	Θ	Ο	Γ	Ώ	Ν	Ι	Ο	Π

ΤΌΞΟ
ΆΚΡΗ
ΠΛΑΤΕΊΑ
ΚΎΚΛΟΣ
ΓΩΝΊΑ
ΚΑΜΠΎΛΗ
ΚΏΝΟΣ
ΠΛΕΥΡΆ
ΚΎΒΟΣ
ΚΎΛΙΝΔΡΟΣ
ΈΛΛΕΙΨΗ
ΥΠΕΡΒΟΛΉ
ΓΡΑΜΜΉ
ΟΒΆΛ
ΠΟΛΎΓΩΝΟ
ΠΡΊΣΜΑ
ΠΥΡΑΜΊΔΑ
ΟΡΘΟΓΏΝΙΟ
ΣΦΑΊΡΑ
ΤΡΙΓΏΝΟΥ

3 - Force et Gravité

Ί	Ο	Α	Ν	Α	Κ	Ά	Λ	Υ	Ψ	Η	Μ	Ω	Ψ	Ι	Ί
Ο	Ρ	Μ	Ή	Ψ	Ά	Λ	Ψ	Β	Έ	Π	Ψ	Η	Η	Δ	Ξ
Η	Τ	Χ	Γ	Κ	Π	Ι	Μ	Έ	Ν	Ί	Κ	Ρ	Χ	Ι	Ψ
Α	Ν	Σ	Ί	Έ	Α	Ξ	Χ	Ω	Ε	Ε	Ί	Ά	Μ	Ό	Π
Ί	Έ	Ο	Ε	Ν	Ρ	Θ	Α	Ο	Ώ	Σ	Ν	Ξ	Υ	Τ	Ο
Π	Κ	Σ	Χ	Π	Μ	Ε	Ο	Σ	Ρ	Η	Η	Ο	Τ	Η	Ν
Α	Π	Ό	Σ	Τ	Α	Σ	Η	Λ	Α	Τ	Σ	Ν	Α	Τ	Χ
Ι	Ε	Μ	Ξ	Γ	Γ	Γ	Ο	Ί	Ι	Ή	Η	Α	Χ	Α	Τ
Ο	Η	Σ	Α	Τ	Κ	Έ	Π	Ε	Ε	Κ	Δ	Σ	Ύ	Δ	Έ
Ή	Κ	Ι	Μ	Α	Ν	Υ	Δ	Β	Μ	Ι	Ή	Π	Τ	Έ	Β
Ι	Ψ	Τ	Η	Ζ	Φ	Ν	Ι	Ε	Τ	Ν	Ρ	Π	Η	Η	Ν
Ο	Δ	Η	Η	Υ	Τ	Υ	Χ	Ν	Β	Α	Λ	Λ	Τ	Τ	Δ
Υ	Τ	Ν	Ν	Γ	Β	Ψ	Σ	Ο	Β	Χ	Α	Ρ	Α	Ω	Ί
Ο	Σ	Γ	Λ	Ί	Ρ	Α	Χ	Ι	Ω	Η	Ι	Ν	Τ	Γ	Υ
Δ	Ε	Α	Υ	Ζ	Έ	Σ	Α	Ψ	Κ	Μ	Τ	Ρ	Ι	Β	Ή
Ε	Ξ	Μ	Π	Ω	Η	Ω	Ρ	Ω	Ί	Ή	Ψ	Ο	Ε	Ι	Σ

ΆΞΟΝΑΣ
ΚΈΝΤΡΟ
ΑΝΑΚΆΛΥΨΗ
ΑΠΌΣΤΑΣΗ
ΔΥΝΑΜΙΚΉ
ΕΠΈΚΤΑΣΗ
ΟΡΜΉ
ΤΡΙΒΉ
ΜΑΓΝΗΤΙΣΜΌΣ
ΜΗΧΑΝΙΚΉ
ΚΊΝΗΣΗ
ΤΡΟΧΙΆ
ΦΥΣΙΚΉ
ΖΥΓΊΖΩ
ΠΊΕΣΗ
ΙΔΙΌΤΗΤΑ
ΏΡΑ
ΚΑΘΟΛΙΚΉ
ΤΑΧΎΤΗΤΑ

4 - Adjectifs #1

Σ	Ι	Έ	Π	Ί	Ω	Ψ	Α	Ξ	Ό	Σ	Ο	Ώ	Θ	Α	Γ
Ε	Λ	Κ	Υ	Σ	Τ	Ι	Κ	Ό	Μ	Η	Ψ	Χ	Κ	Ψ	Ε
Γ	Ο	Υ	Η	Μ	Ρ	Σ	Ξ	Γ	Ο	Μ	Ε	Ρ	Α	Σ	Ν
Ρ	Ή	Υ	Λ	Β	Ν	Β	Λ	Υ	Ρ	Α	Α	Ή	Λ	Ι	Ν
Υ	Γ	Ν	Ρ	Ν	Ο	Ε	Γ	Ί	Φ	Ν	Τ	Σ	Λ	Τ	Α
Α	Ρ	Ω	Μ	Α	Τ	Ι	Κ	Ό	Η	Τ	Χ	Ι	Ι	Γ	Ι
Χ	Ε	Α	Τ	Π	Ε	Ρ	Ε	Ν	Ε	Ι	Μ	Μ	Τ	Η	Ό
Ω	Ν	Ι	Π	Ε	Χ	Γ	Ο	Λ	Δ	Κ	Ο	Η	Ε	Τ	Δ
Ρ	Ε	Γ	Σ	Ό	Ρ	Ε	Σ	Τ	Έ	Ό	Ν	Α	Χ	Ο	Ω
Γ	Ί	Δ	Ι	Α	Λ	Ά	Χ	Τ	Ί	Τ	Τ	Έ	Ν	Έ	Ρ
Β	Γ	Ψ	Η	Λ	Χ	Υ	Σ	Ν	Π	Π	Έ	Ε	Ι	Δ	Η
Α	Ρ	Γ	Ή	Ρ	Χ	Έ	Τ	Τ	Έ	Ο	Ρ	Μ	Κ	Υ	Ρ
Φ	Ι	Λ	Ό	Δ	Ο	Ξ	Ο	Η	Ι	Η	Ν	Γ	Ή	Ω	Ε
Β	Α	Ρ	Ι	Ά	Χ	Δ	Ν	Π	Δ	Ο	Ο	Ξ	Έ	Έ	Ψ
Ε	Ξ	Ω	Τ	Ι	Κ	Ό	Κ	Ι	Τ	Σ	Α	Τ	Ν	Α	Φ
Ί	Ν	Ν	Έ	Ξ	Τ	Λ	Ε	Π	Τ	Ή	Ί	Μ	Υ	Χ	Α

ΑΠΌΛΥΤΗ
ΕΝΕΡΓΉ
ΦΙΛΌΔΟΞΟ
ΑΡΩΜΑΤΙΚΌ
ΚΑΛΛΙΤΕΧΝΙΚΉ
ΕΛΚΥΣΤΙΚΌ
ΌΜΟΡΦΗ
ΕΞΩΤΙΚΌ
ΤΕΡΆΣΤΙΟ
ΦΑΝΤΑΣΤΙΚΌ
ΓΕΝΝΑΙΌΔΩΡΗ
ΊΔΙΑ
ΣΗΜΑΝΤΙΚΌ
ΑΘΏΟΣ
ΑΡΓΉ
ΒΑΡΙΆ
ΛΕΠΤΉ
ΜΟΝΤΈΡΝΟ
ΤΈΛΕΙΟ
ΧΡΉΣΙΜΗ

5 - Instruments de Musique

Μ	Ω	Β	Ε	Α	Α	Ο	Έ	Μ	Α	Δ	Ξ	Κ	Ω	Φ	Ν
Ο	Γ	Ι	Ο	Π	Τ	Π	Ι	Ά	Ν	Ο	Π	Λ	Ω	Α	Ψ
Μ	Ε	Ο	Ρ	Η	Σ	Ύ	Ο	Ρ	Κ	Ρ	Υ	Α	Σ	Γ	Β
Η	Ρ	Λ	Ρ	Ί	Ξ	Ο	Μ	Ε	Η	Υ	Ο	Ρ	Α	Κ	Ι
Ο	Μ	Ί	Σ	Σ	Δ	Δ	Γ	Π	Υ	Β	Ν	Ι	Ξ	Ό	Ο
Τ	Ρ	Ο	Μ	Π	Έ	Τ	Α	Ξ	Α	Τ	Ί	Ν	Ό	Τ	Λ
Υ	Ξ	Ζ	Ν	Μ	Ν	Υ	Ξ	Ε	Π	Ν	Λ	Έ	Φ	Ο	Ο
Ο	Η	Τ	Ι	Τ	Ί	Π	Τ	Υ	Μ	Ξ	Ο	Τ	Ω	Γ	Ν
Ά	Ι	Ν	Έ	Ε	Έ	Ψ	Ο	Τ	Ί	Τ	Τ	Ο	Ν	Ν	Τ
Λ	Π	Ά	Ψ	Χ	Η	Φ	Μ	Ν	Ρ	Μ	Ν	Μ	Ο	Γ	Σ
Φ	Ξ	Π	Υ	Ο	Έ	Α	Ι	Γ	Α	Ο	Α	Έ	Η	Α	Έ
Τ	Ί	Μ	Ι	Έ	Έ	Ό	Β	Ε	Μ	Τ	Μ	Ί	Ψ	Σ	Λ
Ξ	Α	Κ	Ι	Ν	Ό	Μ	Ρ	Α	Σ	Υ	Φ	Π	Ρ	Ξ	Ο
Ί	Υ	Β	Β	Υ	Β	Π	Γ	Κ	Ο	Ν	Γ	Κ	Ό	Ο	Ρ
Κ	Ι	Θ	Ά	Ρ	Α	Ο	Ά	Ρ	Π	Α	Λ	Ω	Τ	Ν	Ν
Ν	Τ	Α	Μ	Έ	Δ	Ε	Ι	Ο	Ν	Ε	Α	Ε	Λ	Ρ	Ι

ΜΠΆΝΤΖΟ
ΦΑΓΚΌΤΟ
ΚΛΑΡΙΝΈΤΟ
ΦΛΆΟΥΤΟ
ΓΚΟΝΓΚ
ΚΙΘΆΡΑ
ΦΥΣΑΡΜΌΝΙΚΑ
ΆΡΠΑ
ΌΜΠΟΕ
ΜΑΝΤΟΛΊΝΟ
ΜΑΡΊΜΠΑ
ΚΡΟΎΣΗ
ΠΙΆΝΟ
ΣΑΞΌΦΩΝΟ
ΤΎΜΠΑΝΟ
ΝΤΈΦΙ
ΤΡΟΜΠΌΝΙ
ΤΡΟΜΠΈΤΑ
ΒΙΟΛΊ
ΒΙΟΛΟΝΤΣΈΛΟ

6 - Herboristerie

Ο	Ε	Έ	Ο	Ξ	Η	Σ	Ύ	Ε	Γ	Μ	Π	Ε	Έ	Υ	Ω
Λ	Γ	Α	Ψ	Ε	Σ	Ό	Κ	Ι	Τ	Α	Μ	Ω	Ρ	Α	Χ
Λ	Ο	Υ	Λ	Ο	Ύ	Δ	Ι	Ό	Ί	Έ	Ι	Ψ	Ω	Τ	Α
Ι	Π	Γ	Ω	Ω	Α	Π	Ή	Λ	Ρ	Η	Ί	Π	Ι	Η	Ξ
Λ	Η	Ί	Π	Λ	Δ	Ξ	Κ	Ό	Ε	Δ	Ε	Μ	Ξ	Τ	Β
Μ	Μ	Α	Γ	Ε	Ι	Ρ	Ι	Κ	Ή	Β	Ο	Ψ	Α	Ό	Α
Ι	Ά	Ί	Μ	Χ	Μ	Π	Τ	Ι	Μ	Η	Ά	Έ	Β	Ι	Σ
Ί	Μ	Ρ	Β	Έ	Π	Ρ	Ε	Τ	Ε	Ί	Ν	Ν	Ί	Ο	Ι
Θ	Τ	Ρ	Α	Έ	Υ	Ά	Γ	Α	Χ	Λ	Ω	Ι	Τ	Π	Λ
Υ	Ξ	Ι	Τ	Θ	Έ	Σ	Ρ	Τ	Γ	Ψ	Μ	Χ	Μ	Α	Ι
Μ	Χ	Η	Ν	Υ	Ο	Ι	Ε	Σ	Ο	Κ	Ο	Ρ	Κ	Ί	Κ
Ά	Ξ	Π	Έ	Σ	Ν	Ν	Υ	Υ	Π	Τ	Ξ	Σ	Β	Ε	Ο
Ρ	Γ	Τ	Μ	Ρ	Ο	Ο	Ε	Σ	Ο	Π	Ή	Κ	Ψ	Χ	Ύ
Ι	Μ	Α	Ν	Τ	Ζ	Ο	Υ	Ρ	Ά	Ν	Α	Η	Ε	Ρ	Γ
Ε	Σ	Τ	Ρ	Α	Γ	Κ	Ό	Ν	Ί	Δ	Ν	Ξ	Ω	Α	Ξ
Δ	Ε	Ν	Δ	Ρ	Ο	Λ	Ί	Β	Α	Ν	Ο	Ω	Ξ	Γ	Ψ

ΣΚΌΡΔΟ
ΑΡΩΜΑΤΙΚΌ
ΒΑΣΙΛΙΚΟΎ
ΕΥΕΡΓΕΤΙΚΉ
ΜΑΓΕΙΡΙΚΉ
ΕΣΤΡΑΓΚΌΝ
ΜΆΡΑΘΟ
ΛΟΥΛΟΎΔΙ
ΣΥΣΤΑΤΙΚΌ
ΚΉΠΟΣ
ΛΕΒΆΝΤΑ
ΜΑΝΤΖΟΥΡΆΝΑ
ΜΈΝΤΑ
ΠΟΙΌΤΗΤΑ
ΔΕΝΔΡΟΛΊΒΑΝΟ
ΚΡΟΚΟΣ
ΓΕΎΣΗ
ΘΥΜΆΡΙ
ΠΡΆΣΙΝΟ

7 - Véhicules

Ε	Τ	Ψ	Η	Τ	Υ	Έ	Ν	Τ	Τ	Ω	Π	Ε	Α	Υ	Ε
Λ	Σ	Α	Ί	Δ	Ε	Χ	Σ	Ρ	Β	Ρ	Ε	Ί	Ν	Υ	Ξ
Ι	Κ	Χ	Ξ	Ρ	Ω	Γ	Ω	Α	Η	Ι	Έ	Ί	Γ	Ο	Υ
Κ	Ο	Ι	Μ	Ί	Λ	Μ	Σ	Κ	Ν	Ω	Ξ	Ν	Ο	Τ	Π
Ό	Ύ	Τ	Ι	Ρ	Ν	Υ	Ψ	Τ	Ν	Α	Μ	Α	Ο	Ι	Σ
Π	Τ	Σ	Ι	Έ	Ρ	Υ	Γ	Έ	Σ	Ξ	Ω	Χ	Υ	Π	Ο
Τ	Ε	Ά	Ω	Ξ	Α	Μ	Ο	Ρ	Χ	Γ	Τ	Ω	Μ	Σ	Ν
Ε	Ρ	Λ	Α	Κ	Ρ	Ά	Β	Μ	Ε	Τ	Ρ	Ό	Β	Ό	Ά
Ρ	Χ	Λ	Ι	Σ	Ψ	Έ	Ε	Η	Τ	Δ	Έ	Ξ	Σ	Χ	Λ
Ο	Π	Ο	Δ	Ή	Λ	Α	Τ	Ο	Ί	Ε	Μ	Θ	Ρ	Ο	Π
Φ	Ο	Ρ	Τ	Η	Γ	Ό	Ε	Ο	Σ	Ω	Η	Α	Έ	Ρ	Ο
Λ	Ε	Ω	Φ	Ο	Ρ	Ε	Ί	Ο	Μ	Ω	Ε	Δ	Η	Τ	Ρ
Υ	Π	Α	Σ	Θ	Ε	Ν	Ο	Φ	Ό	Ρ	Ο	Π	Ω	Ρ	Ε
Υ	Π	Ο	Β	Ρ	Ύ	Χ	Ι	Ο	Σ	Α	Ξ	Ξ	Μ	Υ	Α
Ο	Χ	Ξ	Ψ	Χ	Ψ	Χ	Χ	Υ	Ρ	Ο	Υ	Κ	Έ	Τ	Α
Α	Υ	Τ	Ο	Κ	Ί	Ν	Η	Τ	Ο	Ο	Ξ	Ρ	Ψ	Β	Τ

ΑΣΘΕΝΟΦΌΡΟ
ΑΕΡΟΠΛΆΝΟ
ΒΆΡΚΑ
ΛΕΩΦΟΡΕΊΟ
ΦΟΡΤΗΓΌ
ΤΡΟΧΌΣΠΙΤΟ
ΠΟΡΘΜΕΊΟ
ΡΟΥΚΈΤΑ
ΕΛΙΚΌΠΤΕΡΟ
ΜΕΤΡΌ
ΜΟΤΈΡ
ΛΆΣΤΙΧΑ
ΣΧΕΔΊΑ
ΣΚΟΎΤΕΡ
ΥΠΟΒΡΎΧΙΟ
ΤΑΞΊ
ΤΡΑΚΤΈΡ
ΤΡΈΝΟ
ΠΟΔΉΛΑΤΟ
ΑΥΤΟΚΊΝΗΤΟ

8 - Camping

Ε	Χ	Έ	Α	Ί	Φ	Π	Χ	Ψ	Δ	Ε	Ω	Ε	Ω	Χ	Π
Σ	Ξ	Χ	Ν	Υ	Λ	Ε	Σ	Η	Ο	Ν	Ί	Ω	Α	Ρ	Ε
Υ	Η	Ο	Ί	Ω	Έ	Τ	Γ	Ε	Ι	Π	Δ	Ψ	Δ	Β	Ρ
Μ	Ί	Μ	Π	Μ	Π	Μ	Μ	Γ	Ρ	Α	Έ	Π	Α	Π	Ι
Γ	Ί	Ο	Μ	Λ	Ί	Ω	Α	Ί	Ά	Υ	Π	Ψ	Χ	Ψ	Π
Ο	Β	Τ	Α	Π	Ι	Υ	Τ	Μ	Ν	Ρ	Γ	Σ	Ξ	Λ	Έ
Σ	Ρ	Ν	Κ	Ν	Τ	Σ	Ο	Σ	Α	Δ	Ι	Κ	Έ	Έ	Τ
Ι	Ρ	Έ	Β	Α	Ψ	Ω	Μ	Ν	Φ	Υ	Η	Α	Ώ	Ζ	Ε
Σ	Τ	Ν	Χ	Τ	Π	Ι	Χ	Ό	Ν	Α	Κ	Π	Λ	Ο	Ι
Ρ	Υ	Ω	Η	Β	Σ	Υ	Π	Ά	Σ	Τ	Σ	Έ	Γ	Μ	Α
Β	Ο	Υ	Ν	Ό	Κ	Χ	Η	Υ	Ρ	Ι	Έ	Λ	Ε	Ι	Φ
Σ	Ε	Δ	Μ	Χ	Υ	Α	Ο	Ε	Ρ	Τ	Α	Ο	Δ	Γ	Ω
Ί	Γ	Λ	Ί	Ί	Ν	Ι	Ο	Χ	Σ	Σ	Η	Σ	Ύ	Φ	Τ
Υ	Α	Δ	Λ	Έ	Ή	Ν	Η	Κ	Σ	Ί	Λ	Υ	Ψ	Ε	Ι
Έ	Ξ	Γ	Ο	Λ	Γ	Π	Υ	Ξ	Ί	Δ	Α	Ν	Α	Έ	Ά
Α	Ι	Ώ	Ρ	Α	Ι	Χ	Ρ	Α	Π	Ο	Ν	Χ	Π	Δ	Α

ΖΏΑ
ΠΕΡΙΠΈΤΕΙΑ
ΠΥΞΊΔΑ
ΚΑΜΠΊΝΑ
ΚΑΝΌ
ΧΆΡΤΗ
ΚΑΠΈΛΟ
ΚΥΝΉΓΙ
ΣΧΟΙΝΊ
ΕΞΟΠΛΙΣΜΌΣ
ΦΩΤΙΆ
ΔΑΣΟΣ
ΑΙΏΡΑ
ΈΝΤΟΜΟ
ΛΊΜΝΗ
ΦΑΝΆΡΙ
ΦΕΓΓΆΡΙ
ΒΟΥΝΌ
ΦΎΣΗ
ΣΚΗΝΉ

9 - Écologie

Β	Υ	Ι	Υ	Υ	Σ	Σ	Ν	Φ	Χ	Π	Δ	Ψ	Έ	Ι	Υ
Ρ	Υ	Σ	Δ	Π	Η	Ί	Π	Υ	Ψ	Α	Δ	Ί	Ν	Α	Π
Ε	Ο	Μ	Έ	Ρ	Ν	Ί	Χ	Τ	Π	Γ	Ε	Λ	Ο	Ε	Ψ
Ψ	Π	Ξ	Ξ	Ψ	Λ	Τ	Λ	Ά	Ή	Κ	Ι	Σ	Υ	Φ	Μ
Ρ	Ί	Ι	Ρ	Υ	Β	Σ	Ω	Ν	Π	Ό	Ρ	Ο	Η	Μ	Ν
Ψ	Σ	Δ	Β	Χ	Ν	Ξ	Ρ	Υ	Ρ	Σ	Ο	Δ	Ί	Ε	Ψ
Ψ	Ι	Γ	Έ	Ί	Η	Ψ	Ί	Ο	Η	Μ	Ι	Σ	Ώ	Ι	Β
Ρ	Μ	Έ	Τ	Η	Ω	Ε	Δ	Β	Ρ	Ι	Μ	Θ	Μ	Δ	Ε
Β	Ι	Λ	Δ	Χ	Π	Σ	Α	Υ	Ι	Α	Κ	Α	Β	Τ	Υ
Β	Ί	Η	Ε	Έ	Υ	Ό	Η	Γ	Ο	Ί	Λ	Λ	Υ	Η	Τ
Β	Έ	Α	Ρ	Η	Ν	Ω	Ρ	Υ	Μ	Λ	Ί	Ά	Π	Υ	Δ
Σ	Ξ	Η	Ρ	Α	Σ	Ί	Α	Ω	Λ	Ι	Μ	Σ	Χ	Σ	Ί
Ε	Θ	Ε	Λ	Ο	Ν	Τ	Έ	Σ	Ν	Κ	Α	Σ	Α	Γ	Σ
Κ	Ο	Ι	Ν	Ό	Τ	Η	Τ	Α	Η	Ι	Ρ	Ι	Ξ	Γ	Χ
Φ	Ύ	Σ	Η	Β	Ί	Ν	Ί	Ο	Ί	Ο	Β	Ο	Υ	Μ	Ω
Β	Λ	Ά	Σ	Τ	Η	Σ	Η	Γ	Υ	Π	Ω	Ν	Μ	Ι	Υ

ΕΘΕΛΟΝΤΈΣ
ΚΛΊΜΑ
ΚΟΙΝΌΤΗΤΑ
ΠΟΙΚΙΛΊΑ
ΒΙΏΣΙΜΗ
ΕΊΔΟΣ
ΠΑΝΊΔΑ
ΧΛΩΡΊΔΑ
ΠΑΓΚΌΣΜΙΑ
ΘΑΛΆΣΣΙΟ
ΒΟΥΝΆ
ΦΎΣΗ
ΦΥΣΙΚΉ
ΦΥΤΆ
ΠΌΡΩΝ
ΞΗΡΑΣΊΑ
ΕΠΙΒΊΩΣΗ
ΒΛΆΣΤΗΣΗ

10 - Géometrie

Υ	Ε	Δ	Ι	Ά	Σ	Τ	Α	Σ	Η	Ξ	Ω	Υ	Έ	Η	Ξ
Π	Ξ	Υ	Ε	Α	Ο	Θ	Ι	Ί	Π	Ρ	Τ	Ξ	Α	Α	Τ
Ο	Ί	Ψ	Λ	Η	Ρ	Ε	Ε	Τ	Ρ	Υ	Έ	Λ	Β	Ί	Ρ
Λ	Σ	Ο	Ψ	Υ	Τ	Ω	Ν	Έ	Ό	Τ	Σ	Ο	Σ	Ο	Π
Ο	Ω	Υ	Ρ	Δ	Ε	Ρ	Ά	Κ	Β	Π	Ε	Β	Ι	Ν	Α
Γ	Σ	Β	Ψ	Έ	Μ	Ί	Φ	Α	Τ	Δ	Σ	Μ	Ψ	Υ	Β
Ι	Η	Λ	Ί	Ψ	Ά	Α	Ι	Μ	Ψ	Έ	Ί	Ψ	Μ	Ε	Δ
Σ	Μ	Α	Ρ	Υ	Ι	Τ	Π	Π	Κ	Α	Σ	Ρ	Δ	Υ	Γ
Μ	Α	Υ	Ί	Ο	Δ	Χ	Ε	Ύ	Κ	Ύ	Ο	Χ	Ω	Χ	Σ
Ό	Λ	Γ	Ω	Ν	Ί	Α	Ω	Λ	Ά	Ρ	Κ	Δ	Σ	Ο	Ό
Σ	Ο	Ρ	Α	Ώ	Ω	Υ	Π	Η	Θ	Α	Δ	Λ	Τ	Ι	Μ
Υ	Γ	Έ	Ε	Γ	Ω	Μ	Ρ	Μ	Ε	Χ	Χ	Σ	Ο	Δ	Θ
Ί	Ι	Ο	Ω	Ι	Λ	Μ	Η	Ρ	Τ	Ρ	Υ	Σ	Ψ	Σ	Ι
Ί	Κ	Γ	Λ	Ρ	Ψ	Δ	Ά	Ξ	Η	Η	Ι	Ψ	Ω	Ω	Ρ
Η	Ή	Υ	Ω	Τ	Έ	Σ	Χ	Ζ	Μ	Τ	Μ	Ή	Μ	Α	Α
Π	Α	Ρ	Ά	Λ	Λ	Η	Λ	Η	Α	Μ	Έ	Σ	Η	Ξ	Μ

ΓΩΝΊΑ
ΥΠΟΛΟΓΙΣΜΌΣ
ΚΎΚΛΟΣ
ΚΑΜΠΎΛΗ
ΔΙΆΜΕΤΡΟΣ
ΔΙΆΣΤΑΣΗ
ΕΞΊΣΩΣΗ
ΥΨΟΣ
ΛΟΓΙΚΉ
ΜΆΖΑ
ΜΈΣΗ
ΑΡΙΘΜΌΣ
ΠΑΡΆΛΛΗΛΗ
ΠΟΣΟΣΤΌ
ΤΜΉΜΑ
ΕΠΙΦΆΝΕΙΑ
ΣΥΜΜΕΤΡΊΑ
ΘΕΩΡΊΑ
ΤΡΙΓΏΝΟΥ
ΚΆΘΕΤΗ

11 - Diplomatie

Τ	Κ	Υ	Β	Έ	Ρ	Ν	Η	Σ	Η	Α	Σ	Σ	Υ	Ή	Έ
Κ	Ο	Ι	Ν	Ό	Τ	Η	Τ	Α	Η	Ν	Ύ	Υ	Τ	Κ	Ί
Ψ	Δ	Γ	Ξ	Σ	Ι	Γ	Δ	Ω	Β	Ά	Μ	Ν	Δ	Ι	Π
Δ	Ι	Κ	Α	Ι	Ο	Σ	Ύ	Ν	Η	Λ	Β	Ε	Χ	Τ	Ρ
Υ	Ο	Ψ	Ί	Μ	Ξ	Ρ	Ν	Ψ	Ω	Υ	Ο	Ρ	Ψ	Σ	Έ
Ί	Υ	Π	Α	Ί	Ε	Ι	Δ	Υ	Χ	Σ	Υ	Γ	Ω	Ι	Σ
Χ	Ή	Κ	Ι	Θ	Η	Ω	Η	Ρ	Τ	Η	Λ	Α	Ε	Π	Β
Α	Κ	Ε	Ρ	Α	Ι	Ό	Τ	Η	Τ	Α	Ο	Σ	Ψ	Ω	Η
Β	Ι	Α	Β	Ί	Ν	Ί	Ί	Σ	Σ	Ω	Σ	Ί	Π	Ρ	Σ
Χ	Τ	Σ	Έ	Ε	Ε	Γ	Λ	Υ	Υ	Υ	Γ	Α	Λ	Θ	Τ
Υ	Ι	Φ	Ξ	Β	Υ	Η	Ο	Ο	Ψ	Ζ	Ν	Ξ	Έ	Ν	Ο
Σ	Λ	Ά	Υ	Σ	Τ	Ψ	Π	Ρ	Γ	Ί	Ή	Θ	Β	Α	Τ
Λ	Ο	Λ	Δ	Ε	Έ	Ω	Ψ	Κ	Ο	Σ	Π	Τ	Ή	Ι	Έ
Ύ	Π	Ε	Σ	Ρ	Ε	Δ	Ψ	Γ	Π	Ί	Η	Τ	Η	Κ	Ρ
Σ	Υ	Ι	Α	Π	Ο	Έ	Δ	Ύ	Έ	Ψ	Μ	Δ	Ψ	Σ	Η
Η	Β	Α	Έ	Α	Ψ	Σ	Ψ	Σ	Π	Έ	Λ	Ψ	Έ	Ι	Η

ΠΡΕΣΒΕΊΑ
ΠΡΈΣΒΗΣ
ΠΟΛΊΤΗ
ΚΟΙΝΌΤΗΤΑ
ΣΎΓΚΡΟΥΣΗ
ΣΎΜΒΟΥΛΟΣ
ΣΥΝΕΡΓΑΣΊΑ
ΣΥΖΉΤΗΣΗ
ΗΘΙΚΉ
ΞΈΝΟ
ΚΥΒΈΡΝΗΣΗ
ΑΝΘΡΩΠΙΣΤΙΚΉ
ΑΚΕΡΑΙΌΤΗΤΑ
ΔΙΚΑΙΟΣΎΝΗ
ΠΟΛΙΤΙΚΉ
ΑΝΆΛΥΣΗ
ΑΣΦΆΛΕΙΑ
ΛΎΣΗ
ΣΥΝΘΉΚΗ

12 - Électricité

Α	Π	Ο	Θ	Ή	Κ	Ε	Υ	Σ	Η	Γ	Μ	Τ	Η	Β	Η
Η	Ί	Α	Ω	Έ	Τ	Ί	Ι	Ξ	Έ	Ε	Α	Η	Λ	Χ	Λ
Υ	Ρ	Γ	Α	Γ	Ο	Ί	Τ	Δ	Μ	Ν	Γ	Λ	Ε	Γ	Ε
Ε	Ξ	Ο	Π	Λ	Ι	Σ	Μ	Ό	Σ	Ν	Ν	Ε	Κ	Ω	Κ
Ό	Κ	Ι	Τ	Η	Ν	Ρ	Α	Α	Υ	Ή	Ή	Ό	Τ	Τ	Τ
Α	Έ	Δ	Ξ	Λ	Ο	Τ	Ζ	Ν	Ψ	Τ	Τ	Ρ	Ρ	Π	Ρ
Μ	Η	Ώ	Π	Έ	Ψ	Γ	Ί	Ε	Σ	Ρ	Η	Α	Ι	Λ	Ο
Γ	Λ	Λ	Γ	Ο	Ω	Τ	Ρ	Δ	Έ	Ι	Σ	Σ	Κ	Δ	Λ
Δ	Ά	Α	Ω	Ε	Σ	Ο	Π	Ι	Η	Α	Ψ	Η	Ή	Ί	Ό
Ί	Μ	Κ	Ω	Σ	Χ	Ό	Κ	Β	Ο	Λ	Β	Ό	Σ	Κ	Γ
Ρ	Π	Λ	Π	Ρ	Η	Γ	Τ	Α	Μ	Μ	Α	Υ	Η	Τ	Ο
Υ	Α	Ξ	Ί	Ε	Σ	Β	Ε	Η	Λ	Χ	Έ	Ω	Ρ	Υ	Σ
Ω	Λ	Ξ	Α	Β	Σ	Γ	Ο	Ο	Τ	Ώ	Ι	Χ	Α	Ο	Ν
Μ	Π	Α	Τ	Α	Ρ	Ί	Α	Ο	Υ	Α	Δ	Έ	Τ	Δ	Ο
Τ	Η	Λ	Έ	Φ	Ω	Ν	Ο	Λ	Ξ	Ή	Κ	Ι	Τ	Ε	Θ
Λ	Έ	Ι	Ζ	Ε	Ρ	Ρ	Υ	Σ	Β	Ξ	Ψ	Ρ	Α	Σ	Τ

ΜΑΓΝΉΤΗΣ
ΒΟΛΒΌΣ
ΜΠΑΤΑΡΊΑ
ΚΑΛΏΔΙΟ
ΗΛΕΚΤΡΟΛΌΓΟΣ
ΗΛΕΚΤΡΙΚΉ
ΕΞΟΠΛΙΣΜΌΣ
ΚΑΛΏΔΙΑ
ΓΕΝΝΉΤΡΙΑ
ΛΆΜΠΑ
ΛΈΙΖΕΡ
ΑΡΝΗΤΙΚΌ
ΘΕΤΙΚΉ
ΠΡΊΖΑ
ΠΟΣΌΤΗΤΑ
ΔΊΚΤΥΟ
ΑΠΟΘΉΚΕΥΣΗ
ΤΗΛΈΦΩΝΟ
ΤΗΛΕΌΡΑΣΗ

13 - Astronomie

Ρ	Ο	Γ	Μ	Δ	Α	Ί	Ρ	Ε	Μ	Η	Σ	Ι	Δ	Ν	Δ
Η	Α	Υ	Β	Ό	Μ	Σ	Ι	Ρ	Ε	Τ	Σ	Α	Γ	Ε	Ο
Ρ	Σ	Π	Ρ	Έ	Ξ	Ψ	Τ	Γ	Ε	Έ	Ξ	Α	Η	Φ	Ρ
Ε	Τ	Π	Α	Α	Β	Ό	Ν	Ρ	Ε	Π	Υ	Ο	Σ	Έ	Υ
Ί	Ε	Λ	Ί	Ρ	Ν	Π	Γ	Ρ	Ο	Η	Τ	Ψ	Ψ	Λ	Φ
Β	Ρ	Α	Λ	Ε	Α	Ό	Χ	Ψ	Π	Ν	Π	Ε	Ν	Ω	Ο
Φ	Ο	Ν	Ο	Π	Τ	Τ	Σ	Λ	Ρ	Ε	Α	Β	Α	Μ	Ρ
Ε	Ε	Ή	Β	Σ	Έ	Π	Η	Ω	Ε	Σ	Έ	Ύ	Π	Α	Ι
Γ	Ι	Τ	Ο	Ρ	Κ	Γ	Ξ	Ρ	Υ	Υ	Σ	Ω	Τ	Υ	Κ
Γ	Δ	Η	Ν	Μ	Υ	Υ	Η	Β	Η	Η	Γ	Ί	Λ	Η	Ή
Ά	Ή	Σ	Ι	Μ	Ο	Γ	Ε	Τ	Ρ	Τ	Α	Ω	Λ	Ο	Σ
Ρ	Σ	Ξ	Τ	Ο	Ρ	Ω	Έ	Τ	Ε	Μ	Ή	Β	Τ	Α	Α
Ι	Ψ	Δ	Κ	Γ	Α	Λ	Α	Ξ	Ί	Α	Σ	Ρ	Λ	Π	Γ
Δ	Ψ	Ξ	Α	Η	Λ	Ι	Α	Κ	Ή	Ο	Η	Β	Ι	Ο	Ρ
Έ	Κ	Λ	Ε	Ι	Ψ	Η	Σ	Ύ	Μ	Π	Α	Ν	Ρ	Ο	Υ
Α	Σ	Τ	Ρ	Ο	Ν	Ό	Μ	Ο	Σ	Ω	Ι	Χ	Γ	Ε	Ο

ΑΣΤΕΡΟΕΙΔΉΣ
ΑΣΤΡΟΝΑΎΤΗΣ
ΑΣΤΡΟΝΌΜΟΣ
ΟΥΡΑΝΌΣ
ΑΣΤΕΡΙΣΜΌ
ΈΚΛΕΙΨΗ
ΙΣΗΜΕΡΊΑ
ΡΟΥΚΈΤΑ
ΓΑΛΑΞΊΑΣ
ΦΕΓΓΆΡΙ
ΜΕΤΈΩΡΟ
ΝΕΦΈΛΩΜΑ
ΠΑΡΑΤΗΡΗΤΉΡΙΟ
ΠΛΑΝΉΤΗΣ
ΑΚΤΙΝΟΒΟΛΊΑ
ΔΟΡΥΦΟΡΙΚΉ
ΗΛΙΑΚΉ
ΣΟΥΠΕΡΝΌΒΑ
ΓΗ
ΣΎΜΠΑΝ

14 - Physique

Ι	Β	Μ	Η	Σ	Ν	Υ	Χ	Ά	Τ	Ι	Π	Ε	Τ	Τ	Α
Σ	Ω	Μ	Α	Τ	Ί	Δ	Ι	Ο	Δ	Ψ	Υ	Ρ	Ύ	Α	Α
Μ	Η	Χ	Α	Ν	Ή	Β	Α	Ζ	Ά	Μ	Κ	Ο	Π	Χ	Σ
Υ	Ν	Ρ	Ε	Λ	Ι	Ά	Τ	Ο	Μ	Ο	Ν	Λ	Ο	Ύ	Υ
Κ	Έ	Ι	Ν	Υ	Ρ	Π	Η	Ι	Ξ	Ι	Ό	Μ	Σ	Τ	Έ
Β	Α	Τ	Ί	Δ	Π	Υ	Τ	Ν	Ν	Ρ	Τ	Η	Ε	Η	Τ
Π	Α	Θ	Ι	Π	Γ	Π	Ό	Ό	Η	Έ	Η	Χ	Ο	Τ	Α
Ε	Υ	Ρ	Ο	Ι	Γ	Ε	Ν	Ρ	Τ	Α	Τ	Α	Ν	Α	Ν
Γ	Ρ	Ρ	Ύ	Λ	Ν	Ε	Χ	Τ	Λ	Ψ	Α	Ν	Λ	Υ	Η
Ί	Α	Ξ	Η	Τ	Ι	Έ	Υ	Κ	Ν	Β	Ο	Ι	Ρ	Ό	Μ
Τ	Π	Π	Ξ	Ν	Η	Κ	Σ	Ε	Έ	Η	Ε	Κ	Έ	Ε	Ε
Χ	Ά	Ο	Σ	Τ	Ι	Τ	Ή	Λ	Σ	Ξ	Γ	Ή	Ο	Έ	Ί
Χ	Η	Μ	Ι	Κ	Ή	Κ	Α	Η	Π	Υ	Τ	Ω	Ω	Ι	Ε
Υ	Μ	Ε	Α	Ψ	Ι	Μ	Ή	Υ	Ί	Ω	Ρ	Α	Σ	Ι	Β
Μ	Α	Γ	Ν	Η	Τ	Ι	Σ	Μ	Ό	Σ	Τ	Ω	Η	Ξ	Ω
Σ	Χ	Ε	Τ	Ι	Κ	Ό	Τ	Η	Τ	Α	Ί	Β	Ω	Ι	Χ

ΕΠΙΤΆΧΥΝΣΗ
ΆΤΟΜΟ
ΧΆΟΣ
ΧΗΜΙΚΉ
ΠΥΚΝΌΤΗΤΑ
ΗΛΕΚΤΡΌΝΙΟ
ΤΎΠΟΣ
ΣΥΧΝΌΤΗΤΑ
ΑΈΡΙΟ
ΒΑΡΎΤΗΤΑ
ΜΑΓΝΗΤΙΣΜΌΣ
ΜΆΖΑ
ΜΗΧΑΝΙΚΉ
ΜΌΡΙΟ
ΜΗΧΑΝΉ
ΠΥΡΗΝΙΚΉ
ΣΩΜΑΤΊΔΙΟ
ΣΧΕΤΙΚΌΤΗΤΑ
ΚΑΘΟΛΙΚΉ
ΤΑΧΎΤΗΤΑ

15 - Types de Cheveux

Γ	Τ	Π	Ρ	Ν	Σ	Μ	Α	Ξ	Ν	Π	Α	Ξ	Σ	Ί	Υ
Λ	Υ	Ι	Ρ	Υ	Ί	Π	Η	Ρ	Έ	Ν	Ψ	Ί	Υ	Υ	Ι
Ε	Ω	Τ	Ν	Τ	Σ	Ο	Λ	Μ	Σ	Ε	Υ	Ω	Μ	Ν	Ρ
Π	Β	Τ	Π	Ξ	Α	Ύ	Ρ	Κ	Α	Μ	Δ	Ω	Π	Β	Β
Τ	Α	Έ	Π	Μ	Ξ	Κ	Ι	Ί	Μ	Ι	Χ	Γ	Τ	Χ	Ψ
Ή	Μ	Α	Ύ	Ρ	Ο	Λ	Δ	Έ	Ν	Σ	Γ	Ο	Υ	Ρ	Ά
Μ	Α	Λ	Α	Κ	Ό	Ε	Α	Σ	Η	Μ	Έ	Ν	Ι	Ο	Ξ
Κ	Ο	Ά	Ψ	Η	Κ	Σ	Έ	Π	Υ	Ω	Η	Η	Λ	Π	Η
Ο	Ο	Θ	Υ	Ί	Υ	Υ	Ι	Ο	Ο	Έ	Ρ	Ι	Α	Γ	Ρ
Ω	Μ	Ν	Η	Η	Ε	Ρ	Ο	Δ	Ψ	Ο	Π	Β	Μ	Χ	Ό
Ξ	Ι	Α	Τ	Β	Λ	Μ	Ο	Ι	Π	Α	Χ	Ύ	Π	Ψ	Ψ
Δ	Ν	Ξ	Λ	Ό	Φ	Α	Λ	Α	Κ	Ρ	Ό	Σ	Ε	Α	Ί
Ξ	Υ	Ξ	Χ	Ή	Γ	Μ	Έ	Β	Έ	Χ	Ί	Ι	Ρ	Κ	Γ
Π	Ν	Γ	Π	Ε	Π	Λ	Ε	Γ	Μ	Έ	Ν	Ο	Ά	Τ	Η
Μ	Ρ	Μ	Ι	Λ	Ί	Ί	Έ	Π	Η	Ω	Ω	Μ	Ρ	Μ	Η
Κ	Α	Φ	Έ	Ή	Π	Λ	Ε	Ξ	Ο	Ύ	Δ	Ε	Σ	Δ	Λ

ΑΣΗΜΈΝΙΟ
ΛΕΥΚΌ
ΞΑΝΘΆ
ΜΠΟΎΚΛΕΣ
ΛΑΜΠΕΡΆ
ΦΑΛΑΚΡΌΣ
ΚΟΝΤΌ
ΜΑΛΑΚΌ
ΠΑΧΎ
ΣΓΟΥΡΆ
ΓΚΡΙ
ΟΜΑΛΉ
ΜΑΚΡΎ
ΚΑΦΈ
ΛΕΠΤΉ
ΜΑΎΡΟ
ΥΓΙΉ
ΞΗΡΌ
ΠΛΕΞΟΎΔΕΣ
ΠΛΕΓΜΈΝΟ

16 - Archéologie

Α	Έ	Γ	Ξ	Λ	Σ	Ο	Ν	Ο	Γ	Ό	Π	Α	Κ	Ά	Υ
Ρ	Ν	Ί	Τ	Ε	Ν	Δ	Α	Χ	Ί	Χ	Β	Ξ	Α	Γ	Ψ
Χ	Ρ	Υ	Ν	Α	Χ	Α	Μ	Ή	Ν	Μ	Χ	Ι	Θ	Ν	Ρ
Α	Δ	Ά	Μ	Ο	Ψ	Α	Ό	Ν	Ι	Η	Ρ	Ο	Η	Ω	Δ
Ι	Ο	Γ	Έ	Έ	Α	Ρ	Σ	Π	Ρ	Β	Ό	Λ	Γ	Σ	Ω
Ό	Α	Ν	Ά	Λ	Υ	Σ	Η	Μ	Τ	Ψ	Ν	Ό	Η	Τ	Γ
Τ	Μ	Υ	Σ	Τ	Ή	Ρ	Ι	Ο	Έ	Ρ	Ι	Γ	Τ	Ο	Ο
Η	Ε	Ρ	Ε	Υ	Ν	Η	Τ	Ή	Σ	Ν	Α	Η	Ή	Σ	Δ
Τ	Δ	Ο	Τ	Σ	Ν	Ψ	Β	Έ	Χ	Υ	Ο	Σ	Σ	Β	Μ
Α	Α	Ν	Τ	Ι	Κ	Ε	Ί	Μ	Ε	Ν	Α	Η	Γ	Ξ	Έ
Ε	Τ	Έ	Σ	Ω	Έ	Π	Ξ	Δ	Ι	Ο	Ρ	Ο	Σ	Τ	Ά
Ο	Β	Μ	Μ	Π	Ο	Ν	Α	Ψ	Ί	Ε	Λ	Ε	Ρ	Ί	Έ
Ρ	Α	Σ	Ό	Μ	Σ	Ι	Τ	Ι	Λ	Ο	Π	Ο	Έ	Λ	Δ
Τ	Ι	Γ	Ρ	Β	Χ	Α	Μ	Ω	Θ	Ί	Λ	Ο	Π	Α	Α
Θ	Ρ	Α	Ύ	Σ	Μ	Α	Τ	Α	Χ	Ε	Ο	Λ	Χ	Ο	Σ
Χ	Ί	Τ	Λ	Υ	Ί	Ξ	Η	Ι	Γ	Τ	Υ	Ν	Τ	Ή	Δ

ΑΝΆΛΥΣΗ
ΧΡΌΝΙΑ
ΑΡΧΑΙΌΤΗΤΑ
ΕΡΕΥΝΗΤΉΣ
ΠΟΛΙΤΙΣΜΌΣ
ΑΠΌΓΟΝΟΣ
ΕΠΟΧΉ
ΟΜΆΔΑ
ΑΞΙΟΛΌΓΗΣΗ
ΑΠΟΛΊΘΩΜΑ
ΘΡΑΎΣΜΑΤΑ
ΆΓΝΩΣΤΟΣ
ΜΥΣΤΉΡΙΟ
ΑΝΤΙΚΕΊΜΕΝΑ
ΟΣΤΆ
ΞΕΧΑΣΜΈΝΟ
ΚΑΘΗΓΗΤΉΣ
ΛΕΊΨΑΝΟ
ΝΑΌ
ΜΝΉΜΑ

17 - Mammifères

Ε	Γ	Μ	Γ	Ί	Χ	Α	Δ	Ύ	Ο	Κ	Ρ	Α	Ρ	Τ	Λ
Κ	Λ	Γ	Μ	Ε	Τ	Λ	Ο	Ν	Κ	Ρ	Ξ	Π	Σ	Γ	Β
Α	Π	Έ	Ά	Ί	Η	Ε	Ω	Ρ	Ί	Ο	Λ	Ύ	Κ	Ο	Σ
Μ	Ρ	Κ	Φ	Τ	Υ	Π	Δ	Ψ	Ί	Ο	Γ	Η	Σ	Γ	Ζ
Η	Ό	Α	Μ	Α	Α	Ο	Ά	Λ	Ο	Γ	Ο	Ι	Π	Δ	Έ
Λ	Β	Γ	Α	Ω	Ν	Ύ	Π	Π	Μ	Π	Ξ	Μ	Ό	Ρ	Β
Ο	Α	Κ	Ϊ	Ι	Ε	Τ	Ν	Γ	Μ	Ι	Α	Υ	Β	Τ	Ρ
Π	Τ	Ο	Μ	Υ	Β	Η	Α	Ν	Η	Ρ	Γ	Ί	Τ	Ν	Α
Ά	Ο	Υ	Ο	Γ	Η	Ψ	Ξ	Σ	Φ	Ά	Λ	Α	Ι	Ν	Α
Ρ	Ο	Ρ	Ύ	Μ	Γ	Ι	Α	Ο	Π	Τ	Ί	Η	Ν	Π	Ρ
Δ	Ε	Ό	Ω	Υ	Ρ	Χ	Π	Ρ	Σ	Ν	Ί	Β	Ί	Ι	Μ
Α	Σ	Κ	Ύ	Λ	Ο	Σ	Ί	Ύ	Ο	Ο	Λ	Δ	Φ	Γ	Β
Λ	Γ	Ο	Ρ	Ί	Λ	Α	Σ	Α	Τ	Ι	Ξ	Β	Λ	Ε	Σ
Η	Κ	Ο	Υ	Ν	Έ	Λ	Ι	Τ	Χ	Λ	Π	Ψ	Ε	Ο	Έ
Υ	Σ	Α	Ί	Η	Ξ	Δ	Ι	Ο	Ω	Γ	Ο	Ρ	Δ	Ι	Υ
Χ	Γ	Ο	Ξ	Ί	Ο	Ι	Ο	Έ	Ε	Ι	Έ	Β	Π	Μ	Π

ΦΆΛΑΙΝΑ
ΓΆΤΑ
ΆΛΟΓΟ
ΣΚΎΛΟΣ
ΚΟΓΙΌΤ
ΔΕΛΦΊΝΙ
ΕΛΈΦΑΝΤΑΣ
ΚΑΜΗΛΟΠΆΡΔΑΛΗ
ΓΟΡΊΛΑΣ
ΚΑΓΚΟΥΡΌ
ΚΟΥΝΈΛΙ
ΛΙΟΝΤΆΡΙ
ΛΎΚΟΣ
ΠΡΌΒΑΤΟ
ΑΡΚΟΎΔΑ
ΑΛΕΠΟΎ
ΜΑΪΜΟΎ
ΤΑΎΡΟΣ
ΤΊΓΡΗ
ΖΈΒΡΑ

18 - Chocolat

Φ	Β	Α	Ή	Ί	Γ	Ξ	Χ	Ω	Α	Δ	Ρ	Π	Ψ	Ν	Χ
Π	Ι	Ψ	Γ	Γ	Γ	Ί	Π	Α	Μ	Η	Τ	Λ	Χ	Γ	Ά
Λ	Π	Σ	Α	Λ	Κ	Α	Κ	Ά	Ο	Ε	Χ	Ί	Γ	Σ	Ρ
Ξ	Ι	Ρ	Τ	Λ	Ω	Β	Υ	Ί	Δ	Γ	Γ	Χ	Τ	Σ	Ω
Σ	Κ	Γ	Ν	Ί	Π	Λ	Ι	Γ	Λ	Δ	Ρ	Ο	Τ	Λ	Μ
Π	Ρ	Γ	Υ	Ο	Κ	Ι	Σ	Ο	Μ	Ι	Τ	Σ	Ό	Ν	Α
Ο	Ή	Ρ	Σ	Τ	Γ	Ι	Ν	Χ	Τ	Ι	Η	Ψ	Κ	Ι	Κ
Ι	Α	Λ	Έ	Μ	Α	Ρ	Α	Κ	Έ	Ε	Ε	Χ	Υ	Δ	Α
Ό	Σ	Ό	Θ	Ε	Ρ	Μ	Ι	Δ	Ε	Σ	Χ	Μ	Λ	Ο	Ρ
Τ	Λ	Κ	Γ	Ε	Ύ	Σ	Η	Ο	Ω	Ψ	Γ	Ν	Γ	Δ	Ύ
Η	Ε	Ι	Ό	Κ	Ι	Τ	Α	Τ	Σ	Υ	Σ	Ω	Ι	Δ	Δ
Τ	Ψ	Τ	Χ	Ν	Ν	Β	Ψ	Τ	Ν	Μ	Ε	Ε	Ξ	Κ	Α
Α	Η	Ω	Δ	Τ	Η	Ρ	Α	Χ	Ά	Ζ	Ε	Έ	Λ	Ψ	Ή
Ρ	Ρ	Ξ	Α	Γ	Α	Π	Η	Μ	Έ	Ν	Ο	Σ	Ω	Η	Δ
Ψ	Ω	Ε	Μ	Ι	Γ	Έ	Υ	Σ	Β	Η	Ν	Ί	Δ	Λ	Ί
Ω	Ρ	Ν	Σ	Σ	Ε	Π	Π	Έ	Π	Γ	Λ	Ο	Η	Ν	Ξ

ΠΙΚΡΉ
ΆΡΩΜΑ
ΒΙΟΤΕΧΝΙΚΉ
ΦΙΣΤΊΚΙΑ
ΚΑΚΆΟ
ΘΕΡΜΙΔΕΣ
ΚΑΡΑΜΈΛΑ
ΝΌΣΤΙΜΟ
ΓΛΥΚΌ
ΕΞΩΤΙΚΌ
ΑΓΑΠΗΜΈΝΟΣ
ΓΕΎΣΗ
ΣΥΣΤΑΤΙΚΌ
ΚΑΡΎΔΑ
ΣΚΌΝΗ
ΠΟΙΌΤΗΤΑ
ΣΥΝΤΑΓΉ
ΖΆΧΑΡΗ

19 - Mathématiques

Ά	Ξ	Η	Π	Α	Έ	Α	Ε	Γ	Σ	Ε	Π	Π	Η	Π	Ρ
Γ	Θ	Τ	Ι	Ι	Α	Λ	Λ	Δ	Ο	Ν	Ε	Ο	Μ	Λ	Ψ
Τ	Κ	Ρ	Π	Ή	Η	Λ	Η	Λ	Λ	Ά	Ρ	Α	Π	Α	Π
Ρ	Λ	Δ	Ο	Κ	Ε	Κ	Θ	Έ	Τ	Η	Ι	Ί	Σ	Τ	Ο
Ι	Ά	Ι	Ρ	Ι	Δ	Π	Ο	Γ	Η	Ο	Φ	Ν	Υ	Ε	Λ
Γ	Σ	Ά	Τ	Τ	Σ	Ε	Τ	Π	Ο	Ε	Έ	Ω	Μ	Ί	Ύ
Ώ	Μ	Μ	Ε	Η	Ο	Μ	Κ	Υ	Β	Η	Ρ	Γ	Μ	Α	Γ
Ν	Α	Ε	Μ	Μ	Τ	Ε	Α	Α	Χ	Λ	Ε	Ι	Ε	Ί	Ω
Ο	Έ	Τ	Ί	Θ	Ε	Έ	Ξ	Ν	Δ	Η	Ι	Α	Τ	Ρ	Ν
Υ	Ν	Ρ	Ρ	Ι	Θ	Ω	Ν	Ί	Υ	Ι	Α	Ι	Ρ	Τ	Ο
Ί	Τ	Ο	Ε	Ρ	Ά	Ψ	Έ	Τ	Σ	Ί	Κ	Π	Ί	Ε	Ι
Ι	Α	Σ	Π	Α	Κ	Έ	Ψ	Κ	Ψ	Ω	Α	Ό	Α	Μ	Ψ
Α	Σ	Λ	Χ	Η	Ψ	Δ	Χ	Α	Έ	Χ	Σ	Ε	Ψ	Ω	Λ
Η	Η	Ω	Ψ	Υ	Τ	Γ	Π	Μ	Β	Α	Λ	Η	Ψ	Ε	Ν
Ξ	Έ	Ρ	Ι	Ί	Δ	Υ	Σ	Λ	Υ	Π	Τ	Ω	Π	Γ	Ξ
Ψ	Ξ	Ο	Ρ	Θ	Ο	Γ	Ώ	Ν	Ι	Ο	Χ	Τ	Δ	Ξ	Γ

ΓΩΝΊΑ
ΑΡΙΘΜΗΤΙΚΉ
ΠΛΑΤΕΊΑ
ΠΕΡΙΦΈΡΕΙΑ
ΔΕΚΑΔΙΚΌ
ΔΙΆΜΕΤΡΟΣ
ΕΚΘΈΤΗ
ΕΞΊΣΩΣΗ
ΚΛΆΣΜΑ
ΓΕΩΜΕΤΡΊΑ
ΠΑΡΆΛΛΗΛΗ
ΚΆΘΕΤΟΣ
ΠΕΡΊΜΕΤΡΟ
ΠΟΛΎΓΩΝΟ
ΑΚΤΊΝΑ
ΟΡΘΟΓΏΝΙΟ
ΆΘΡΟΙΣΜΑ
ΣΥΜΜΕΤΡΊΑ
ΤΡΙΓΏΝΟΥ
ΈΝΤΑΣΗ

20 - Mythologie

Σ	Ό	Μ	Σ	Ι	Τ	Ι	Λ	Ο	Π	Π	Λ	Χ	Α	Δ	Ο
Ε	Υ	Τ	Χ	Γ	Τ	Γ	Ω	Θ	Ί	Ο	Α	Π	Θ	Ύ	Ν
Κ	Ί	Μ	Υ	Ξ	Χ	Δ	Μ	Ν	Η	Λ	Β	Ε	Α	Ν	Ο
Δ	Ν	Έ	Π	Ε	Σ	Υ	Έ	Η	Η	Ε	Ύ	Π	Ν	Α	Δ
Ί	Έ	Ν	Η	Ε	Ν	Ό	Β	Τ	Β	Μ	Ρ	Ο	Α	Μ	Η
Κ	Ω	Τ	Μ	Ν	Ρ	Κ	Έ	Ό	Β	Ι	Ι	Ι	Σ	Η	Μ
Η	Δ	Ω	Γ	Ξ	Ε	Ι	Ή	Σ	Σ	Σ	Ν	Θ	Ί	Έ	Ι
Σ	Υ	Τ	Δ	Ρ	Δ	Γ	Φ	Η	Σ	Τ	Θ	Ή	Α	Δ	Ο
Η	Υ	Ν	Έ	Ξ	Ι	Α	Ο	Ο	Γ	Ή	Ο	Σ	Έ	Μ	Υ
Ζ	Π	Χ	Ψ	Ρ	Τ	Μ	Ρ	Π	Ρ	Σ	Σ	Ε	Ε	Θ	Ρ
Α	Ή	Λ	Ψ	Β	Α	Ο	Τ	Υ	Τ	Ά	Σ	Ι	Υ	Ρ	Γ
Η	Τ	Λ	Ο	Ξ	Μ	Σ	Σ	Τ	Ξ	Δ	Δ	Σ	Ξ	Ύ	Ί
Ρ	Ν	Η	Ι	Ψ	Σ	Ν	Α	Έ	Ή	Ρ	Ω	Α	Σ	Λ	Α
Δ	Ο	Η	Β	Α	Ά	Υ	Τ	Χ	Β	Η	Δ	Ξ	Δ	Ο	Τ
Ο	Ρ	Μ	Ψ	Ψ	Λ	Ω	Α	Ρ	Δ	Ω	Δ	Ν	Γ	Σ	Υ
Α	Β	Μ	Ψ	Σ	Π	Γ	Κ	Α	Α	Σ	Τ	Ρ	Α	Π	Ή

ΑΡΧΈΤΥΠΟ
ΚΑΤΑΣΤΡΟΦΉ
ΣΥΜΠΕΡΙΦΟΡΆ
ΔΗΜΙΟΥΡΓΊΑ
ΠΛΆΣΜΑ
ΠΕΠΟΙΘΉΣΕΙΣ
ΠΟΛΙΤΙΣΜΌΣ
ΑΣΤΡΑΠΉ
ΔΎΝΑΜΗ
ΠΟΛΕΜΙΣΤΉΣ
ΉΡΩΑΣ
ΑΘΑΝΑΣΊΑ
ΖΉΛΙΑ
ΛΑΒΎΡΙΝΘΟΣ
ΘΡΎΛΟΣ
ΜΑΓΙΚΌ
ΤΈΡΑΣ
ΘΝΗΤΌΣ
ΒΡΟΝΤΉ
ΕΚΔΊΚΗΣΗ

21 - Restaurant #2

Σ	Α	Π	Ύ	Ο	Σ	Φ	Λ	Π	Π	Δ	Η	Μ	Κ	Υ	Ι
Π	Ε	Υ	Χ	Ε	Έ	Ρ	Α	Σ	Ο	Γ	Ά	Π	Α	Π	Ε
Μ	Έ	Ρ	Γ	Ο	Δ	Ο	Ζ	Η	Ί	Τ	Α	Α	Ρ	Τ	Δ
Ο	Α	Ί	Β	Α	Ρ	Ύ	Ά	Β	Ξ	Ω	Ό	Χ	Έ	Ν	Μ
Σ	Γ	Ι	Ι	Ι	Λ	Τ	Ν	Ψ	Λ	Λ	Σ	Α	Κ	Σ	Χ
Ο	Σ	Ν	Τ	Η	Τ	Ο	Ι	Ά	Σ	Ε	Π	Ρ	Λ	Ε	Λ
Α	Λ	Ά	Τ	Ι	Α	Ό	Α	Ρ	Η	Ν	Ν	Ι	Α	Α	Γ
Ο	Ι	Μ	Ι	Ν	Ύ	Ο	Ρ	Ι	Π	Ό	Σ	Κ	Η	Μ	Ν
Δ	Ε	Ί	Π	Ν	Ο	Η	Τ	Ο	Χ	Σ	Λ	Ό	Τ	Δ	Ω
Ψ	Α	Α	Ε	Ν	Ο	Λ	Τ	Ξ	Σ	Τ	Γ	Ξ	Δ	Ε	Ν
Ε	Η	Ξ	Ρ	Τ	Έ	Ι	Γ	Ά	Κ	Ι	Ν	Α	Χ	Α	Λ
Β	Β	Δ	Λ	Ι	Τ	Ξ	Ε	Τ	Κ	Μ	Ε	Τ	Μ	Ξ	Γ
Κ	Ο	Υ	Τ	Ά	Λ	Ι	Ύ	Ν	Έ	Ο	Ν	Ά	Υ	Ψ	Δ
Ί	Ω	Ε	Β	Ν	Μ	Έ	Μ	Ε	Ι	Τ	Η	Λ	Έ	Ω	Ψ
Ω	Ί	Έ	Δ	Τ	Ί	Σ	Α	Ρ	Κ	Β	Ρ	Α	Ο	Α	Π
Ξ	Ω	Ν	Α	Δ	Β	Α	Χ	Ό	Ψ	Τ	Η	Σ	Ρ	Ί	Η

ΠΟΤΌ
ΚΑΡΈΚΛΑ
ΚΟΥΤΆΛΙ
ΓΕΎΜΑ
ΝΌΣΤΙΜΟ
ΔΕΊΠΝΟ
ΝΕΡΌ
ΜΠΑΧΑΡΙΚΌ
ΠΙΡΟΎΝΙ
ΦΡΟΎΤΟ
ΚΈΙΚ
ΠΆΓΟΣ
ΛΑΧΑΝΙΚΆ
ΛΑΖΆΝΙΑ
ΑΥΓΑ
ΨΆΡΙ
ΣΑΛΆΤΑ
ΑΛΆΤΙ
ΣΕΡΒΙΤΌΡΟΣ
ΣΟΎΠΑ

22 - Beauté

Μ	Ι	Ε	Σ	Π	Ε	Ο	Ο	Υ	Υ	Τ	Γ	Γ	Τ	Ξ	Μ
Μ	Α	Β	Ν	Μ	Έ	Δ	Έ	Ρ	Μ	Α	Π	Ο	Ρ	Ν	Π
Ά	Ά	Κ	Ι	Τ	Ν	Υ	Λ	Λ	Α	Κ	Β	Η	Υ	Ω	Ο
Σ	Ά	Σ	Ι	Σ	Α	Μ	Π	Ο	Υ	Ά	Ν	Τ	Ε	Ί	Ύ
Κ	Α	Ρ	Χ	Γ	Μ	Τ	Ε	Π	Γ	Β	Ν	Ε	Π	Ι	Κ
Α	Ν	Ξ	Ω	Ν	Ι	Ο	Κ	Ο	Μ	Ψ	Ό	Ί	Ή	Χ	Λ
Ρ	Σ	Έ	Β	Μ	Α	Ά	Β	Τ	Ψ	Α	Ι	Α	Λ	Έ	Ε
Α	Η	Ω	Ξ	Ω	Α	Τ	Ζ	Ί	Α	Ρ	Γ	Μ	Α	Κ	Σ
Κ	Α	Θ	Ρ	Ε	Φ	Τ	Η	Σ	Λ	Ε	Α	Β	Μ	Ο	Η
Χ	Ά	Ρ	Η	Δ	Λ	Έ	Γ	Ξ	Ί	Ν	Ρ	Ο	Ο	Μ	Ν
Σ	Τ	Υ	Λ	Ί	Σ	Τ	Α	Σ	Δ	Χ	Κ	Α	Ί	Ψ	Ε
Μ	Σ	Σ	Λ	Λ	Ξ	Γ	Υ	Π	Ι	Ξ	Π	Δ	Ξ	Ό	Γ
Ε	Έ	Ί	Ν	Η	Μ	Χ	Ν	Η	Λ	Ψ	Ν	Δ	Ο	Τ	Ο
Α	Ί	Ψ	Η	Ξ	Δ	Έ	Έ	Ρ	Έ	Δ	Ρ	Η	Η	Η	Τ
Ι	Ω	Υ	Π	Η	Ρ	Ε	Σ	Ί	Α	Μ	Ώ	Ρ	Χ	Τ	Ω
Β	Σ	Δ	Ω	Ι	Χ	Η	Δ	Π	Ι	Ν	Ι	Α	Ι	Α	Φ

ΜΠΟΎΚΛΕΣ
ΓΟΗΤΕΊΑ
ΨΑΛΊΔΙ
ΚΑΛΛΥΝΤΙΚΆ
ΧΡΏΜΑ
ΚΟΜΨΌΤΗΤΑ
ΚΟΜΨΌ
ΧΆΡΗ
ΈΛΑΙΑ
ΟΜΑΛΉ
ΜΑΚΙΓΙΆΖ
ΜΆΣΚΑΡΑ
ΚΑΘΡΕΦΤΗΣ
ΆΡΩΜΑ
ΔΈΡΜΑ
ΦΩΤΟΓΕΝΗΣ
ΚΡΑΓΙΌΝ
ΥΠΗΡΕΣΊΑ
ΣΑΜΠΟΥΆΝ
ΣΤΥΛΊΣΤΑΣ

23 - Avions

Ί	Γ	Ν	Σ	Ε	Τ	Π	Π	Μ	Η	Τ	Α	Σ	Α	Μ	Ε
Π	Α	Υ	Ψ	Ω	Ή	Υ	Ε	Κ	Σ	Α	Τ	Α	Κ	Π	Π
Α	Ι	Ε	Ε	Ρ	Α	Μ	Ω	Ρ	Ή	Λ	Π	Ω	Χ	Α	Ι
Τ	Π	Λ	Μ	Χ	Υ	Ρ	Γ	Μ	Ι	Ω	Τ	Τ	Ψ	Λ	Β
Μ	Ρ	Λ	Ο	Μ	Ι	Σ	Ύ	Α	Κ	Π	Ί	Τ	Μ	Ό	Ά
Ό	Ο	Β	Ή	Τ	Μ	Η	Χ	Α	Ν	Ή	Έ	Η	Σ	Ν	Τ
Σ	Σ	Ν	Χ	Η	Ι	Η	Ε	Β	Δ	Μ	Β	Τ	Π	Ι	Η
Φ	Γ	Υ	Α	Γ	Υ	Κ	Ο	Ω	Ι	Ι	Ε	Δ	Ε	Ν	Δ
Α	Ε	Ο	Ρ	Α	Υ	Ψ	Ή	Μ	Ν	Ί	Δ	Μ	Δ	Ι	Ω
Ι	Ί	Ν	Α	Μ	Ι	Π	Ο	Ρ	Τ	Ε	Μ	Ό	Ψ	Υ	Α
Ρ	Ω	Ώ	Τ	Ξ	Γ	Σ	Ί	Σ	Α	Ρ	Έ	Α	Μ	Η	Ί
Α	Σ	Κ	Α	Τ	Α	Γ	Ω	Γ	Ή	Έ	Γ	Α	Ι	Ι	Ρ
Τ	Η	Σ	Ν	Υ	Θ	Ύ	Ε	Τ	Α	Κ	Ί	Δ	Ψ	Ω	Ο
Ξ	Ξ	Υ	Α	Τ	Έ	Η	Ο	Υ	Ρ	Α	Ν	Ό	Σ	Σ	Τ
Τ	Ψ	Ο	Ν	Ό	Γ	Ο	Ρ	Δ	Υ	Ξ	Ψ	Β	Τ	Σ	Σ
Ε	Ρ	Φ	Ω	Ι	Ω	Β	Σ	Έ	Β	Ω	Ι	Σ	Ω	Λ	Ι

ΑΈΡΑΣ
ΥΨΌΜΕΤΡΟ
ΑΤΜΌΣΦΑΙΡΑ
ΠΡΟΣΓΕΊΩΣΗ
ΠΕΡΙΠΈΤΕΙΑ
ΜΠΑΛΌΝΙ
ΚΑΎΣΙΜΟ
ΟΥΡΑΝΌΣ
ΚΑΤΑΣΚΕΥΉ
ΚΑΤΑΓΩΓΉ
ΚΑΤΕΎΘΥΝΣΗ
ΠΛΉΡΩΜΑ
ΦΟΥΣΚΏΝΟΥΝ
ΥΨΟΣ
ΙΣΤΟΡΊΑ
ΥΔΡΟΓΌΝΟ
ΜΗΧΑΝΉ
ΕΠΙΒΆΤΗ
ΠΙΛΟΤΙΚΉ
ΑΝΑΤΑΡΑΧΉ

24 - Aventure

Γ	Ί	Ο	Π	Ν	Έ	Υ	Ί	Ί	Α	Ξ	Μ	Ε	Ε	Γ	Ο
Γ	Ε	Ε	Ά	Ρ	Α	Χ	Ω	Σ	Ι	Τ	Υ	Ω	Π	Δ	Μ
Ν	Έ	Ν	Ή	Μ	Ο	Ρ	Δ	Κ	Ε	Π	Ξ	Η	Ι	Υ	Ο
Ω	Υ	Ο	Ν	Γ	Λ	Ο	Ω	Η	Λ	Ν	Ι	Σ	Κ	Σ	Ρ
Μ	Ε	Ν	Χ	Α	Έ	Ν	Ρ	Ξ	Ά	Έ	Ψ	Ό	Ί	Κ	Φ
Ψ	Ψ	Ν	Ξ	Η	Ι	Ξ	Χ	Ι	Φ	Α	Ω	Μ	Ν	Ο	Ι
Φ	Ο	Ο	Σ	Μ	Δ	Ό	Π	Η	Σ	Ύ	Φ	Σ	Δ	Λ	Ά
Ο	Ί	Ξ	Ψ	Π	Ί	Γ	Τ	Δ	Α	Μ	Σ	Α	Υ	Ί	Τ
Έ	Ω	Λ	Ρ	Α	Ξ	Σ	Α	Η	Δ	Β	Ό	Ι	Ν	Α	Γ
Ι	Ξ	Τ	Ο	Χ	Α	Α	Ω	Ω	Τ	Ω	Δ	Σ	Ο	Σ	Ε
Ε	Ι	Π	Α	Ι	Τ	Α	Ί	Ρ	Ι	Α	Κ	Υ	Ε	Α	Λ
Π	Α	Ρ	Α	Σ	Κ	Ε	Υ	Ή	Ί	Β	Χ	Ο	Ι	Γ	Υ
Α	Σ	Υ	Ν	Ή	Θ	Ι	Σ	Τ	Ο	Ο	Ε	Θ	Ξ	Γ	Λ
Δ	Ρ	Ο	Μ	Ο	Λ	Ό	Γ	Ι	Ο	Σ	Υ	Ν	Ε	Α	Ν
Α	Μ	Τ	Π	Λ	Ο	Ή	Γ	Η	Σ	Η	Α	Ε	Ί	Ε	Ξ
Δ	Ρ	Α	Σ	Τ	Η	Ρ	Ι	Ό	Τ	Η	Τ	Α	Ψ	Π	Ν

ΔΡΑΣΤΗΡΙΌΤΗΤΑ
ΦΊΛΟΙ
ΟΜΟΡΦΙΆ
ΓΕΝΝΑΙΌΤΗΤΑ
ΕΥΚΑΙΡΊΑ
ΕΠΙΚΊΝΔΥΝΟ
ΠΡΟΟΡΙΣΜΌΣ
ΔΥΣΚΟΛΊΑ
ΕΝΘΟΥΣΙΑΣΜΌΣ
ΕΚΔΡΟΜΉ

ΑΣΥΝΉΘΙΣΤΟ
ΔΡΟΜΟΛΌΓΙΟ
ΧΑΡΆ
ΦΎΣΗ
ΠΛΟΉΓΗΣΗ
ΝΈΑ
ΠΑΡΑΣΚΕΥΉ
ΑΣΦΆΛΕΙΑ
ΤΑΞΊΔΙ

25 - Ville

Ω	Η	Τ	Ε	Β	Μ	Ο	Ι	Μ	Ό	Ρ	Δ	Ο	Ρ	Ε	Α
Χ	Ί	Έ	Ι	Ο	Ι	Ρ	Ό	Τ	Α	Ι	Τ	Σ	Ε	Ν	Ν
Β	Ξ	Σ	Ι	Η	Χ	Β	Μ	Δ	Ο	Λ	Ψ	Τ	Σ	Φ	Θ
Δ	Ρ	Ο	Έ	Β	Ο	Ο	Λ	Ά	Γ	Ι	Σ	Ξ	Τ	Α	Ο
Χ	Π	Ί	Ι	Έ	Ο	Ι	Τ	Ι	Ρ	Λ	Μ	Α	Ά	Ρ	Π
Θ	Έ	Α	Τ	Ρ	Ο	Μ	Ψ	Ί	Ο	Κ	Ο	Ν	Δ	Μ	Ω
Δ	Ι	Γ	Ι	Β	Σ	Ή	Ψ	Ρ	Υ	Θ	Ε	Ί	Ι	Α	Λ
Ξ	Σ	Β	Ί	Υ	Ρ	Τ	Τ	Ε	Σ	Γ	Ή	Τ	Ο	Κ	Ε
Ή	Γ	Ο	Λ	Λ	Υ	Σ	Ξ	Ε	Ν	Δ	Ν	Κ	Ρ	Ε	Ί
Α	Ρ	Τ	Ο	Π	Ο	Ι	Ε	Ί	Ο	Υ	Ί	Β	Η	Ί	Ο
Χ	Ν	Α	Μ	Ν	Τ	Π	Σ	Χ	Ο	Λ	Ε	Ί	Ο	Ο	Υ
Η	Α	Γ	Τ	Ο	Ί	Ε	Λ	Ω	Π	Ο	Ι	Λ	Β	Ι	Β
Ψ	Ω	Ο	Ή	Κ	Ι	Ν	Ι	Λ	Κ	Τ	Β	Ο	Ω	Π	Ί
Δ	Ε	Ρ	Α	Η	Λ	Α	Τ	Ρ	Ά	Π	Ε	Ζ	Α	Τ	Ε
Σ	Γ	Ά	Ε	Έ	Γ	Π	Λ	Σ	Α	Λ	Ό	Ν	Ι	Γ	Μ
Ξ	Ε	Ν	Ο	Δ	Ο	Χ	Ε	Ί	Ο	Ί	Ε	Σ	Υ	Ο	Μ

ΑΕΡΟΔΡΌΜΙΟ
ΤΡΆΠΕΖΑ
ΒΙΒΛΙΟΘΉΚΗ
ΑΡΤΟΠΟΙΕΊΟ
ΚΛΙΝΙΚΉ
ΣΧΟΛΕΊΟ
ΑΝΘΟΠΩΛΕΊΟ
ΣΥΛΛΟΓΉ
ΞΕΝΟΔΟΧΕΊΟ
ΒΙΒΛΙΟΠΩΛΕΊΟ
ΑΓΟΡΆ
ΜΟΥΣΕΊΟ
ΦΑΡΜΑΚΕΊΟ
ΕΣΤΙΑΤΌΡΙΟ
ΣΑΛΌΝΙ
ΣΤΆΔΙΟ
ΜΆΡΚΕΤ
ΘΈΑΤΡΟ
ΠΑΝΕΠΙΣΤΉΜΙΟ

26 - Ingénierie

Ε	Ψ	Ψ	Ψ	Γ	Ρ	Ί	Ν	Α	Ρ	Ω	Λ	Ν	Η	Δ	Έ
Λ	Ν	Ρ	Ι	Α	Β	Ψ	Τ	Ν	Σ	Β	Π	Ξ	Ρ	Ι	Τ
Ί	Α	Έ	Ό	Α	Η	Υ	Ί	Ε	Σ	Η	Σ	Ω	Ί	Ά	Ξ
Π	Α	Υ	Ρ	Δ	Τ	Έ	Ζ	Ψ	Α	Λ	Σ	Ψ	Π	Γ	Β
Χ	Ε	Υ	Γ	Γ	Ή	Υ	Ε	Κ	Σ	Α	Τ	Α	Κ	Ρ	Ψ
Β	Ί	Ρ	Υ	Π	Ε	Τ	Λ	Π	Έ	Ν	Λ	Δ	Ω	Α	Δ
Γ	Ά	Ω	Ι	Ί	Ρ	Ι	Λ	Ρ	Β	Ψ	Ρ	Ο	Δ	Μ	Ι
Ρ	Τ	Θ	Γ	Σ	Ξ	Ν	Α	Ω	Ί	Ο	Υ	Τ	Ύ	Μ	Ά
Α	Δ	Δ	Ο	Η	Τ	Δ	Ι	Α	Ν	Ο	Μ	Ή	Ν	Α	Μ
Ν	Ο	Ξ	Ψ	Σ	Ε	Ρ	Έ	Τ	Ο	Μ	Β	Δ	Α	Υ	Ε
Ά	Μ	Γ	Λ	Η	Ω	Ο	Ο	Έ	Γ	Τ	Υ	Ρ	Μ	Τ	Τ
Ζ	Ή	Σ	Χ	Θ	Η	Υ	Β	Φ	Δ	Ι	Ω	Γ	Η	Μ	Ρ
Ι	Υ	Η	Ν	Ώ	Γ	Ψ	Ρ	Η	Ή	Ν	Α	Χ	Η	Μ	Ο
Α	Έ	Ρ	Τ	Γ	Ά	Ξ	Ο	Ν	Α	Σ	Α	Ρ	Ρ	Ο	Σ
Σ	Τ	Α	Θ	Ε	Ρ	Ό	Τ	Η	Τ	Α	Ί	Ν	Ω	Γ	Ί
Υ	Ν	Υ	Ί	Η	Σ	Π	Ψ	Β	Μ	Έ	Τ	Ρ	Η	Σ	Η

ΓΩΝΊΑ
ΆΞΟΝΑΣ
ΚΑΤΑΣΚΕΥΉ
ΔΙΆΓΡΑΜΜΑ
ΔΙΆΜΕΤΡΟΣ
ΝΤΊΖΕΛ
ΔΙΑΝΟΜΉ
ΓΡΑΝΆΖΙΑ
ΕΝΈΡΓΕΙΑ
ΔΎΝΑΜΗ
ΥΓΡΌ
ΜΗΧΑΝΉ
ΜΈΤΡΗΣΗ
ΜΟΤΈΡ
ΒΆΘΟΣ
ΏΘΗΣΗ
ΠΕΡΙΣΤΡΟΦΉ
ΣΤΑΘΕΡΌΤΗΤΑ
ΔΟΜΉ

27 - Énergie

Β	Α	Ν	Γ	Ή	Κ	Ι	Ρ	Τ	Κ	Ε	Λ	Η	Χ	Ι	Π
Τ	Τ	Ε	Ν	Ω	Λ	Ί	Β	Ο	Ρ	Τ	Σ	Ρ	Ν	Ν	Ε
Π	Ε	Σ	Δ	Υ	Ί	Ι	Ε	Ν	Τ	Ρ	Ο	Π	Ί	Α	Ρ
Μ	Ο	Μ	Τ	Έ	Ε	Χ	Ο	Ν	Ό	Γ	Ο	Ρ	Δ	Υ	Ι
Φ	Ι	Ξ	Β	Ν	Ρ	Π	Η	Σ	Ν	Α	Π	Ύ	Ρ	Ν	Β
Ω	Ω	Μ	Π	Α	Τ	Α	Ρ	Ί	Α	Χ	Μ	Ψ	Ο	Τ	Ά
Ψ	Α	Τ	Λ	Ε	Π	Ι	Υ	Ν	Π	Ο	Β	Ι	Χ	Ί	Λ
Ω	Ο	Α	Ό	Η	Ω	Ξ	Β	Μ	Η	Λ	Υ	Μ	Π	Ζ	Λ
Χ	Ή	Κ	Ι	Ν	Η	Ρ	Υ	Π	Ψ	Ν	Χ	Γ	Υ	Ε	Ο
Δ	Ψ	Ε	Η	Ί	Ι	Κ	Α	Ύ	Σ	Ι	Μ	Ο	Ί	Λ	Ν
Μ	Έ	Έ	Η	Ζ	Ρ	Ο	Ι	Ν	Ό	Ρ	Τ	Κ	Ε	Λ	Η
Ν	Ο	Ν	Σ	Ν	Ά	Ν	Θ	Ρ	Α	Κ	Α	Σ	Δ	Ψ	Χ
Λ	Γ	Τ	Γ	Ε	Θ	Ε	Ρ	Μ	Ό	Τ	Η	Τ	Α	Η	Ω
Ψ	Υ	Π	Έ	Β	Α	Ν	Α	Ν	Ε	Ώ	Σ	Ι	Μ	Η	Μ
Λ	Ι	Ε	Α	Ρ	Β	Ι	Ο	Μ	Η	Χ	Α	Ν	Ί	Α	Ψ
Ε	Μ	Ψ	Ξ	Υ	Ά	Ν	Ε	Μ	Ο	Σ	Ε	Ε	Α	Ί	Ξ

ΜΠΑΤΑΡΊΑ
ΆΝΘΡΑΚΑΣ
ΚΑΎΣΙΜΟ
ΘΕΡΜΌΤΗΤΑ
ΝΤΊΖΕΛ
ΕΝΤΡΟΠΊΑ
ΠΕΡΙΒΆΛΛΟΝ
ΒΕΝΖΊΝΗ
ΗΛΕΚΤΡΙΚΉ
ΗΛΕΚΤΡΌΝΙΟ
ΥΔΡΟΓΌΝΟ
ΒΙΟΜΗΧΑΝΊΑ
ΜΟΤΈΡ
ΠΥΡΗΝΙΚΉ
ΦΩΤΌΝΙΟ
ΡΎΠΑΝΣΗ
ΑΝΑΝΕΏΣΙΜΗ
ΉΛΙΟΣ
ΣΤΡΟΒΊΛΩΝ
ΆΝΕΜΟΣ

28 - Corps Humain

Τ	Κ	Ο	Σ	Δ	Ό	Ν	Ά	Ρ	Α	Ξ	Π	Ρ	Α	Ο	Ο
Ν	Ε	Ο	Σ	Ά	Λ	Α	Ι	Μ	Ό	Σ	Έ	Β	Ί	Δ	Π
Έ	Φ	Χ	Β	Χ	Α	Μ	Δ	Ν	Χ	Δ	Υ	Γ	Μ	Ο	Ι
Ω	Ά	Α	Ί	Τ	Υ	Α	Ρ	Γ	Ύ	Ο	Έ	Ρ	Α	Σ	Χ
Β	Λ	Ρ	Π	Υ	Μ	Ρ	Α	Έ	Ό	Ο	Χ	Ε	Ί	Λ	Η
Σ	Ι	Ί	Ι	Λ	Μ	Λ	Κ	Χ	Β	Ν	Γ	Ω	Ξ	Ψ	Α
Ο	Τ	Ί	Χ	Ο	Μ	Ύ	Τ	Η	Γ	Τ	Α	Η	Λ	Γ	Ψ
Μ	Έ	Ό	Ά	Π	Ρ	Ό	Σ	Ω	Π	Ο	Μ	Τ	Π	Ω	Σ
Ώ	Ο	Β	Μ	Ε	Ο	Ν	Ω	Δ	Υ	Μ	Ρ	Γ	Ο	Ε	Η
Ε	Χ	Μ	Ο	Α	Δ	Ω	Α	Η	Γ	Ω	Έ	Ν	Έ	Β	Χ
Έ	Τ	Ι	Τ	Χ	Π	Ω	Γ	Β	Ν	Υ	Δ	Ο	Λ	Ψ	Έ
Ε	Ι	Α	Σ	Ξ	Λ	Χ	Κ	Ψ	Ο	Γ	Τ	Λ	Σ	Υ	Ρ
Λ	Έ	Ε	Ε	Μ	Δ	Ί	Ώ	Υ	Ω	Χ	Π	Α	Μ	Ο	Ι
Έ	Ψ	Δ	Ί	Ο	Ο	Ι	Ν	Ό	Γ	Α	Σ	Λ	Υ	Ί	Λ
Ι	Ο	Μ	Ί	Τ	Ρ	Χ	Α	Μ	Α	Έ	Γ	Α	Ρ	Ξ	Γ
Ο	Σ	Ω	Α	Σ	Τ	Ρ	Ά	Γ	Α	Λ	Ο	Σ	Ε	Χ	Ί

ΣΤΌΜΑ
ΜΥΑΛΌ
ΑΣΤΡΆΓΑΛΟΣ
ΛΑΙΜΌΣ
ΑΓΚΏΝΑ
ΚΑΡΔΙΆ
ΔΆΧΤΥΛΟ
ΣΤΟΜΆΧΙ
ΏΜΟΣ
ΓΌΝΑΤΟ
ΧΕΊΛΗ
ΧΈΡΙ
ΣΑΓΌΝΙ
ΠΗΓΟΎΝΙ
ΜΎΤΗ
ΑΥΤΊ
ΔΈΡΜΑ
ΑΊΜΑ
ΚΕΦΆΛΙ
ΠΡΌΣΩΠΟ

29 - Biologie

Δ	Έ	Ί	Ό	Δ	Χ	Η	Ψ	Α	Ν	Ύ	Σ	Ε	Ρ	Έ	Σ
Π	Ρ	Ω	Τ	Ε	Ι	¨	´	Ν	Η	Ε	Μ	Ν	Β	Μ	Υ
Έ	Χ	Ο	Ε	Γ	Ι	Α	Χ	Ώ	Ν	Σ	Ύ	Ψ	Λ	Β	Μ
Ρ	Μ	Δ	Π	Ι	Η	Ν	Ρ	Ρ	Ό	Θ	Ω	Ρ	Έ	Ρ	Β
Β	Ε	Δ	Ρ	Έ	Μ	Α	Ω	Υ	Μ	Η	Β	Μ	Ο	Υ	Ί
Σ	Α	Ή	Ε	Ξ	Δ	Τ	Μ	Ε	Ρ	Λ	Χ	Γ	Σ	Ο	Ω
Ί	Χ	Κ	Τ	Ξ	Λ	Ο	Ό	Ν	Ο	Α	Ξ	Ν	Υ	Ό	Σ
Έ	Ί	Ι	Τ	Τ	Δ	Μ	Σ	Ε	Μ	Σ	Χ	Κ	Ψ	Β	Η
Σ	Τ	Σ	Λ	Ή	Έ	Ί	Ω	Α	Υ	Τ	Ε	Ε	Υ	Δ	Ξ
Σ	Δ	Υ	Υ	Τ	Ρ	Α	Μ	Ε	Ζ	Ι	Τ	Λ	Γ	Ε	Ι
Σ	Τ	Φ	Ξ	Υ	Α	Ι	Α	Υ	Ν	Κ	Ω	Ί	Σ	Ξ	Λ
Η	Ν	Ε	Ο	Γ	Γ	Σ	Α	Β	Έ	Ό	Ω	Ω	Ψ	Σ	Έ
Έ	Κ	Ο	Λ	Λ	Α	Γ	Ό	Ν	Ο	Π	Σ	Λ	Τ	Υ	Ξ
Λ	Φ	Ω	Τ	Ο	Σ	Ύ	Ν	Θ	Ε	Σ	Η	Α	Η	Ι	Ε
Ο	Τ	Χ	Λ	Μ	Ψ	Ω	Γ	Μ	Τ	Ψ	Ξ	Έ	Ρ	Η	Π
Χ	Ε	Χ	Ο	Ε	Τ	Μ	Ε	Τ	Ά	Λ	Λ	Α	Ξ	Η	Ψ

ΑΝΑΤΟΜΊΑ
ΒΑΚΤΉΡΙΑ
ΚΕΛΊ
ΧΡΩΜΌΣΩΜΑ
ΚΟΛΛΑΓΌΝΟ
ΈΜΒΡΥΟ
ΈΝΖΥΜΟ
ΕΞΈΛΙΞΗ
ΟΡΜΌΝΗ
ΘΗΛΑΣΤΙΚΌ
ΜΕΤΆΛΛΑΞΗ
ΦΥΣΙΚΉ
ΝΕΎΡΟ
ΝΕΥΡΏΝΑ
ΌΣΜΩΣΗ
ΦΩΤΟΣΎΝΘΕΣΗ
ΠΡΩΤΕΪΝΗ
ΕΡΠΕΤΌ
ΣΥΜΒΊΩΣΗ
ΣΎΝΑΨΗ

30 - Épices

Κ	Κ	Ί	Π	Ε	Γ	Γ	Β	Ξ	Ο	Υ	Κ	Σ	Γ	Π	Β
Γ	Ρ	Ύ	Σ	Β	Γ	Β	Ε	Π	Ψ	Π	Ο	Κ	Λ	Ι	Α
Υ	Ο	Ε	Μ	Ξ	Σ	Α	Π	Ύ	Ν	Ν	Υ	Ό	Υ	Π	Ν
Υ	Α	Σ	Μ	Ι	Ο	Υ	Ν	Ρ	Σ	Ν	Ρ	Ρ	Κ	Έ	Ί
Ε	Λ	Λ	Τ	Μ	Ν	Δ	Ί	Π	Χ	Η	Κ	Δ	Ό	Ρ	Λ
Ψ	Μ	Μ	Ο	Γ	Ύ	Ο	Ω	Ά	Ρ	Ω	Ο	Ο	Ρ	Ι	Ι
Ο	Ο	Μ	Ω	Η	Ω	Δ	Γ	Π	Δ	Ψ	Ύ	Κ	Ι	Τ	Α
Μ	Σ	Ξ	Ω	Ρ	Ί	Ν	Ι	Ρ	Κ	Ψ	Μ	Ρ	Ζ	Ω	Ω
Ρ	Χ	Ι	Τ	Ά	Λ	Α	Ρ	Ι	Ά	Α	Η	Ο	Α	Ω	Χ
Ε	Ο	Ν	Α	Λ	Έ	Ν	Α	Κ	Ρ	Β	Μ	Κ	Μ	Α	Ξ
Τ	Κ	Ή	Υ	Γ	Λ	Ν	Π	Α	Υ	Υ	Ε	Ο	Ά	Έ	Χ
Β	Ά	Ρ	Γ	Λ	Υ	Κ	Ά	Ν	Ι	Σ	Ο	Σ	Ρ	Γ	Β
Ν	Ρ	Κ	Τ	Ζ	Ί	Ν	Τ	Ζ	Ε	Ρ	Ψ	Χ	Α	Ε	Η
Ω	Υ	Ι	Ω	Η	Ω	Μ	Ο	Ν	Λ	Ξ	Ω	Ξ	Θ	Έ	Π
Ξ	Δ	Π	Έ	Β	Έ	Ω	Ί	Ν	Ε	Ί	Λ	Λ	Ο	Λ	Μ
Ν	Ο	Μ	Α	Δ	Ρ	Ά	Κ	Ο	Ε	Ί	Η	Ω	Ω	Μ	Μ

ΞΙΝΉ
ΣΚΌΡΔΟ
ΠΙΚΡΉ
ΓΛΥΚΆΝΙΣΟ
ΚΑΝΈΛΑ
ΚΆΡΔΑΜΟ
ΚΎΜΙΝΟ
ΚΟΥΡΚΟΎΜΗ
ΚΆΡΥ
ΜΆΡΑΘΟ
ΤΖΊΝΤΖΕΡ
ΜΟΣΧΟΚΆΡΥΔΟ
ΚΡΕΜΜΎΔΙ
ΠΆΠΡΙΚΑ
ΠΙΠΈΡΙ
ΓΛΥΚΌΡΙΖΑ
ΚΡΟΚΟΣ
ΓΕΎΣΗ
ΑΛΆΤΙ
ΒΑΝΊΛΙΑ

31 - Agronomie

Ί	Γ	Έ	Ι	Ψ	Λ	Ί	Π	Α	Σ	Μ	Α	Ω	Γ	Ί	Λ
Ν	Γ	Ρ	Ί	Έ	Γ	Γ	Π	Ρ	Η	Τ	Μ	Α	Μ	Β	Α
Ψ	Η	Ε	Η	Τ	Έ	Λ	Ε	Μ	Ψ	Έ	Ρ	Β	Σ	Μ	Χ
Ί	Η	Υ	Η	Σ	Ι	Ρ	Ώ	Ν	Γ	Α	Ν	Α	Ι	Σ	Α
Α	Σ	Ν	Ή	Γ	Ω	Γ	Α	Ρ	Α	Π	Ξ	Έ	Ο	Δ	Ν
Ι	Ν	Α	Ρ	Π	Ε	Ρ	Ι	Β	Ά	Λ	Λ	Ο	Ν	Α	Ι
Ε	Α	Ά	Ν	Ε	Ρ	Ό	Β	Ξ	Τ	Ρ	Ο	Φ	Ή	Ε	Κ
Ν	Π	Ι	Π	Ρ	Χ	Τ	Υ	Ά	Έ	Χ	Ε	Σ	Κ	Π	Ά
Έ	Ύ	Ι	Μ	Τ	Λ	Σ	Α	Ω	Ι	Τ	Ν	Ύ	Ι	Ι	Έ
Θ	Ρ	Χ	Ξ	Τ	Υ	Ε	Ξ	Λ	Ο	Δ	Έ	Σ	Τ	Σ	Λ
Σ	Β	Ρ	Ψ	Π	Ί	Ξ	Β	Χ	Ρ	Υ	Ρ	Τ	Ο	Τ	Ρ
Α	Ί	Γ	Ρ	Ω	Ε	Γ	Η	Σ	Ό	Ρ	Γ	Η	Ρ	Ή	Ν
Ο	Ι	Κ	Ο	Λ	Ο	Γ	Ί	Α	Π	Υ	Ε	Μ	Γ	Μ	Η
Λ	Β	Γ	Ξ	Σ	Υ	Η	Η	Τ	Σ	Β	Ι	Α	Α	Η	Μ
Ξ	Α	Τ	Χ	Υ	Ε	Τ	Δ	Ν	Ε	Ο	Α	Ν	Π	Σ	Α
Χ	Ε	Έ	Ω	Ρ	Β	Ν	Ο	Ψ	Π	Ψ	Ο	Ψ	Α	Χ	Μ

ΓΕΩΡΓΊΑ
ΑΝΆΠΤΥΞΗ
ΝΕΡΌ
ΛΊΠΑΣΜΑ
ΠΕΡΙΒΆΛΛΟΝ
ΟΙΚΟΛΟΓΊΑ
ΕΝΈΡΓΕΙΑ
ΔΙΆΒΡΩΣΗ
ΜΕΛΈΤΗ
ΣΠΌΡΟΙ
ΑΝΑΓΝΏΡΙΣΗ
ΛΑΧΑΝΙΚΆ
ΑΣΘΈΝΕΙΑ
ΤΡΟΦΉ
ΡΎΠΑΝΣΗ
ΠΑΡΑΓΩΓΉ
ΈΡΕΥΝΑ
ΑΓΡΟΤΙΚΉ
ΕΠΙΣΤΉΜΗ
ΣΎΣΤΗΜΑ

32 - Science

Ε	Ο	Κ	Δ	Ί	Λ	Ω	Β	Τ	Ο	Ρ	Α	Χ	Ί	Ε	Υ
Ρ	Ρ	Λ	Β	Ε	Ψ	Γ	Λ	Α	Η	Ί	Τ	Β	Σ	Σ	Ε
Γ	Γ	Ί	Ψ	Ο	Δ	Η	Σ	Η	Ρ	Ή	Τ	Α	Ρ	Α	Π
Α	Α	Μ	Ί	Υ	Η	Ο	Δ	Έ	Ν	Ύ	Δ	Έ	Μ	Ν	Χ
Σ	Ν	Α	Ρ	Ν	Τ	Ι	Μ	Ε	Ν	Ξ	Τ	Τ	Α	Έ	Η
Τ	Ι	Ο	Ρ	Υ	Κ	Τ	Ά	Έ	Τ	Ε	Π	Η	Ί	Β	Μ
Ή	Σ	Ό	Ν	Ο	Γ	Ε	Γ	Μ	Ν	Υ	Ε	Σ	Τ	Ω	Ι
Ρ	Μ	Μ	Ό	Ρ	Ι	Α	Χ	Έ	Ί	Α	Ί	Ε	Δ	Α	Κ
Ι	Ό	Φ	Ψ	Η	Σ	Σ	Π	Θ	Ε	Ι	Ρ	Θ	Υ	Έ	Ή
Ο	Σ	Α	Υ	Έ	Η	Γ	Ω	Ο	Τ	Δ	Α	Ό	Ι	Ν	Φ
Γ	Δ	Ά	Π	Σ	Ί	Σ	Τ	Δ	Ξ	Ί	Μ	Π	Ν	Ξ	Ύ
Π	Σ	Τ	Α	Χ	Ι	Τ	Λ	Ο	Υ	Τ	Α	Υ	Μ	Υ	Σ
Β	Τ	Ο	Λ	Η	Υ	Κ	Ψ	Σ	Ί	Α	Β	Έ	Π	Έ	Η
Μ	Η	Μ	Ι	Π	Σ	Ι	Ή	Ξ	Η	Μ	Δ	Λ	Β	Ι	Ψ
Η	Δ	Ο	Ε	Ξ	Έ	Λ	Ι	Ξ	Η	Ω	Μ	Ί	Τ	Λ	Ω
Α	Π	Ο	Λ	Ί	Θ	Ω	Μ	Α	Γ	Σ	Α	Σ	Ο	Α	Β

ΆΤΟΜΟ
ΧΗΜΙΚΉ
ΚΛΊΜΑ
ΔΕΔΟΜΈΝΑ
ΠΕΊΡΑΜΑ
ΕΞΈΛΙΞΗ
ΓΕΓΟΝΌΣ
ΑΠΟΛΊΘΩΜΑ
ΒΑΡΎΤΗΤΑ
ΥΠΌΘΕΣΗ
ΕΡΓΑΣΤΉΡΙΟ
ΜΈΘΟΔΟΣ
ΟΡΥΚΤΆ
ΜΌΡΙΑ
ΦΎΣΗ
ΠΑΡΑΤΉΡΗΣΗ
ΟΡΓΑΝΙΣΜΌΣ
ΣΩΜΑΤΊΔΙΑ
ΦΥΣΙΚΉ

33 - Vêtements

Ξ	Ξ	Έ	Ο	Ε	Ω	Τ	Α	Τ	Ζ	Κ	Λ	Ν	Α	Γ	Α
Α	Λ	Γ	Ρ	Ι	Δ	Ν	Τ	Υ	Ώ	Α	Δ	Ό	Μ	Ά	Γ
Π	Ο	Υ	Κ	Ά	Μ	Ι	Σ	Ο	Ν	Σ	Ι	Τ	Ά	Ν	Υ
Υ	Ω	Π	Ω	Ι	Δ	Λ	Ύ	Χ	Η	Κ	Η	Λ	Ζ	Τ	Έ
Ω	Γ	Ι	Γ	Δ	Ω	Ό	Ο	Ψ	Μ	Ό	Υ	Α	Τ	Ι	Λ
Υ	Ι	Σ	Λ	Ο	Γ	Ι	Φ	Α	Ξ	Λ	Ι	Π	Ι	Α	Ν
Δ	Κ	Τ	Ί	Π	Ξ	Χ	Ο	Π	Ί	Φ	Ν	Ε	Π	Η	Δ
Γ	Ά	Ύ	Γ	Α	Σ	Α	Λ	Τ	Β	Ξ	Ό	Ε	Ξ	Ρ	Γ
Χ	Κ	Ο	Λ	Ι	Έ	Ρ	Ο	Ξ	Ί	Ί	Λ	Ρ	Γ	Α	Ο
Λ	Α	Π	Δ	Σ	Λ	Β	Π	Ξ	Ί	Δ	Ε	Ε	Ε	Π	Ι
Ε	Σ	Α	Ν	Δ	Ά	Λ	Ι	Α	Μ	Ί	Τ	Β	Γ	Μ	Δ
Γ	Χ	Π	Τ	Ζ	Ι	Ν	Τ	Ξ	Ί	Η	Ν	Ό	Ξ	Ξ	Α
Κ	Α	Π	Έ	Λ	Ο	Σ	Λ	Ξ	Μ	Ρ	Α	Λ	Ω	Ξ	Χ
Η	Π	Χ	Α	Ν	Ι	Τ	Ψ	Ξ	Γ	Ε	Π	Υ	Ε	Η	Ν
Ί	Υ	Τ	Β	Ν	Ρ	Ε	Β	Ν	Α	Ζ	Ύ	Ο	Λ	Π	Μ
Π	Ω	Ρ	Δ	Δ	Γ	Β	Ο	Ρ	Γ	Ο	Ι	Π	Ξ	Δ	Μ

ΒΡΑΧΙΌΛΙ
ΖΏΝΗ
ΚΑΠΈΛΟ
ΠΑΠΟΎΤΣΙ
ΠΟΥΚΆΜΙΣΟ
ΜΠΛΟΎΖΑ
ΚΟΛΙΈ
ΚΑΣΚΌΛ
ΓΆΝΤΙΑ
ΤΖΙΝ
ΦΟΎΣΤΑ
ΠΑΛΤΌ
ΜΌΔΑ
ΠΑΝΤΕΛΌΝΙ
ΠΟΥΛΌΒΕΡ
ΠΙΤΖΆΜΑ
ΦΌΡΕΜΑ
ΣΑΝΔΆΛΙΑ
ΠΟΔΙΆ
ΣΑΚΆΚΙ

34 - Arts Visuels

Δ	Ν	Μ	Χ	Π	Μ	Χ	Ή	Κ	Ι	Φ	Α	Ρ	Γ	Ω	Ζ
Δ	Χ	Ψ	Π	Π	Ο	Ψ	Ξ	Υ	Ά	Λ	Η	Ι	Χ	Ι	Ρ
Ν	Δ	Ο	Ξ	Ρ	Ν	Ρ	Υ	Ψ	Ψ	Ρ	Ι	Ω	Η	Α	Δ
Η	Ε	Η	Υ	Ό	Λ	Υ	Τ	Σ	Ί	Ι	Β	Ύ	Λ	Ο	Μ
Τ	Κ	Ι	Μ	Ω	Λ	Ί	Α	Ρ	Γ	Ι	Μ	Ο	Γ	Έ	Υ
Χ	Σ	Ξ	Μ	Έ	Μ	Ξ	Μ	Έ	Έ	Δ	Υ	Κ	Υ	Ν	Β
Φ	Ω	Τ	Ο	Γ	Ρ	Α	Φ	Ί	Α	Τ	Ξ	Α	Π	Ν	Έ
Ι	Λ	Γ	Ν	Σ	Ο	Ξ	Κ	Ρ	Β	Π	Ο	Λ	Ρ	Π	Ο
Σ	Ύ	Ν	Θ	Ε	Σ	Η	Α	Ε	Δ	Γ	Ξ	Λ	Ο	Ο	Α
Β	Σ	Χ	Σ	Ρ	Ι	Ψ	Β	Κ	Χ	Υ	Π	Ι	Ο	Λ	Β
Τ	Ν	Ο	Ή	Κ	Ι	Μ	Α	Ρ	Ε	Κ	Ι	Τ	Π	Υ	Ε
Υ	Α	Τ	Τ	Ί	Υ	Η	Λ	Υ	Π	Σ	Π	Έ	Τ	Γ	Ρ
Έ	Ρ	Ι	Ί	Τ	Ψ	Ο	Έ	Β	Μ	Μ	Π	Χ	Ι	Ρ	Ν
Έ	Ψ	Ί	Ν	Ή	Κ	Ι	Τ	Π	Υ	Λ	Γ	Ν	Κ	Ά	Ί
Μ	Χ	Π	Η	Ί	Σ	Τ	Ο	Ε	Ε	Ρ	Υ	Η	Ή	Φ	Κ
Έ	Υ	Ψ	Μ	Χ	Α	Τ	Η	Σ	Ψ	Ν	Ψ	Σ	Έ	Ο	Ι

ΚΑΛΛΙΤΈΧΝΗΣ
ΚΕΡΑΜΙΚΉ
ΚΆΡΒΟΥΝΟ
ΚΑΒΑΛΈΤΟ
ΚΕΡΊ
ΣΎΝΘΕΣΗ
ΚΙΜΩΛΊΑ
ΜΟΛΎΒΙ
ΤΑΙΝΊΑ
ΖΩΓΡΑΦΙΚΉ
ΠΡΟΟΠΤΙΚΉ
ΦΩΤΟΓΡΑΦΊΑ
ΠΟΛΥΓΡΆΦΟ
ΠΟΡΤΡΈΤΟ
ΓΛΥΠΤΙΚΉ
ΣΤΥΛΌ
ΒΕΡΝΊΚΙ

35 - Méditation

Υ	Μ	Λ	Ε	Ψ	Λ	Ι	Χ	Χ	Ψ	Μ	Ψ	Α	Β	Β	Μ
Δ	Ι	Χ	Ξ	Ι	Ι	Σ	Π	Ν	Υ	Ο	Π	Τ	Μ	Γ	Τ
Μ	Υ	Α	Λ	Ό	Ρ	Σ	Έ	Υ	Χ	Υ	Υ	Α	Ο	Υ	Π
Ω	Ί	Ι	Ι	Ί	Γ	Ή	Η	Τ	Ι	Σ	Σ	Μ	Ρ	Ο	Έ
Ι	Ν	Ν	Α	Ε	Ψ	Ξ	Ν	Ω	Κ	Ι	Ν	Ή	Μ	Α	Ο
Ί	Ν	Ό	Ν	Ξ	Ν	Ε	Μ	Η	Ή	Κ	Π	Θ	Ν	Λ	Χ
Β	Ρ	Π	Α	Ύ	Ε	Ή	Λ	Ρ	Ξ	Ή	Σ	Σ	Β	Ή	Ο
Ι	Έ	Μ	Π	Π	Π	Κ	Φ	Ψ	Σ	Ρ	Ψ	Ι	Ο	Χ	Α
Σ	Ξ	Υ	Ν	Ν	Ψ	Ι	Ι	Α	Σ	Ν	Ν	Α	Χ	Ο	Ω
Ρ	Τ	Σ	Ο	Η	Ξ	Τ	Γ	Π	Σ	Κ	Ί	Ν	Η	Σ	Η
Μ	Δ	Ά	Ή	Σ	Π	Π	Σ	Ι	Ω	Π	Ή	Υ	Σ	Ο	Ε
Β	Δ	Α	Σ	Ε	Ω	Ο	Τ	Ε	Β	Π	Μ	Σ	Ύ	Ρ	Α
Ε	Ψ	Λ	Ε	Η	Π	Ο	Υ	Ί	Η	Ε	Σ	Π	Φ	Π	Ν
Η	Ρ	Ε	Μ	Ί	Α	Ρ	Α	Π	Ο	Δ	Ο	Χ	Ή	Χ	Ρ
Τ	Ρ	Έ	Τ	Α	Η	Π	Κ	Α	Λ	Ο	Σ	Ύ	Ν	Η	Ω
Ε	Υ	Γ	Ν	Ω	Μ	Ο	Σ	Ύ	Ν	Η	Υ	Δ	Τ	Ο	Ρ

ΑΠΟΔΟΧΉ
ΠΡΟΣΟΧΉ
ΗΡΕΜΊΑ
ΣΑΦΉΝΕΙΑ
ΣΥΜΠΌΝΙΑ
ΜΥΑΛΌ
ΣΥΝΑΙΣΘΉΜΑΤΑ
ΞΎΠΝΗΣΕ
ΚΑΛΟΣΎΝΗ
ΕΥΓΝΩΜΟΣΎΝΗ
ΨΥΧΙΚΉ
ΚΊΝΗΣΗ
ΜΟΥΣΙΚΉ
ΦΎΣΗ
ΕΙΡΉΝΗ
ΠΡΟΟΠΤΙΚΉ
ΣΤΆΣΗ
ΑΝΑΠΝΟΉ
ΣΙΩΠΉ

36 - Littérature

Ο	Μ	Π	Ί	Υ	Υ	Τ	Ρ	Σ	Ο	Γ	Ο	Λ	Ά	Ι	Δ
Α	Β	Ο	Σ	Τ	Υ	Λ	Υ	Ψ	Ύ	Ο	Μ	Θ	Υ	Ρ	Έ
Ρ	Ι	Ί	Χ	Υ	Δ	Λ	Ν	Δ	Β	Γ	Δ	Υ	Γ	Χ	Δ
Σ	Ο	Η	Α	Ν	Έ	Κ	Δ	Ο	Τ	Ο	Κ	Ά	Α	Υ	Ψ
Υ	Γ	Μ	Π	Ε	Ρ	Ι	Γ	Ρ	Α	Φ	Ή	Ρ	Μ	Ε	Μ
Γ	Ρ	Α	Μ	Έ	Θ	Χ	Μ	Α	Γ	Π	Σ	Ο	Ι	Ε	Η
Γ	Α	Α	Ν	Α	Λ	Ο	Γ	Ί	Α	Ο	Υ	Φ	Η	Σ	Γ
Ρ	Φ	Α	Α	Π	Β	Ι	Ε	Δ	Ί	Ι	Μ	Α	Ο	Η	Η
Α	Ί	Ξ	Ν	Φ	Έ	Υ	Υ	Ω	Έ	Η	Π	Τ	Υ	Η	Μ
Φ	Α	Έ	Δ	Ά	Η	Β	Β	Γ	Σ	Τ	Έ	Ε	Χ	Ί	Ώ
Έ	Ί	Δ	Ν	Ί	Λ	Γ	Ο	Α	Ν	Ι	Ρ	Μ	Α	Ε	Ν
Α	Β	Σ	Β	Ψ	Π	Υ	Η	Ρ	Ρ	Κ	Α	Γ	Ι	Ε	Γ
Σ	Α	Έ	Ν	Ρ	Η	Ω	Σ	Τ	Ω	Ή	Σ	Γ	Ί	Α	Έ
Ι	Λ	Ω	Ρ	Ο	Υ	Χ	Β	Η	Ή	Έ	Μ	Υ	Ρ	Σ	Σ
Φ	Α	Ν	Τ	Α	Σ	Ί	Α	Ν	Ι	Σ	Α	Χ	Η	Α	Π
Τ	Μ	Ψ	Ρ	Μ	Υ	Θ	Ι	Σ	Τ	Ό	Ρ	Η	Μ	Α	Ν

ΑΝΑΛΟΓΊΑ
ΑΝΆΛΥΣΗ
ΑΝΈΚΔΟΤΟ
ΣΥΓΓΡΑΦΈΑΣ
ΒΙΟΓΡΑΦΊΑ
ΣΎΓΚΡΙΣΗ
ΣΥΜΠΈΡΑΣΜΑ
ΠΕΡΙΓΡΑΦΉ
ΔΙΆΛΟΓΟΣ
ΦΑΝΤΑΣΊΑ
ΜΕΤΑΦΟΡΆ
ΑΦΗΓΗΤΉΣ
ΓΝΏΜΗ
ΠΟΊΗΜΑ
ΠΟΙΗΤΙΚΉ
ΜΥΘΙΣΤΌΡΗΜΑ
ΡΥΘΜΟΎ
ΣΤΥΛ
ΘΈΜΑ
ΤΡΑΓΩΔΊΑ

37 - Nourriture #1

Ξ	Μ	Ι	Δ	Ύ	Μ	Μ	Ε	Ρ	Κ	Χ	Α	Δ	Η	Α	Ω
Ί	Ν	Δ	Η	Γ	Λ	Ρ	Σ	Ί	Α	Έ	Ι	Λ	Ξ	Β	Ο
Ρ	Λ	Λ	Έ	Ω	Ρ	Δ	Ο	Λ	Φ	Λ	Π	Ρ	Β	Α	Ν
Ι	Ι	Α	Γ	Σ	Ε	Δ	Λ	Δ	Έ	Μ	Ά	Ι	Ρ	Σ	Ξ
Ω	Ψ	Ψ	Γ	Ο	Ι	Έ	Λ	Ι	Ί	Η	Ι	Γ	Η	Ι	Υ
Η	Τ	Η	Δ	Ν	Δ	Ξ	Ε	Α	Ε	Χ	Σ	Λ	Φ	Λ	Γ
Υ	Λ	Ο	Μ	Ό	Ά	Ρ	Μ	Υ	Λ	Δ	Ο	Ψ	Ρ	Ι	Β
Ζ	Κ	Έ	Λ	Τ	Λ	Σ	Ό	Μ	Υ	Χ	Δ	Μ	Ά	Κ	Ι
Ά	Α	Α	Ι	Δ	Χ	Ρ	Ν	Κ	Μ	Μ	Α	Δ	Ο	Ο	Ε
Χ	Κ	Λ	Ρ	Έ	Α	Ι	Ι	Ι	Σ	Ω	Ω	Λ	Υ	Ύ	Υ
Α	Ρ	Έ	Ά	Ό	Ι	Κ	Ά	Ν	Α	Π	Σ	Ο	Λ	Λ	Δ
Ρ	Έ	Ν	Θ	Γ	Τ	Ω	Λ	Λ	Ε	Ε	Έ	Τ	Α	Χ	Γ
Η	Α	Α	Ι	Τ	Ά	Ο	Ν	Ι	Γ	Ο	Γ	Γ	Ύ	Λ	Ι
Τ	Σ	Κ	Ρ	Χ	Λ	Σ	Ο	Ύ	Π	Α	Χ	Ω	Γ	Β	Έ
Β	Π	Ψ	Κ	Μ	Α	Σ	Α	Λ	Ά	Τ	Α	Ψ	Δ	Γ	Λ
Ρ	Ί	Ω	Ω	Ω	Έ	Β	Π	Ν	Τ	Ε	Β	Γ	Α	Γ	Ε

ΣΚΌΡΔΟ
ΒΑΣΙΛΙΚΟΎ
ΚΑΦΈ
ΚΑΝΈΛΑ
ΚΑΡΌΤΟ
ΛΕΜΌΝΙ
ΣΠΑΝΆΚΙ
ΦΡΆΟΥΛΑ
ΧΥΜΌΣ
ΓΆΛΑ
ΓΟΓΓΎΛΙ
ΚΡΕΜΜΎΔΙ
ΚΡΙΘΆΡΙ
ΑΧΛΆΔΙ
ΣΑΛΆΤΑ
ΑΛΆΤΙ
ΣΟΎΠΑ
ΖΆΧΑΡΗ
ΤΌΝΟΣ
ΚΡΈΑΣ

38 - Jours et Mois

Σ	Ι	Σ	Ε	Π	Τ	Ε	Μ	Β	Ρ	Ί	Ο	Υ	Ω	Γ	Σ
Ά	Υ	Ο	Ί	Ρ	Α	Υ	Ο	Ρ	Β	Ε	Φ	Ί	Ο	Α	Ι
Β	Α	Δ	Υ	Ο	Ί	Ρ	Α	Υ	Ο	Ν	Α	Ι	Ο	Γ	Δ
Β	Δ	Ν	Ξ	Λ	Π	Ο	Ρ	Ε	Ί	Α	Ε	Η	Ψ	Μ	Α
Α	Ε	Υ	Ί	Β	Ί	Π	Έ	Μ	Π	Τ	Η	Μ	Ι	Π	Έ
Τ	Υ	Ψ	Ψ	Δ	Ν	Ο	Μ	Ή	Ν	Α	Σ	Ε	Δ	Π	Χ
Ο	Τ	Ή	Κ	Α	Ι	Ρ	Υ	Κ	Μ	Έ	Υ	Ρ	Ν	Ω	Ω
Ψ	Έ	Μ	Τ	Ν	Ξ	Π	Υ	Ο	Τ	Σ	Ύ	Ο	Γ	Υ	Α
Χ	Ρ	Γ	Ι	Ψ	Ο	Γ	Έ	Ω	Ε	Έ	Έ	Λ	Τ	Ο	Δ
Ι	Α	Ν	Γ	Α	Ί	Ε	Α	Ι	Ω	Έ	Α	Ό	Ε	Ί	Ά
Έ	Ο	Α	Ο	Ω	Α	Σ	Μ	Ο	Ε	Ε	Ψ	Γ	Τ	Λ	Μ
Ο	Υ	Υ	Ο	Υ	Σ	Ο	Λ	Β	Β	Δ	Ι	Ι	Ά	Ι	Ο
Σ	Ν	Ε	Ν	Β	Έ	Ξ	Π	Χ	Ρ	Ψ	Λ	Ο	Ρ	Ρ	Δ
Ί	Υ	Γ	Ρ	Ί	Τ	Ρ	Ί	Τ	Η	Ί	Ρ	Ι	Τ	Π	Β
Ρ	Ε	Σ	Ο	Έ	Ο	Μ	Γ	Ψ	Η	Δ	Ο	Υ	Η	Α	Ε
Ί	Ξ	Ρ	Τ	Ψ	Ξ	Υ	Β	Ω	Ν	Β	Ρ	Υ	Α	Τ	Υ

ΑΥΓΟΎΣΤΟΥ
ΑΠΡΙΛΊΟΥ
ΗΜΕΡΟΛΌΓΙΟ
ΚΥΡΙΑΚΉ
ΦΕΒΡΟΥΑΡΊΟΥ
ΙΑΝΟΥΑΡΊΟΥ
ΠΈΜΠΤΗ
ΙΟΥΛΊΟΥ
ΙΟΥΝΊΟΥ
ΔΕΥΤΈΡΑ
ΤΡΊΤΗ
ΠΟΡΕΊΑ
ΤΕΤΆΡΤΗ
ΜΉΝΑΣ
ΝΟΕΜΒΡΊΟΥ
ΣΆΒΒΑΤΟ
ΕΒΔΟΜΆΔΑ
ΣΕΠΤΕΜΒΡΊΟΥ

39 - Jardinage

Ί	Υ	Β	Δ	Ω	Ε	Ω	Χ	Ά	Ν	Θ	Ο	Σ	Χ	Ψ	Λ
Τ	Ρ	Γ	Γ	Β	Ρ	Ω	Μ	Ι	Ά	Υ	Λ	Δ	Π	Υ	Ο
Ι	Ο	Α	Ρ	Μ	Π	Α	Η	Π	Ψ	Σ	Λ	Σ	Έ	Τ	Υ
Α	Μ	Ο	Υ	Α	Μ	Ί	Λ	Κ	Β	Ψ	Ύ	Υ	Ψ	Υ	Λ
Π	Ο	Ω	Ψ	Ε	Σ	Ε	Γ	Τ	Ο	Ψ	Φ	Τ	Α	Ω	Ο
Ο	Δ	Λ	Ε	Ί	Ί	Ί	Έ	Η	Τ	Ν	Β	Ι	Μ	Ι	Υ
Χ	Τ	Π	Υ	Έ	Γ	Δ	Α	Ο	Α	Ν	Ή	Λ	Ω	Σ	Δ
Ε	Έ	Ν	Χ	Ρ	Η	Χ	Ο	Ω	Ν	Ξ	Δ	Ό	Λ	Μ	Ι
Σ	Ξ	Ο	Έ	Ή	Χ	Ρ	Ί	Σ	Ι	Χ	Β	Β	Λ	Π	Ώ
Σ	Β	Ω	Έ	Κ	Ι	Ο	Ε	Χ	Κ	Ψ	Ε	Ι	Ύ	Ο	Ν
Ι	Τ	Ν	Τ	Α	Σ	Τ	Χ	Τ	Ή	Σ	Ξ	Ρ	Φ	Υ	Ν
Ρ	Έ	Μ	Ι	Ι	Β	Ι	Ο	Ρ	Ό	Π	Σ	Ε	Ξ	Κ	Ε
Μ	Μ	Ξ	Β	Χ	Κ	Ί	Δ	Ί	Χ	Β	Ξ	Π	Η	Έ	Ρ
Δ	Ο	Τ	Η	Ο	Ω	Ό	Β	Ρ	Ώ	Σ	Ι	Μ	Α	Τ	Ό
Τ	Ω	Τ	Χ	Π	Κ	Ο	Π	Ρ	Ό	Χ	Ω	Μ	Α	Ο	Α
Ψ	Δ	Τ	Έ	Ε	Ί	Υ	Δ	Ί	Υ	Υ	Ί	Μ	Ω	Η	Τ

ΒΟΤΑΝΙΚΉ
ΜΠΟΥΚΈΤΟ
ΚΛΊΜΑ
ΒΡΏΣΙΜΑ
ΚΟΠΡΌΧΩΜΑ
ΝΕΡΌ
ΕΊΔΟΣ
ΕΞΩΤΙΚΌ
ΦΎΛΛΩΜΑ
ΦΎΛΛΟ
ΆΝΘΟΣ
ΛΟΥΛΟΥΔΙΏΝ
ΣΠΌΡΟΙ
ΥΓΡΑΣΊΑ
ΔΟΧΕΊΟ
ΕΠΟΧΙΑΚΉ
ΒΡΩΜΙΆ
ΣΩΛΉΝΑ
ΠΕΡΙΒΌΛΙ

40 - Entreprise

Ο	Γ	Η	Λ	Σ	Ο	Τ	Σ	Ό	Κ	Ε	Γ	Α	Χ	Φ	Ε
Π	Ι	Ρ	Ώ	Τ	Ο	Δ	Ο	Τ	Α	Μ	Η	Ρ	Χ	Ό	Τ
Ώ	Ξ	Κ	Α	Τ	Ω	Β	Δ	Λ	Μ	Π	Σ	Έ	Γ	Ρ	Α
Λ	Ω	Χ	Ο	Φ	Ν	Μ	Ρ	Η	Σ	Ο	Υ	Ι	Ν	Ο	Ι
Η	Ο	Ρ	Ί	Ν	Ε	Ί	Έ	Ψ	Ι	Ρ	Δ	Ρ	Ρ	Ι	Ρ
Σ	Μ	Ή	Η	Α	Ο	Ί	Κ	Ψ	Μ	Ε	Ν	Α	Ο	Ψ	Ε
Η	Ο	Μ	Ί	Μ	Π	Μ	Ο	Λ	Ό	Ύ	Έ	Κ	Τ	Λ	Ί
Ψ	Ν	Α	Λ	Η	Ί	Ε	Ι	Β	Ν	Μ	Π	Η	Δ	Ξ	Α
Λ	Ρ	Β	Δ	Δ	Σ	Έ	Ε	Κ	Ξ	Α	Ε	Υ	Δ	Χ	Μ
Ε	Χ	Ξ	Ψ	Ό	Ω	Σ	Λ	Ξ	Ά	Τ	Μ	Ε	Β	Ί	Η
Ε	Ρ	Γ	Ο	Σ	Τ	Ά	Σ	Ι	Ο	Α	Ί	Ο	Τ	Ω	Τ
Ν	Β	Ξ	Δ	Ι	Σ	Υ	Ν	Α	Λ	Λ	Α	Γ	Ή	Γ	Σ
Ί	Υ	Σ	Η	Ε	Ε	Ρ	Γ	Ο	Δ	Ό	Τ	Η	Χ	Ψ	Ά
Ν	Ξ	Ρ	Ψ	Ο	Λ	Ε	Π	Α	Ε	Σ	Ί	Π	Ί	Μ	Τ
Έ	Κ	Π	Τ	Ω	Σ	Η	Ε	Ι	Σ	Α	Γ	Ω	Γ	Ή	Α
Ί	Ν	Ι	Π	Έ	Π	Ξ	Έ	Ρ	Μ	Λ	Ω	Τ	Έ	Έ	Κ

ΧΡΉΜΑ
ΚΑΤΆΣΤΗΜΑ
ΓΡΑΦΕΊΟ
ΚΑΡΙΈΡΑ
ΚΌΣΤΟΣ
ΝΌΜΙΣΜΑ
ΕΡΓΟΔΌΤΗ
ΕΤΑΙΡΕΊΑ
ΟΙΚΟΝΟΜΙΚΆ
ΧΡΗΜΑΤΟΔΟΤΏ

ΕΙΣΑΓΩΓΉ
ΦΌΡΟΙ
ΕΠΈΝΔΥΣΗ
ΕΜΠΟΡΕΎΜΑΤΑ
ΚΈΡΔΟΣ
ΕΙΣΌΔΗΜΑ
ΈΚΠΤΩΣΗ
ΣΥΝΑΛΛΑΓΉ
ΕΡΓΟΣΤΆΣΙΟ
ΠΏΛΗΣΗ

41 - Activités

Χ	Π	Μ	Κ	Γ	Ν	Ι	Π	Μ	Ά	Κ	Π	Σ	Ν	Χ	Δ
Η	Α	Ο	Ε	Α	Τ	Η	Τ	Ό	Ι	Ξ	Ε	Δ	Ι	Π	Ε
Β	Ι	Λ	Ρ	Ν	Ι	Μ	Ι	Τ	Ι	Ί	Ζ	Τ	Γ	Ο	Α
Ί	Χ	Ξ	Α	Α	Μ	Ε	Ρ	Ά	Ψ	Ω	Ο	Δ	Τ	Ρ	Λ
Η	Ν	Ν	Μ	Τ	Β	Μ	Γ	Π	Ι	Ν	Π	Ρ	Έ	Λ	Ζ
Ρ	Ί	Σ	Ι	Η	Ν	Ι	Α	Η	Ο	Π	Ο	Ά	Χ	Α	Ω
Η	Δ	Γ	Κ	Τ	Χ	Ο	Ο	Γ	Έ	Ο	Ρ	Ψ	Ν	Ν	Γ
Ο	Ι	Σ	Ή	Ό	Ψ	Λ	Ρ	Τ	Ε	Υ	Ί	Ι	Η	Ά	Ρ
Γ	Α	Δ	Ρ	Ι	Π	Ξ	Ί	Έ	Ε	Ί	Α	Μ	Ξ	Γ	Α
Π	Η	Σ	Ω	Ρ	Ά	Λ	Α	Χ	Φ	Χ	Α	Ο	Τ	Ν	Φ
Ν	Β	Α	Ω	Η	Σ	Α	Ε	Α	Λ	Μ	Ν	Ν	Η	Ω	Ι
Δ	Ρ	Α	Έ	Τ	Κ	Υ	Ν	Ή	Γ	Ι	Υ	Ί	Τ	Σ	Κ
Η	Σ	Η	Τ	Σ	Ί	Ρ	Α	Χ	Υ	Ε	Σ	Σ	Α	Η	Ή
Γ	Λ	Μ	Π	Α	Φ	Ω	Τ	Ο	Γ	Ρ	Α	Φ	Ί	Α	Έ
Μ	Ή	Κ	Ι	Ρ	Υ	Ο	Π	Η	Κ	Ω	Γ	Ω	Ν	Μ	Ξ
Ε	Σ	Α	Ψ	Δ	Ρ	Σ	Υ	Α	Ν	Α	Ψ	Υ	Χ	Ή	Σ

ΔΡΑΣΤΗΡΙΌΤΗΤΑ
ΤΈΧΝΗ
ΒΙΟΤΕΧΝΊΑ
ΚΆΜΠΙΝΓΚ
ΚΕΡΑΜΙΚΉ
ΚΥΝΉΓΙ
ΕΠΙΔΕΞΙΌΤΗΤΑ
ΡΆΨΙΜΟ
ΣΥΜΦΈΡΟΝΤΑ
ΚΗΠΟΥΡΙΚΉ
ΠΑΙΧΝΊΔΙΑ
ΑΝΆΓΝΩΣΗ
ΑΝΑΨΥΧΉ
ΜΑΓΕΊΑ
ΖΩΓΡΑΦΙΚΉ
ΨΆΡΕΜΑ
ΦΩΤΟΓΡΑΦΊΑ
ΕΥΧΑΡΊΣΤΗΣΗ
ΠΕΖΟΠΟΡΊΑ
ΧΑΛΆΡΩΣΗ

42 - Mode

Α	Ή	Κ	Ι	Χ	Ρ	Α	Ρ	Β	Π	Η	Ο	Χ	Έ	Ψ	Κ
Β	Κ	Μ	Ι	Ν	Ι	Μ	Α	Λ	Ι	Σ	Τ	Ι	Κ	Ό	Ο
Ν	Ι	Ρ	Η	Χ	Ψ	Π	Σ	Π	Υ	Ά	Σ	Χ	Ί	Ω	Μ
Έ	Τ	Π	Ι	Α	Ε	Ρ	Μ	Π	Μ	Τ	Ν	Δ	Τ	Ω	Ψ
Μ	Κ	Τ	Χ	Β	Ρ	Υ	Φ	Ή	Μ	Π	Σ	Υ	Υ	Υ	Ό
Έ	Α	Η	Μ	Ο	Ά	Ι	Π	Μ	Υ	Ο	Κ	Α	Ο	Δ	Σ
Τ	Ρ	Ρ	Α	Μ	Σ	Α	Φ	Ύ	Ψ	Ω	Τ	Λ	Π	Β	Α
Ρ	Π	Ν	Α	Ί	Ο	Π	Υ	Χ	Β	Β	Γ	Ε	Μ	Δ	Η
Ι	Μ	Ν	Ί	Ο	Τ	Λ	Ο	Β	Π	Δ	Κ	Μ	Ν	Ο	Μ
Ο	Λ	Ι	Π	Π	Ί	Ό	Π	Ξ	Ν	Μ	Έ	Π	Ε	Ά	Ο
Ψ	Μ	Ο	Έ	Ρ	Ε	Σ	Δ	Ι	Χ	Υ	Ν	Η	Ι	Τ	Ν
Α	Η	Χ	Μ	Ο	Ε	Έ	Α	Α	Λ	Έ	Τ	Ν	Α	Δ	Τ
Π	Γ	Β	Ψ	Σ	Μ	Ο	Τ	Ί	Β	Ο	Η	Έ	Τ	Ν	Έ
Η	Α	Ι	Ο	Ι	Α	Σ	Χ	Ί	Β	Α	Μ	Α	Ψ	Ί	Ρ
Ο	Ι	Ψ	Τ	Τ	Ρ	Ι	Χ	Σ	Α	Δ	Α	Ρ	Π	Ο	Ν
Τ	Ω	Ρ	Τ	Ή	Β	Ψ	Χ	Ρ	Υ	Σ	Μ	Τ	Σ	Α	Ο

ΠΡΟΣΙΤΉ
ΜΠΟΥΤΊΚ
ΚΟΥΜΠΙΆ
ΚΈΝΤΗΜΑ
ΑΚΡΙΒΆ
ΆΝΕΤΟ
ΔΑΝΤΈΛΑ
ΚΟΜΨΌ
ΜΙΝΙΜΑΛΙΣΤΙΚΌ
ΜΟΝΤΈΡΝΟ
ΜΈΤΡΙΟ
ΜΟΤΊΒΟ
ΑΡΧΙΚΉ
ΠΡΑΚΤΙΚΉ
ΑΠΛΌΣ
ΣΤΥΛ
ΤΆΣΗ
ΥΦΉ
ΎΦΑΣΜΑ

43 - Fleurs

Ο	Τ	Έ	Κ	Υ	Ο	Π	Μ	Δ	Ι	Μ	Η	Τ	Ο	Ε	Π
Π	Ι	Π	Μ	Μ	Α	Τ	Α	Α	Ψ	Λ	Χ	Ί	Π	Ί	Α
Ρ	Υ	Έ	Α	Α	Ν	Ξ	Α	Ι	Ν	Έ	Δ	Ρ	Α	Γ	Π
Π	Έ	Μ	Λ	Α	Μ	Ο	Χ	Ω	Ω	Γ	Ι	Μ	Σ	Τ	Α
Μ	Α	Α	Β	Α	Π	Α	Β	Ξ	Τ	Ν	Μ	Η	Χ	Ρ	Ρ
Π	Α	Σ	Ο	Κ	Σ	Ί	Β	Ι	Ρ	Π	Ί	Π	Α	Ι	Ο
Έ	Ι	Ρ	Σ	Ο	Ν	Ί	Ρ	Κ	Ι	Ι	Μ	Α	Λ	Α	Ύ
Τ	Γ	Ν	Γ	Ι	Υ	Έ	Ν	Έ	Φ	Κ	Ε	Ο	Ι	Ν	Ν
Α	Τ	Ν	Τ	Α	Φ	Σ	Υ	Ί	Ύ	Ρ	Σ	Ρ	Ά	Τ	Α
Λ	Χ	Δ	Π	Η	Ρ	Λ	Ω	Ί	Λ	Α	Α	Χ	Τ	Ά	Μ
Ο	Ν	Τ	Χ	Ν	Ε	Ί	Ό	Β	Λ	Λ	Ι	Ι	Ο	Φ	Α
Λ	Ε	Β	Ά	Ν	Τ	Α	Τ	Ρ	Ι	Ί	Γ	Δ	Υ	Υ	Ν
Σ	Β	Ί	Χ	Η	Σ	Ψ	Σ	Α	Α	Δ	Ε	Έ	Λ	Λ	Ό
Η	Λ	Ι	Ο	Τ	Ρ	Ό	Π	Ι	Ο	Α	Β	Α	Ί	Λ	Λ
Λ	Ν	Μ	Ε	Τ	Υ	Ψ	Ρ	Ρ	Τ	Ι	Λ	Ν	Π	Ο	Ι
Π	Ψ	Ι	Ω	Ο	Έ	Σ	Χ	Ρ	Ξ	Τ	Ί	Έ	Α	Σ	Α

ΜΠΟΥΚΈΤΟ
ΓΑΡΔΈΝΙΑ
ΙΒΊΣΚΟΣ
ΓΙΑΣΕΜΊ
ΛΕΒΆΝΤΑ
ΠΑΣΧΑΛΙΆ
ΚΡΊΝΟΣ
ΜΑΝΌΛΙΑ
ΜΑΡΓΑΡΊΤΑ
ΟΡΧΙΔΈΑ
ΠΑΣΣΙΦΛΌΡΑ
ΠΑΠΑΡΟΎΝΑ
ΠΈΤΑΛΟ
ΠΙΚΡΑΛΊΔΑ
ΠΑΙΩΝΊΑ
ΤΡΙΑΝΤΆΦΥΛΛΟ
ΗΛΙΟΤΡΌΠΙΟ
ΤΡΙΦΎΛΛΙ
ΤΟΥΛΊΠΑ

44 - Nourriture #2

Χ	Ν	Ο	Λ	Ή	Μ	Σ	Γ	Α	Ν	Α	Α	Ι	Γ	Ν	Π
Μ	Ε	Λ	Ι	Τ	Ζ	Ά	Ν	Α	Τ	Β	Λ	Ω	Ι	Ό	Σ
Ί	Ν	Ο	Λ	Ρ	Ι	Έ	Ε	Δ	Ω	Έ	Γ	Χ	Ρ	Π	Ψ
Έ	Γ	Κ	Ύ	Α	Ύ	Μ	Ν	Η	Α	Ν	Υ	Ρ	Ά	Μ	Έ
Γ	Τ	Ό	Φ	Μ	Μ	Ζ	Σ	Ο	Κ	Ο	Λ	Ά	Τ	Α	Ψ
Δ	Α	Ρ	Α	Μ	Ά	Ύ	Ι	Σ	Ά	Ρ	Ε	Κ	Ι	Ζ	Ν
Ο	Μ	Π	Τ	Υ	Ί	Ν	Γ	Χ	Ν	Ί	Α	Ο	Σ	Γ	Ψ
Ξ	Χ	Μ	Σ	Γ	Μ	Ω	Γ	Δ	Γ	Ί	Ι	Τ	Χ	Ξ	Δ
Ψ	Ω	Μ	Ί	Σ	Α	Σ	Ρ	Κ	Α	Ξ	Ι	Ό	Γ	Υ	Α
Α	Κ	Τ	Ι	Ν	Ί	Δ	Ι	Ο	Ο	Λ	Τ	Π	Τ	Ε	Έ
Ν	Τ	Ο	Μ	Ά	Τ	Α	Ν	Χ	Ε	Τ	Ο	Ο	Α	Έ	Ρ
Μ	Α	Ν	Ι	Τ	Ά	Ρ	Ι	Τ	Δ	Ο	Ν	Υ	Μ	Ψ	Μ
Μ	Π	Α	Ν	Ά	Ν	Α	Ε	Σ	Β	Ε	Ι	Λ	Ε	Ψ	Ρ
Ί	Ν	Π	Ψ	Ά	Ρ	Ι	Ν	Ν	Η	Χ	Λ	Ο	Ο	Ί	Α
Ε	Λ	Ξ	Ξ	Ε	Ω	Ω	Α	Έ	Ο	Ο	Έ	Α	Ο	Μ	Ί
Ν	Ψ	Ο	Ξ	Μ	Υ	Ί	Γ	Ν	Α	Ω	Σ	Ι	Ρ	Ψ	Λ

ΑΜΎΓΔΑΛΟ
ΜΕΛΙΤΖΆΝΑ
ΜΠΑΝΆΝΑ
ΣΙΤΆΡΙ
ΜΠΡΌΚΟΛΟ
ΚΕΡΆΣΙ
ΣΈΛΙΝΟ
ΜΑΝΙΤΆΡΙ
ΣΟΚΟΛΆΤΑ
ΖΑΜΠΌΝ

ΑΚΤΙΝΊΔΙΟ
ΜΆΝΓΚΟ
ΑΥΓΌ
ΨΩΜΊ
ΨΆΡΙ
ΜΉΛΟ
ΚΟΤΌΠΟΥΛΟ
ΣΤΑΦΎΛΙ
ΡΎΖΙ
ΝΤΟΜΆΤΑ

45 - Algèbre

Γ	Ρ	Α	Μ	Μ	Ι	Κ	Ή	Ε	Τ	Ι	Σ	Ί	Λ	Α	Δ
Π	Α	Ρ	Έ	Ν	Θ	Ε	Σ	Η	Κ	Ύ	Ψ	Σ	Ο	Π	Ι
Β	Τ	Η	Τ	Ι	Π	Ρ	Ό	Τ	Ι	Θ	Π	Λ	Υ	Λ	Ά
Ε	Η	Ε	Ι	Ί	Ξ	Β	Μ	Η	Λ	Υ	Έ	Ο	Δ	Ο	Γ
Ξ	Τ	Π	Ο	Ρ	Ι	Γ	Θ	Έ	Π	Τ	Δ	Τ	Σ	Π	Ρ
Ί	Ό	Β	Ρ	Ν	Ω	Έ	Ι	Γ	Ε	Β	Τ	Ί	Η	Ο	Α
Σ	Σ	Ν	Ι	Ό	Ω	Χ	Ρ	Έ	Υ	Τ	Χ	Ψ	Α	Ι	Μ
Ω	Ο	Χ	Ε	Υ	Β	Τ	Α	Μ	Σ	Ά	Λ	Κ	Ο	Ώ	Μ
Σ	Π	Ψ	Π	Λ	Υ	Λ	Α	Φ	Α	Ί	Ρ	Ε	Σ	Η	Α
Η	Ρ	Ί	Ά	Ρ	Ή	Τ	Η	Λ	Β	Α	Τ	Ε	Μ	Μ	Α
Π	Υ	Α	Μ	Ε	Ψ	Ι	Α	Μ	Σ	Ι	Ο	Ρ	Θ	Ά	Δ
Ι	Σ	Α	Τ	Ν	Ο	Γ	Ά	Ρ	Α	Π	Ω	Ί	Ε	Η	Σ
Η	Τ	Ω	Τ	Λ	Ο	Ί	Ί	Γ	Ρ	Ά	Φ	Η	Μ	Α	Λ
Ψ	Π	Υ	Ω	Ί	Ρ	Ρ	Ν	Έ	Τ	Ε	Λ	Ο	Δ	Τ	Ύ
Β	Γ	Ι	Ν	Μ	Ψ	Υ	Χ	Ρ	Ή	Ί	Π	Ο	Χ	Β	Σ
Α	Μ	Η	Δ	Έ	Ν	Γ	Σ	Ί	Μ	Π	Χ	Ρ	Ί	Ε	Η

ΔΙΆΓΡΑΜΜΑ
ΕΚΘΈΤΗ
ΕΞΊΣΩΣΗ
ΠΑΡΆΓΟΝΤΑΣ
ΤΎΠΟΣ
ΚΛΆΣΜΑ
ΓΡΆΦΗΜΑ
ΆΠΕΙΡΟ
ΓΡΑΜΜΙΚΉ
ΜΉΤΡΑ
ΑΡΙΘΜΌΣ
ΠΑΡΈΝΘΕΣΗ
ΠΡΌΒΛΗΜΑ
ΠΟΣΌΤΗΤΑ
ΑΠΛΟΠΟΙΏ
ΛΎΣΗ
ΆΘΡΟΙΣΜΑ
ΑΦΑΊΡΕΣΗ
ΜΕΤΑΒΛΗΤΉ
ΜΗΔΈΝ

46 - Océan

Σ	Ω	Χ	Β	Γ	Έ	Χ	Β	Υ	Ε	Ε	Ψ	Ε	Ί	Ψ	Ί
Έ	Ξ	Ο	Α	Δ	Ί	Ρ	Α	Γ	Ξ	Β	Χ	Ά	Ω	Δ	Σ
Σ	Υ	Ο	Δ	Σ	Ω	Ν	Χ	Ε	Λ	Ώ	Ν	Α	Ρ	Έ	Ξ
Ξ	Ι	Χ	Ί	Ε	Ι	Μ	Δ	Ν	Ν	Γ	Η	Έ	Ν	Ι	Δ
Ι	Ρ	Ά	Γ	Γ	Υ	Ο	Φ	Σ	Β	Ρ	Τ	Γ	Μ	Ί	Ε
Χ	Κ	Α	Ι	Γ	Ι	Ί	Ί	Φ	Ά	Λ	Α	Ι	Ν	Α	Λ
Τ	Ύ	Σ	Α	Λ	Ά	Τ	Ι	Λ	Λ	Ά	Ρ	Ο	Κ	Τ	Φ
Α	Μ	Α	Τ	Τ	Έ	Φ	Ύ	Κ	Ι	Ω	Γ	Π	Χ	Τ	Ί
Π	Α	Ί	Α	Γ	Β	Χ	Μ	Β	Η	Έ	Σ	Γ	Π	Έ	Ν
Ό	Τ	Ρ	Κ	Α	Β	Ο	Ύ	Ρ	Ι	Ε	Σ	Γ	Ι	Έ	Ι
Δ	Α	Α	Τ	Ε	Ν	Α	Μ	Έ	Δ	Ο	Υ	Σ	Ε	Σ	Ω
Ι	Ι	Χ	Ι	Ό	Ν	Έ	Ω	Χ	Ί	Ο	Ω	Μ	Α	Π	Β
Β	Ά	Ρ	Κ	Α	Ν	Ρ	Υ	Η	Ε	Υ	Η	Ρ	Δ	Έ	Μ
Μ	Έ	Α	Μ	Ι	Ξ	Ο	Α	Η	Ρ	Π	Π	Χ	Ε	Π	Π
Π	Ξ	Κ	Δ	Ψ	Μ	Λ	Σ	Χ	Τ	Λ	Έ	Μ	Δ	Ι	Ν
Π	Τ	Ε	Β	Ν	Ν	Ι	Χ	Ω	Σ	Ν	Α	Β	Δ	Β	Π

ΦΎΚΙ
ΧΈΛΙ
ΦΆΛΑΙΝΑ
ΒΆΡΚΑ
ΚΟΡΆΛΛΙ
ΚΑΒΟΎΡΙ
ΓΑΡΊΔΑ
ΔΕΛΦΊΝΙ
ΣΦΟΥΓΓΆΡΙ
ΣΤΡΕΊΔΙ
ΜΈΔΟΥΣΕΣ
ΨΆΡΙ
ΧΤΑΠΌΔΙ
ΚΑΡΧΑΡΊΑΣ
ΞΈΡΑ
ΑΛΆΤΙ
ΚΑΤΑΙΓΊΔΑ
ΤΌΝΟΣ
ΧΕΛΏΝΑ
ΚΎΜΑΤΑ

47 - Antiquités

Ε	Π	Έ	Ν	Δ	Υ	Σ	Η	Τ	Μ	Α	Ι	Ώ	Ν	Α	Σ
Τ	Α	Π	Ο	Κ	Α	Τ	Ά	Σ	Τ	Α	Σ	Η	Ε	Ψ	Τ
Υ	Έ	Κ	Ο	Σ	Μ	Ή	Μ	Α	Τ	Α	Ή	Υ	Δ	Ξ	Έ
Τ	Χ	Χ	Δ	Ε	Δ	Α	Δ	Β	Β	Τ	Γ	Έ	Ω	Ε	Γ
Η	Β	Ψ	Ν	Ό	Κ	Ι	Τ	Η	Μ	Σ	Ο	Κ	Α	Ι	Δ
Σ	Τ	Υ	Λ	Η	Ή	Μ	Ι	Τ	Π	Ί	Λ	Η	Τ	Ρ	Γ
Α	Τ	Α	Μ	Ρ	Έ	Κ	Ε	Β	Τ	Π	Λ	Ν	Ω	Έ	Ψ
Τ	Γ	Λ	Α	Ο	Τ	Σ	Ι	Θ	Ή	Ν	Υ	Σ	Α	Α	Ρ
Σ	Λ	Π	Η	Υ	Γ	Υ	Ο	Φ	Β	Ψ	Σ	Δ	Χ	Τ	Η
Ά	Υ	Ι	Π	Σ	Θ	Α	Ί	Σ	Α	Ρ	Π	Ο	Μ	Η	Δ
Τ	Π	Π	Ρ	Δ	Ο	Ε	Τ	Υ	Δ	Ρ	Σ	Ν	Π	Τ	Α
Α	Τ	Έ	Υ	Ψ	Υ	Ί	Ν	Σ	Γ	Μ	Γ	Χ	Χ	Ό	Δ
Κ	Ι	Ψ	Έ	Α	Β	Γ	Ψ	Τ	Λ	Δ	Ω	Ω	Μ	Ι	Ρ
Δ	Κ	Υ	Ξ	Ν	Γ	Ξ	Ω	Ό	Ι	Λ	Α	Π	Ζ	Ο	Β
Π	Ή	Υ	Π	Π	Ξ	Γ	Ί	Δ	Λ	Κ	Ν	Η	Ί	Π	Ω
Β	Π	Π	Τ	Λ	Δ	Ί	Ρ	Σ	Σ	Γ	Ό	Ψ	Μ	Ο	Κ

ΤΈΧΝΗ
ΑΥΘΕΝΤΙΚΌ
ΚΟΣΜΉΜΑΤΑ
ΚΑΤΆΣΤΑΣΗ
ΔΙΑΚΟΣΜΗΤΙΚΌ
ΔΗΜΟΠΡΑΣΊΑ
ΚΟΜΨΌ
ΣΥΛΛΟΓΉ
ΑΣΥΝΉΘΙΣΤΟ
ΕΠΈΝΔΥΣΗ

ΈΠΙΠΛΑ
ΖΩΓΡΑΦΙΚΉ
ΚΈΡΜΑΤΑ
ΤΙΜΉ
ΠΟΙΌΤΗΤΑ
ΑΠΟΚΑΤΆΣΤΑΣΗ
ΓΛΥΠΤΙΚΉ
ΑΙΏΝΑΣ
ΣΤΥΛ
ΠΑΛΙΌ

48 - Boxe

Β	Η	Π	Ε	Ν	Π	Ί	Τ	Υ	Μ	Ω	Π	Ψ	Π	Ο	Σ
Ψ	Ε	Ρ	Π	Α	Ι	Τ	Ν	Ά	Γ	Μ	Ψ	Τ	Η	Έ	Η
Τ	Σ	Έ	Ι	Μ	Γ	Ε	Λ	Ξ	Δ	Ν	Χ	Ε	Γ	Ο	Μ
Ι	Β	Β	Δ	Ώ	Δ	Κ	Β	Μ	Ι	Α	Ο	Ι	Ο	Σ	Ε
Η	Ψ	Λ	Ε	Σ	Έ	Ί	Ώ	Γ	Τ	Δ	Ω	Λ	Ύ	Π	Ί
Ω	Η	Π	Ξ	Ν	Έ	Ά	Ι	Ν	Ι	Ο	Χ	Σ	Ν	Ε	Α
Ν	Χ	Ψ	Ι	Σ	Ή	Τ	Η	Χ	Α	Μ	Σ	Ι	Ι	Έ	Μ
Α	Σ	Ρ	Ό	Ψ	Ω	Ί	Ε	Θ	Η	Λ	Τ	Ν	Α	Ξ	Ε
Ί	Ρ	Χ	Τ	Β	Ε	Ρ	Ώ	Ξ	Ρ	Ο	Δ	Ύ	Η	Β	Η
Χ	Β	Ψ	Η	Ξ	Β	Ι	Χ	Σ	Ά	Ι	Θ	Ο	Ρ	Γ	Α
Δ	Γ	Ψ	Τ	Χ	Ω	Ε	Ω	Ν	Τ	Ν	Υ	Δ	Ί	Ο	Ί
Η	Ύ	Ι	Α	Ί	Ν	Ω	Γ	Ξ	Τ	Ω	Υ	Υ	Γ	Σ	Γ
Π	Η	Ν	Ε	Σ	Α	Ν	Τ	Ί	Π	Α	Λ	Ο	Σ	Α	Ε
Ε	Η	Β	Α	Τ	Β	Ψ	Ρ	Η	Σ	Η	Τ	Κ	Ά	Ν	Α
Έ	Τ	Ι	Ω	Μ	Ο	Δ	Ρ	Γ	Ε	Σ	Τ	Ί	Α	Σ	Η
Χ	Έ	Σ	Ή	Τ	Η	Τ	Ι	Α	Ι	Δ	Μ	Χ	Έ	Δ	Μ

ΑΝΤΊΠΑΛΟΣ
ΔΙΑΙΤΗΤΉΣ
ΚΟΥΔΟΎΝΙ
ΓΩΝΊΑ
ΜΑΧΗΤΉΣ
ΕΠΙΔΕΞΙΌΤΗΤΑ
ΕΣΤΊΑΣΗ
ΣΧΟΙΝΙΆ
ΣΏΜΑ

ΑΓΚΏΝΑ
ΚΛΩΤΣΏ
ΕΞΑΝΤΛΗΘΕΊ
ΔΎΝΑΜΗ
ΓΆΝΤΙΑ
ΠΗΓΟΎΝΙ
ΓΡΟΘΙΆ
ΣΗΜΕΊΑ
ΑΝΆΚΤΗΣΗ

49 - Ballet

Μ	Η	Ω	Ω	Δ	Α	Ι	Η	Ξ	Α	Λ	Α	Έ	Ο	Τ	Β
Μ	Π	Α	Λ	Α	Ρ	Ί	Ν	Α	Ε	Μ	Η	Β	Λ	Α	Χ
Κ	Χ	Ύ	Χ	Ε	Ι	Ρ	Ο	Κ	Ρ	Ό	Τ	Η	Μ	Α	Ο
Α	Ε	Ο	Π	Γ	Γ	Α	Γ	Ρ	Υ	Τ	Τ	Σ	Ξ	Γ	Ε
Λ	Κ	Μ	Ρ	Έ	Α	Έ	Σ	Α	Ο	Ο	Ν	Λ	Ε	Η	Π
Λ	Φ	Θ	Σ	Ο	Γ	Ω	Δ	Ξ	Χ	Λ	Α	Ξ	Τ	Ο	Ι
Ι	Ρ	Υ	Ε	Υ	Γ	Ο	Ρ	Χ	Ή	Σ	Τ	Ρ	Α	Π	Δ
Τ	Α	Ρ	Τ	Ο	Ν	Ρ	Β	Ο	Τ	Ψ	Λ	Ι	Ί	Λ	Ε
Ε	Σ	Λ	Υ	Τ	Σ	Θ	Α	Ί	Ί	Ί	Ί	Ν	Γ	Α	Ξ
Χ	Τ	Σ	Ε	Γ	Ι	Ε	Έ	Φ	Έ	Ν	Τ	Α	Σ	Η	Ι
Ν	Ι	Ό	Ρ	Τ	Ί	Έ	Τ	Τ	Ί	Δ	Σ	Γ	Α	Σ	Ό
Ι	Κ	Λ	Ο	Σ	Ι	Α	Τ	Ί	Η	Α	Έ	Γ	Γ	Η	Τ
Κ	Ή	Ο	Χ	Χ	Ε	Ι	Ρ	Ο	Ν	Ο	Μ	Ί	Α	Κ	Η
Ή	Κ	Ι	Σ	Υ	Ο	Μ	Π	Ρ	Ό	Β	Α	Ι	Ε	Σ	Τ
Ξ	Έ	Τ	Ε	Χ	Ν	Ι	Κ	Ή	Ψ	Α	Τ	Ο	Β	Ά	Α
Α	Κ	Ρ	Ο	Α	Τ	Ή	Ρ	Ι	Ο	Υ	Η	Μ	Ε	Σ	Υ

ΧΕΙΡΟΚΡΌΤΗΜΑ
ΚΑΛΛΙΤΕΧΝΙΚΉ
ΜΠΑΛΑΡΊΝΑ
ΧΟΡΟΓΡΑΦΊΑ
ΕΠΙΔΕΞΙΌΤΗΤΑ
ΣΥΝΘΈΤΗ
ΧΟΡΕΥΤΕΣ
ΕΚΦΡΑΣΤΙΚΉ
ΧΕΙΡΟΝΟΜΊΑ
ΈΝΤΑΣΗ
ΜΟΥΣΙΚΉ
ΟΡΧΉΣΤΡΑ
ΆΣΚΗΣΗ
ΑΚΡΟΑΤΉΡΙΟ
ΠΡΌΒΑ
ΡΥΘΜΟΎ
ΣΌΛΟ
ΣΤΥΛ
ΤΕΧΝΙΚΉ

50 - Fruit

Α	Ε	Β	Π	Ψ	Λ	Τ	Τ	Λ	Μ	Γ	Τ	Σ	Ι	Λ	Χ
Α	Κ	Ω	Ρ	Α	Δ	Ν	Ι	Λ	Ά	Κ	Ο	Τ	Ρ	Ο	Π
Χ	Π	Τ	Α	Ν	Π	Π	Λ	Β	Ν	Ο	Λ	Ή	Μ	Β	Ν
Λ	Β	Ι	Ι	Ά	Ν	Ά	Ο	Σ	Γ	Υ	Α	Ί	Μ	Β	Α
Ά	Γ	Λ	Ν	Ν	Χ	Έ	Γ	Έ	Κ	Ά	Ν	Α	Ν	Α	Β
Δ	Ν	Ύ	Ό	Α	Ί	Λ	Ο	Ι	Ο	Β	Π	Η	Χ	Π	Ο
Ι	Β	Φ	Μ	Π	Χ	Δ	Ν	Ε	Α	Α	Η	Δ	Τ	Ι	Κ
Ν	Ψ	Α	Ε	Μ	Ψ	Ο	Ι	Ν	Ό	Π	Ε	Π	Ί	Α	Ά
Ί	Π	Τ	Λ	Ι	Ω	Σ	Κ	Ο	Τ	Γ	Ο	Ρ	Υ	Γ	Ν
Ρ	Έ	Σ	Ί	Π	Ω	Σ	Ά	Κ	Τ	Β	Β	Δ	Λ	Ψ	Τ
Α	Ε	Ω	Ύ	Λ	Λ	Μ	Δ	Ο	Μ	Ο	Ύ	Ρ	Ο	Π	Ο
Τ	Π	Λ	Μ	Κ	Ω	Ί	Ο	Κ	Λ	Μ	Η	Ε	Έ	Ι	Ί
Κ	Λ	Ο	Β	Β	Ο	Ρ	Ρ	Ί	Κ	Ε	Ρ	Ά	Σ	Ι	Υ
Ε	Έ	Έ	Δ	Ρ	Ρ	Τ	Ο	Ρ	Υ	Ο	Μ	Ό	Τ	Α	Β
Ν	Σ	Ο	Έ	Π	Λ	Ι	Ρ	Ε	Η	Έ	Α	Η	Σ	Ν	Ε
Α	Έ	Ρ	Ψ	Ο	Π	Η	Λ	Β	Α	Η	Τ	Ξ	Ξ	Α	Ρ

ΒΕΡΊΚΟΚΟ
ΑΝΑΝΆ
ΑΒΟΚΆΝΤΟ
ΜΟΎΡΟ
ΜΠΑΝΆΝΑ
ΚΕΡΆΣΙ
ΛΕΜΌΝΙ
ΣΎΚΟ
ΒΑΤΌΜΟΥΡΟ
ΓΚΟΥΆΒΑ
ΑΚΤΙΝΊΔΙΟ
ΜΆΝΓΚΟ
ΠΕΠΌΝΙ
ΝΕΚΤΑΡΊΝΙ
ΠΟΡΤΟΚΆΛΙ
ΠΑΠΆΓΙΑ
ΡΟΔΆΚΙΝΟ
ΑΧΛΆΔΙ
ΜΉΛΟ
ΣΤΑΦΎΛΙ

51 - Musique

Ρ	Η	Μ	Λ	Υ	Ο	Ω	Α	Τ	Ν	Ά	Λ	Α	Π	Μ	Κ
Ξ	Υ	Ε	Π	Έ	Ω	Ψ	Ρ	Ά	Ί	Τ	Ί	Ρ	Ξ	Σ	Λ
Η	Ε	Θ	Ι	Ε	Τ	Ί	Μ	Μ	Λ	Ξ	Χ	Ε	Π	Χ	Α
Ρ	Ψ	Ρ	Μ	Γ	Ρ	Ρ	Ο	Ι	Η	Μ	Ε	Π	Ρ	Λ	Σ
Σ	Ι	Υ	Ω	Ι	Λ	Β	Ν	Κ	Ι	Η	Π	Ό	Μ	Μ	Ι
Ν	Ξ	Τ	Ψ	Ψ	Κ	Δ	Ι	Ρ	Ψ	Μ	Ψ	Ο	Δ	Ο	Κ
Ξ	Σ	Η	Μ	Έ	Υ	Ή	Κ	Ό	Ύ	Ο	Μ	Θ	Υ	Ρ	Ή
Ι	Π	Ξ	Ί	Γ	Χ	Ο	Ή	Φ	Δ	Υ	Ω	Ω	Ί	Μ	Ι
Μ	Ο	Χ	Ν	Μ	Ί	Μ	Δ	Ω	Τ	Σ	Α	Β	Μ	Ψ	Δ
Ο	Π	Μ	Έ	Τ	Ε	Ι	Ε	Ν	Ε	Ι	Ν	Ω	Δ	Ρ	Γ
Υ	Α	Α	Η	Ξ	Ι	Λ	Ο	Ο	Λ	Κ	Υ	Μ	Τ	Ψ	Υ
Σ	Ό	Κ	Ι	Τ	Η	Ν	Ω	Φ	Ι	Ή	Κ	Ι	Ρ	Υ	Λ
Ι	Ό	Ρ	Γ	Α	Ν	Ο	Ώ	Δ	Υ	Ο	Γ	Α	Ρ	Τ	Ν
Κ	Ε	Γ	Γ	Ρ	Α	Φ	Ή	Α	Ί	Ν	Ο	Μ	Ρ	Α	Σ
Ό	Π	Ο	Ι	Η	Τ	Ι	Κ	Ή	Μ	Α	Τ	Τ	Έ	Τ	Α
Σ	Ή	Τ	Σ	Ι	Δ	Υ	Ο	Γ	Α	Ρ	Τ	Ψ	Τ	Ω	Χ

ΆΛΜΠΟΥΜ
ΜΠΑΛΆΝΤΑ
ΤΡΑΓΟΥΔΏ
ΤΡΑΓΟΥΔΙΣΤΉΣ
ΚΛΑΣΙΚΉ
ΕΓΓΡΑΦΉ
ΑΡΜΟΝΊΑ
ΑΡΜΟΝΙΚΉ
ΌΡΓΑΝΟ
ΛΥΡΙΚΉ
ΜΕΛΩΔΊΑ
ΜΙΚΡΌΦΩΝΟ
ΜΟΥΣΙΚΉ
ΜΟΥΣΙΚΌΣ
ΌΠΕΡΑ
ΠΟΙΗΤΙΚΉ
ΡΥΘΜΟΎ
ΡΥΘΜΙΚΉ
ΤΈΜΠΟ
ΦΩΝΗΤΙΚΌ

52 - Météo

Σ	Η	Ψ	Ξ	Η	Ρ	Α	Σ	Ί	Α	Ό	Τ	Έ	Έ	Α	Χ
Ρ	Ξ	Ι	Η	Σ	Ω	Ο	Ξ	Τ	Ν	Ρ	Γ	Ι	Β	Τ	Ι
Π	Λ	Η	Μ	Μ	Ύ	Ρ	Α	Μ	Α	Η	Λ	Χ	Ί	Μ	Ο
Τ	Ρ	Ο	Π	Ι	Κ	Ή	Ρ	Δ	Ί	Ξ	Ψ	Δ	Α	Ό	Υ
Μ	Έ	Ω	Ι	Υ	Σ	Κ	Λ	Ί	Μ	Α	Ο	Σ	Ρ	Σ	Ρ
Α	Ί	Σ	Α	Ρ	Κ	Ο	Μ	Ρ	Ε	Θ	Ω	Γ	Τ	Φ	Ι
Ι	Λ	Β	Ο	Π	Χ	Ψ	Ε	Β	Ρ	Ο	Ν	Τ	Ή	Α	Κ
Γ	Τ	Ν	Α	Γ	Λ	Λ	Β	Ί	Η	Φ	Ω	Ο	Α	Ι	Α
Σ	Γ	Ψ	Α	Γ	Ά	Ω	Ρ	Ο	Ε	Ε	Α	Ε	Υ	Ρ	Ν
Π	Ο	Λ	Ι	Κ	Ή	Π	Β	Ξ	Ψ	Ν	Τ	Τ	Ν	Α	Α
Δ	Ξ	Ν	Ι	Η	Ε	Ξ	Λ	Ί	Α	Ν	Ν	Τ	Γ	Ο	Σ
Α	Ε	Ρ	Ά	Κ	Ι	Β	Ξ	Έ	Δ	Ύ	Γ	Τ	Π	Β	Ο
Κ	Α	Τ	Α	Ι	Γ	Ί	Δ	Α	Ι	Σ	Ρ	Η	Ν	Ξ	Μ
Ο	Υ	Ρ	Ά	Ν	Ι	Ο	Τ	Ό	Ξ	Ο	Ν	Έ	Σ	Α	Ε
Χ	Μ	Ο	Υ	Σ	Ώ	Ν	Α	Σ	Ό	Ν	Α	Ρ	Υ	Ο	Ν
Π	Η	Ω	Χ	Ί	Έ	Τ	Τ	Τ	Ο	Η	Ω	Τ	Ι	Ο	Ά

ΟΥΡΆΝΙΟ ΤΌΞΟ
ΑΤΜΌΣΦΑΙΡΑ
ΑΕΡΆΚΙ
ΟΜΊΧΛΗ
ΗΡΕΜΊΑ
ΟΥΡΑΝΌΣ
ΚΛΊΜΑ
ΠΆΓΟΣ
ΠΛΗΜΜΎΡΑ
ΜΟΥΣΏΝΑΣ
ΣΎΝΝΕΦΟ
ΧΙΟΥΡΙΚΑΝΑΣ
ΠΟΛΙΚΉ
ΞΗΡΌ
ΞΗΡΑΣΊΑ
ΘΕΡΜΟΚΡΑΣΊΑ
ΚΑΤΑΙΓΊΔΑ
ΒΡΟΝΤΉ
ΤΡΟΠΙΚΉ
ΆΝΕΜΟΣ

53 - L'Entreprise

Κ	Χ	Α	Β	Ι	Ο	Μ	Η	Χ	Α	Ν	Ί	Α	Γ	Γ	Π
Δ	Α	Α	Π	Α	Υ	Β	Έ	Ν	Λ	Έ	Λ	Ι	Ρ	Ξ	Γ
Η	Μ	Ι	Σ	Ό	Π	Ο	Η	Ρ	Ε	Ξ	Ν	Π	Τ	Δ	Α
Μ	Ο	Μ	Ν	Ι	Φ	Α	Β	Ί	Ω	Ι	Ψ	Ι	Ε	Λ	Α
Ι	Ν	Σ	Υ	Ο	Ξ	Α	Σ	Ι	Ε	Σ	Ά	Τ	Β	Ξ	Μ
Ο	Ά	Ό	Ε	Γ	Τ	Ρ	Σ	Χ	Π	Ρ	Ό	Ο	Δ	Ο	Σ
Υ	Δ	Κ	Χ	Ε	Ι	Ό	Ι	Η	Ό	Α	Ο	Γ	Μ	Κ	Π
Ρ	Ε	Γ	Δ	Π	Ρ	Η	Μ	Ή	Φ	Λ	Η	Α	Ι	Ί	Ο
Γ	Σ	Α	Έ	Σ	Ο	Δ	Α	Ο	Μ	Ί	Η	Η	Ι	Ν	Ι
Ι	Ε	Π	Ι	Χ	Ε	Ί	Ρ	Η	Σ	Η	Σ	Σ	Ί	Δ	Ό
Κ	Λ	Ε	Α	Ω	Ε	Π	Δ	Π	Μ	Ί	Υ	Χ	Η	Υ	Τ
Ή	Α	Α	Τ	Η	Τ	Ό	Τ	Α	Ν	Υ	Δ	Τ	Ν	Ν	Η
Ξ	Ι	Ε	Ε	Υ	Δ	Ρ	Ν	Α	Ε	Ω	Ν	Ί	Λ	Ο	Τ
Π	Ρ	Ο	Ϊ	Ό	Ν	Ω	Γ	Χ	Δ	Ε	Έ	Β	Λ	Ι	Α
Χ	Ρ	Υ	Β	Ε	Β	Ν	Ε	Ψ	Η	Ψ	Π	Ι	Ψ	Χ	Λ
Π	Α	Ρ	Ο	Υ	Σ	Ί	Α	Σ	Η	Τ	Ε	Ο	Ι	Υ	Υ

ΕΠΙΧΕΊΡΗΣΗ
ΔΗΜΙΟΥΡΓΙΚΉ
ΑΠΌΦΑΣΗ
ΑΠΑΣΧΌΛΗΣΗ
ΠΑΓΚΌΣΜΙΑ
ΒΙΟΜΗΧΑΝΊΑ
ΚΑΙΝΟΤΌΜΟ
ΕΠΈΝΔΥΣΗ
ΔΥΝΑΤΌΤΗΤΑ
ΠΑΡΟΥΣΊΑΣΗ
ΠΡΟΪΌΝ
ΠΡΌΟΔΟΣ
ΠΟΙΌΤΗΤΑ
ΠΌΡΩΝ
ΈΣΟΔΑ
ΦΉΜΗ
ΚΊΝΔΥΝΟΙ
ΤΆΣΕΙΣ
ΜΟΝΆΔΕΣ

54 - Gouvernement

Π	Ξ	Σ	Π	Ω	Λ	Δ	Α	Ι	Ρ	Α	Γ	Ξ	Μ	Σ	Κ
Ο	Μ	Ύ	Ε	Ω	Δ	Π	Η	Έ	Θ	Ν	Ο	Σ	Δ	Υ	Α
Λ	Τ	Ν	Ρ	Ο	Λ	Ο	Β	Μ	Ύ	Σ	Υ	Ο	Ί	Ζ	Τ
Ι	Υ	Τ	Ι	Μ	Λ	Ο	Σ	Ε	Ο	Ο	Α	Υ	Α	Ή	Ά
Τ	Ο	Α	Ο	Η	Ν	Μ	Ο	Ι	Α	Κ	Ί	Δ	Ί	Τ	Σ
Ι	Χ	Γ	Χ	Ι	Σ	Ό	Τ	Η	Τ	Α	Ρ	Ε	Σ	Η	Τ
Κ	Α	Μ	Ή	Δ	Π	Π	Μ	Π	Χ	Ι	Ε	Α	Η	Σ	Α
Ή	Λ	Α	Χ	Γ	Ι	Ι	Ν	Α	Σ	Σ	Θ	Ί	Τ	Η	Σ
Ή	Κ	Ι	Τ	Σ	Α	Κ	Ι	Δ	Υ	Ό	Υ	Λ	Ρ	Ί	Η
Μ	Ν	Η	Μ	Ε	Ί	Ο	Α	Σ	Δ	Μ	Ε	Ι	Α	Ν	Α
Ε	Ι	Ρ	Η	Ν	Ι	Κ	Ή	Ι	Ί	Η	Λ	Μ	Ξ	Τ	Ξ
Ρ	Ξ	Δ	Μ	Ί	Β	Ί	Ι	Γ	Ο	Δ	Ε	Ο	Ε	Τ	Γ
Δ	Ι	Κ	Α	Ι	Ώ	Μ	Α	Τ	Α	Σ	Δ	Ί	Ν	Γ	Λ
Ι	Θ	Α	Γ	Έ	Ν	Ε	Ι	Α	Δ	Ο	Ύ	Λ	Α	Π	Ξ
Έ	Α	Έ	Ο	Τ	Ρ	Π	Έ	Ο	Β	Υ	Ψ	Ν	Α	Ψ	Ν
Σ	Π	Ρ	Χ	Υ	Ω	Ο	Τ	Ι	Υ	Ν	Ν	Χ	Η	Λ	Σ

ΙΘΑΓΈΝΕΙΑ
ΔΗΜΌΣΙΑ
ΣΎΝΤΑΓΜΑ
ΔΗΜΟΚΡΑΤΊΑ
ΟΜΙΛΊΑ
ΣΥΖΉΤΗΣΗ
ΠΕΡΙΟΧΉ
ΔΙΚΑΙΏΜΑΤΑ
ΙΣΌΤΗΤΑ
ΚΑΤΆΣΤΑΣΗ
ΑΝΕΞΑΡΤΗΣΊΑ
ΔΙΚΑΣΤΙΚΉ
ΔΙΚΑΙΟΣΎΝΗ
ΕΛΕΥΘΕΡΊΑ
ΔΊΚΑΙΟ
ΜΝΗΜΕΊΟ
ΈΘΝΟΣ
ΕΙΡΗΝΙΚΉ
ΠΟΛΙΤΙΚΉ
ΣΎΜΒΟΛΟ

55 - Randonnée

Β	Ε	Μ	Η	Ί	Ή	Ω	Ξ	Έ	Χ	Μ	Ρ	Μ	Ψ	Ν	Ψ
Έ	Π	Έ	Ο	Ο	Λ	Ν	Ο	Ψ	Β	Η	Ί	Μ	Γ	Ί	Η
Μ	Χ	Υ	Τ	Γ	Ι	Ο	Α	Ζ	Ώ	Α	Κ	Γ	Ω	Ψ	Έ
Χ	Ά	Ρ	Τ	Η	Ο	Χ	Ά	Ρ	Β	Χ	Γ	Λ	Ψ	Ξ	Χ
Τ	Δ	Δ	Υ	Δ	Σ	Ο	Ι	Ρ	Τ	Ψ	Ν	Χ	Χ	Χ	Ο
Ξ	Ξ	Ω	Η	Ο	Ό	Π	Ρ	Ο	Λ	Έ	Ι	Φ	Ύ	Σ	Η
Γ	Τ	Β	Ι	Ί	Ρ	Ι	Α	Α	Α	Ξ	Π	Υ	Ρ	Ε	Σ
Ί	Ί	Χ	Α	Π	Ι	Η	Β	Ρ	Ί	Β	Μ	Λ	Π	Ο	Ε
Χ	Ω	Α	Β	Ί	Α	Β	Ω	Ε	Α	Τ	Ά	Ψ	Ά	Ν	Κ
Μ	Ε	Π	Μ	Ε	Κ	Ψ	Λ	Χ	Χ	Σ	Κ	Ι	Ρ	Ί	Ο
Α	Π	Κ	Ο	Υ	Ν	Ο	Ύ	Π	Ι	Α	Κ	Γ	Κ	Ω	Ρ
Ξ	Ι	Ό	Ν	Υ	Ο	Β	Υ	Ο	Δ	Μ	Λ	Ε	Α	Μ	Υ
Β	Ο	Ρ	Τ	Ρ	Ο	Ί	Σ	Β	Ν	Ί	Π	Υ	Υ	Β	Φ
Μ	Ν	Ε	Η	Ε	Σ	Η	Ψ	Έ	Ε	Λ	Έ	Λ	Η	Ή	Ή
Σ	Ο	Ν	Έ	Μ	Σ	Α	Ρ	Υ	Ο	Κ	Μ	Υ	Ε	Γ	Σ
Χ	Ν	Ψ	Π	Ε	Ά	Γ	Ρ	Ι	Ο	Μ	Ν	Έ	Ξ	Ι	Ί

ΖΏΑ
ΜΠΌΤΕΣ
ΚΆΜΠΙΝΓΚ
ΧΆΡΤΗ
ΚΛΊΜΑ
ΝΕΡΌ
ΒΡΆΧΟ
ΚΟΥΡΑΣΜΈΝΟΣ
ΟΔΗΓΟΊ
ΒΑΡΙΆ
ΚΑΙΡΌΣ
ΒΟΥΝΌ
ΚΟΥΝΟΎΠΙΑ
ΦΎΣΗ
ΠΆΡΚΑ
ΠΈΤΡΑ
ΠΑΡΑΣΚΕΥΉ
ΆΓΡΙΟ
ΉΛΙΟΣ
ΚΟΡΥΦΉ

56 - Meubles

Κ	Α	Θ	Ρ	Ε	Φ	Τ	Η	Σ	Λ	Π	Η	Α	Β	Υ	Μ
Ό	Μ	Μ	Ο	Κ	Χ	Μ	Κ	Ν	Ε	Ά	Ί	Ν	Ί	Ε	Α
Β	Ώ	Τ	Κ	Ο	Π	Σ	Ή	Ξ	Ε	Δ	Μ	Μ	Α	Ι	Ξ
Χ	Ρ	Ί	Α	Υ	Μ	Β	Θ	Υ	Ν	Δ	Ψ	Π	Π	Έ	Ι
Α	Τ	Η	Ν	Ρ	Α	Ξ	Ο	Ρ	Μ	Ο	Η	Ψ	Α	Τ	Λ
Ξ	Σ	Π	Α	Τ	Ξ	Λ	Ι	Τ	Ά	Β	Ε	Ρ	Κ	Ο	Ά
Π	Ψ	Ν	Π	Ί	Ι	Ί	Λ	Α	Χ	Ο	Ω	Ρ	Τ	Η	Ρ
Λ	Ο	Ψ	Έ	Ν	Λ	Χ	Β	Ι	Ξ	Ν	Έ	Τ	Λ	Ξ	Ι
Π	Υ	Λ	Μ	Α	Ά	Ο	Ι	Κ	Α	Ρ	Έ	Κ	Λ	Α	Α
Ο	Η	Ο	Υ	Χ	Ρ	Σ	Β	Δ	Π	Β	Ί	Υ	Υ	Ρ	Π
Ί	Ν	Ί	Δ	Θ	Ι	Ω	Σ	Σ	Ν	Α	Ξ	Ε	Σ	Ώ	Ξ
Μ	Ο	Ε	Ο	Α	Ρ	Λ	Ψ	Δ	Έ	Ι	Γ	Ε	Ο	Ι	Ε
Δ	Σ	Φ	Σ	Ξ	Έ	Ό	Δ	Ο	Ε	Α	Ξ	Κ	Η	Α	Β
Ε	Π	Α	Λ	Δ	Ί	Γ	Ν	Ό	Τ	Υ	Ο	Φ	Ά	Γ	Η
Τ	Χ	Ρ	Ά	Φ	Ι	Α	Η	Α	Χ	Δ	Δ	Σ	Έ	Κ	Χ
Ξ	Ε	Γ	Λ	Α	Λ	Δ	Υ	Δ	Η	Ο	Λ	Λ	Ο	Έ	Ι

ΠΑΓΚΆΚΙ
ΒΙΒΛΙΟΘΉΚΗ
ΓΡΑΦΕΊΟ
ΚΑΝΑΠΈ
ΚΑΡΈΚΛΑ
ΚΟΜΜΌ
ΜΑΞΙΛΆΡΙΑ
ΡΆΦΙΑ
ΠΟΛΥΘΡΌΝΑ
ΦΟΥΤΌΝ
ΑΙΏΡΑ
ΛΆΜΠΑ
ΚΡΕΒΆΤΙ
ΣΤΡΏΜΑ
ΚΑΘΡΕΦΤΗΣ
ΜΑΞΙΛΆΡΙ
ΚΟΥΡΤΊΝΑ
ΧΑΛΊ

57 - Nutrition

Σ	Β	Ι	Τ	Α	Μ	Ί	Ν	Η	Ο	Ξ	Ε	Σ	Β	Μ	Ι
Ο	Υ	Ο	Ε	Έ	Χ	Έ	Ε	Μ	Π	Η	Ί	Ά	Έ	Π	Σ
Γ	Ξ	Σ	Η	Ω	Ί	Ω	Ω	Τ	Έ	Υ	Π	Λ	Π	Α	Ο
Ι	Π	Α	Τ	Ψ	Λ	Ο	Γ	Υ	Α	Χ	Ω	Τ	Έ	Χ	Ρ
Ι	Ξ	Ο	Π	Α	Τ	Η	Τ	Ό	Ι	Ο	Π	Σ	Ψ	Α	Ρ
Ψ	Ξ	Ψ	Ω	Ρ	Τ	Μ	Έ	Α	Γ	Λ	Χ	Α	Η	Ρ	Ο
Β	Υ	Μ	Σ	Χ	Ω	Ι	Ξ	Ι	Ί	Έ	Η	Τ	Ξ	Ι	Π
Γ	Β	Ρ	Χ	Ί	Λ	Τ	Κ	Γ	Β	Τ	Γ	Ο	Ε	Κ	Η
Π	Ι	Κ	Ρ	Ή	Μ	Μ	Ε	Ά	Ρ	Γ	Υ	Ξ	Ρ	Ό	Μ
Δ	Ι	Α	Τ	Ρ	Ο	Φ	Ή	Ϊ	Δ	Η	Τ	Ε	Ό	Ξ	Έ
Ι	Έ	Ί	Μ	Ε	Ν	Σ	Ι	Α	Ν	Η	Ι	Α	Σ	Ζ	Ν
Μ	Η	Ε	Γ	Ι	Χ	Ν	Γ	Ι	Μ	Ε	Χ	Μ	Χ	Υ	Η
Ω	Ο	Γ	Λ	Χ	Σ	Σ	Υ	Ξ	Ν	Δ	Σ	Η	Ο	Γ	Ί
Ρ	Τ	Υ	Λ	Ξ	Π	Ώ	Ζ	Ύ	Μ	Ω	Σ	Η	Ξ	Ί	Α
Τ	Ο	Ξ	Ί	Ν	Η	Λ	Ρ	Ε	Ν	Β	Μ	Π	Έ	Ζ	Η
Θ	Ε	Ρ	Μ	Ι	Δ	Ε	Σ	Β	Γ	Ε	Ύ	Σ	Η	Ω	Σ

ΠΙΚΡΉ
ΌΡΕΞΗ
ΘΕΡΜΙΔΕΣ
ΒΡΏΣΙΜΑ
ΔΙΑΤΡΟΦΉ
ΠΈΨΗ
ΜΠΑΧΑΡΙΚΌ
ΙΣΟΡΡΟΠΗΜΈΝΗ
ΖΎΜΩΣΗ
ΣΥΣΤΑΤΙΚΆ
ΥΓΡΆ
ΖΥΓΊΖΩ
ΠΡΩΤΕΪΝΕΣ
ΠΟΙΌΤΗΤΑ
ΥΓΙΉ
ΥΓΕΊΑ
ΣΆΛΤΣΑ
ΓΕΎΣΗ
ΤΟΞΊΝΗ
ΒΙΤΑΜΊΝΗ

58 - Créativité

Δ	Α	Υ	Θ	Ε	Ν	Τ	Ι	Κ	Ό	Τ	Η	Τ	Α	Ξ	Ξ
Ι	Ο	Φ	Ι	Ή	Κ	Ι	Ν	Χ	Ε	Τ	Ι	Λ	Λ	Α	Κ
Α	Ρ	Α	Ω	Δ	Ψ	Τ	Α	Υ	Θ	Ό	Ρ	Μ	Η	Τ	Η
Ί	Ά	Ν	Π	Β	Έ	Γ	Ν	Ξ	Η	Ξ	Π	Τ	Ψ	Η	Ι
Σ	Μ	Τ	Ί	Ε	Α	Α	Ό	Β	Ο	Ω	Δ	Ο	Ο	Τ	Ψ
Θ	Α	Α	Α	Λ	Ξ	Ί	Κ	Ι	Γ	Τ	Π	Α	Γ	Ό	Δ
Η	Τ	Σ	Ε	Ν	Έ	Ή	Ι	Ψ	Ν	Ο	Ο	Έ	Υ	Τ	Π
Σ	Α	Ί	Λ	Ε	Μ	Κ	Ε	Μ	Α	Ί	Σ	Θ	Η	Σ	Η
Η	Σ	Α	Δ	Ψ	Ν	Ι	Α	Ν	Έ	Ε	Λ	Ι	Σ	Υ	Έ
Σ	Μ	Α	Ή	Κ	Ι	Τ	Α	Μ	Α	Ρ	Δ	Δ	Υ	Ε	Κ
Α	Α	Ε	Φ	Ο	Ψ	Ε	Ύ	Χ	Ψ	Ψ	Ω	Α	Ε	Ρ	Φ
Τ	Η	Η	Σ	Ή	Α	Ρ	Ι	Π	Υ	Τ	Π	Π	Ν	Ψ	Ρ
Ν	Υ	Μ	Τ	Ε	Ν	Υ	Ο	Ί	Ω	Ε	Π	Ψ	Π	Ε	Α
Έ	Β	Ο	Ί	Τ	Π	Ε	Ί	Η	Έ	Σ	Έ	Ω	Μ	Α	Σ
Ρ	Π	Υ	Α	Ρ	Έ	Φ	Ι	Χ	Έ	Χ	Η	Χ	Έ	Σ	Η
Ε	Ε	Ε	Ί	Λ	Ω	Ε	Δ	Α	Ρ	Σ	Μ	Ω	Γ	Ε	Χ

ΚΑΛΛΙΤΕΧΝΙΚΉ
ΑΥΘΕΝΤΙΚΌΤΗΤΑ
ΣΑΦΉΝΕΙΑ
ΔΡΑΜΑΤΙΚΉ
ΈΚΦΡΑΣΗ
ΡΕΥΣΤΌΤΗΤΑ
ΙΔΈΑ
ΕΙΚΌΝΑ
ΦΑΝΤΑΣΊΑ
ΕΝΤΎΠΩΣΗ
ΈΜΠΝΕΥΣΗ
ΈΝΤΑΣΗ
ΔΙΑΊΣΘΗΣΗ
ΕΦΕΥΡΕΤΙΚΉ
ΑΊΣΘΗΣΗ
ΑΥΘΌΡΜΗΤΗ
ΟΡΆΜΑΤΑ

59 - Science Fiction

Σ	Α	Φ	Ο	Υ	Τ	Ο	Υ	Ρ	Ι	Σ	Τ	Ι	Κ	Ό	Ά
Ψ	Ε	Χ	Υ	Ε	Ρ	Μ	Η	Τ	Β	Μ	Ό	Σ	Δ	Ν	Κ
Τ	Μ	Ν	Χ	Ρ	Χ	Σ	Τ	Ψ	Λ	Μ	Π	Δ	Ψ	Ι	Ρ
Ω	Ν	Γ	Ά	Ν	Ω	Ό	Φ	Μ	Ι	Γ	Μ	Ί	Ο	Ρ	Ο
Ξ	Τ	Ι	Α	Ρ	Ρ	Κ	Ω	Υ	Α	Λ	Ο	Ν	Ε	Κ	Τ
Υ	Α	Ι	Δ	Λ	Ι	Ψ	Τ	Δ	Ρ	Ν	Ρ	Ρ	Έ	Α	Ε
Ν	Μ	Χ	Π	Ν	Α	Ο	Ι	Ω	Υ	Α	Τ	Δ	Ί	Μ	Χ
Β	Ι	Β	Λ	Ι	Α	Ξ	Ά	Π	Α	Α	Ξ	Ε	Α	Ψ	Ν
Λ	Ψ	Η	Σ	Η	Θ	Σ	Ί	Α	Δ	Υ	Ε	Ψ	Ί	Τ	Ο
Υ	Έ	Κ	Ρ	Η	Ξ	Η	Ξ	Α	Η	Λ	Τ	Η	Π	Ο	Λ
Π	Λ	Α	Ν	Ή	Τ	Η	Σ	Ί	Σ	Ξ	Υ	Δ	Ο	Ω	Ο
Α	Τ	Ο	Μ	Ι	Κ	Ό	Ω	Ξ	Μ	Μ	Α	Λ	Τ	Α	Γ
Μ	Υ	Σ	Τ	Η	Ρ	Ι	Ώ	Δ	Η	Σ	Δ	Η	Σ	Ε	Ί
Η	Ε	Ω	Ρ	Ε	Α	Λ	Ι	Σ	Τ	Ι	Κ	Ή	Υ	Ψ	Α
Σ	Δ	Π	Φ	Α	Ν	Τ	Α	Σ	Τ	Ι	Κ	Ό	Δ	Χ	Σ
Β	Σ	Ο	Υ	Τ	Ο	Π	Ί	Α	Δ	Υ	Ι	Σ	Ο	Β	Σ

ΑΤΟΜΙΚΌ
ΔΥΣΤΟΠΊΑ
ΈΚΡΗΞΗ
ΆΚΡΟ
ΦΩΤΙΆ
ΦΟΥΤΟΥΡΙΣΤΙΚΌ
ΓΑΛΑΞΊΑΣ
ΨΕΥΔΑΊΣΘΗΣΗ
ΦΑΝΤΑΣΤΙΚΌ
ΒΙΒΛΙΑ
ΜΑΚΡΙΝΌ
ΚΌΣΜΟ
ΜΥΣΤΗΡΙΏΔΗΣ
ΜΑΝΤΕΊΟ
ΠΛΑΝΉΤΗΣ
ΡΕΑΛΙΣΤΙΚΉ
ΡΟΜΠΌΤ
ΣΕΝΆΡΙΟ
ΤΕΧΝΟΛΟΓΊΑ
ΟΥΤΟΠΊΑ

60 - Professions #1

Π	Ε	Ί	Κ	Ω	Υ	Τ	Ε	Χ	Ο	Ρ	Ε	Υ	Τ	Ή	Σ
Ω	Ί	Ν	Υ	Τ	Β	Ρ	Π	Ν	Ο	Σ	Ο	Κ	Ό	Μ	Α
Έ	Σ	Σ	Ν	Υ	Λ	Α	Ε	Σ	Ι	Σ	Ν	Τ	Α	Δ	Ψ
Ξ	Ό	Τ	Η	Ω	Β	Π	Ξ	Ξ	Π	Ί	Σ	Α	Ψ	Ι	Μ
Δ	Κ	Α	Γ	Ρ	Μ	Ε	Ε	Α	Υ	Ν	Ω	Ρ	Α	Λ	Σ
Π	Ι	Α	Ό	Γ	Ο	Ζ	Ρ	Ω	Τ	Κ	Ά	Δ	Ι	Δ	Η
Υ	Λ	Κ	Σ	Λ	Υ	Ί	Γ	Α	Ν	Μ	Ω	Ο	Β	Ε	Δ
Ρ	Υ	Η	Η	Ρ	Ι	Τ	Α	Ψ	Δ	Ν	Α	Λ	Ν	Σ	Ψ
Ο	Α	Ρ	Β	Γ	Ω	Η	Σ	Γ	Ε	Ω	Λ	Ό	Γ	Ο	Σ
Σ	Ρ	Δ	Σ	Χ	Ό	Σ	Ί	Ψ	Α	Ω	Χ	Ρ	Δ	Γ	Ό
Β	Δ	Έ	Έ	Ρ	Ι	Ρ	Α	Σ	Υ	Μ	Δ	Ι	Ξ	Ό	Κ
Έ	Υ	Π	Ρ	Ε	Ε	Έ	Ο	Ρ	Ε	Π	Χ	Ι	Ρ	Λ	Ι
Σ	Ν	Ρ	Π	Τ	Σ	Α	Τ	Σ	Ί	Ν	Α	Ι	Π	Ο	Σ
Τ	Ρ	Κ	Α	Λ	Λ	Ι	Τ	Έ	Χ	Ν	Η	Σ	Λ	Χ	Υ
Η	Π	Ρ	Ο	Π	Ο	Ν	Η	Τ	Ή	Σ	Τ	Λ	Υ	Υ	Ο
Σ	Ο	Φ	Ά	Ρ	Γ	Ο	Τ	Ρ	Α	Χ	Γ	Χ	Τ	Ψ	Μ

ΠΡΈΣΒΗΣ
ΚΑΛΛΙΤΈΧΝΗΣ
ΔΙΚΗΓΌΡΟΣ
ΤΡΑΠΕΖΊΤΗΣ
ΧΑΡΤΟΓΡΆΦΟΣ
ΚΥΝΗΓΌΣ
ΧΟΡΕΥΤΉΣ
ΠΡΟΠΟΝΗΤΉΣ
ΕΠΕΞΕΡΓΑΣΊΑ
ΓΕΩΛΌΓΟΣ
ΝΟΣΟΚΌΜΑ
ΔΙΔΆΚΤΩΡ
ΜΟΥΣΙΚΌΣ
ΠΙΑΝΊΣΤΑΣ
ΥΔΡΑΥΛΙΚΌΣ
ΠΥΡΟΣΒΈΣΤΗΣ
ΨΥΧΟΛΌΓΟΣ

61 - Géologie

Σ	Ν	Ν	Ξ	Ε	Μ	Ο	Π	Ν	Μ	Ξ	Έ	Ν	Ν	Δ	Ί
Υ	Τ	Ψ	Λ	Ω	Β	Ρ	Λ	Έ	Λ	Σ	Ψ	Έ	Ρ	Ω	Δ
Ο	Μ	Α	Ο	Α	Ρ	Υ	Ά	Τ	Τ	Ο	Μ	Ψ	Υ	Γ	Ι
Ι	Ρ	Υ	Λ	Δ	Μ	Κ	Β	Ν	Ε	Ρ	Ζ	Ώ	Ν	Η	Ά
Ε	Ν	Ο	Λ	Α	Ι	Τ	Α	Α	Ί	Ζ	Α	Λ	Α	Χ	Β
Τ	Α	Ν	Π	Έ	Γ	Ά	Ή	Π	Ε	Ι	Ρ	Ο	Σ	Σ	Ρ
Σ	Υ	Έ	Τ	Έ	Α	Μ	Ί	Ρ	Τ	Τ	Κ	Ν	Ξ	Τ	Ω
Ί	Τ	Μ	Ρ	Ί	Δ	Β	Ι	Μ	Ξ	Ά	Ο	Σ	Τ	Α	Σ
Α	Ί	Ω	Μ	Η	Ί	Ι	Τ	Τ	Ρ	Λ	Ρ	Π	Α	Λ	Η
Φ	Χ	Ι	Τ	Τ	Δ	Ί	Ο	Ε	Ε	Α	Ά	Ή	Σ	Α	Ε
Η	Ο	Λ	Σ	Τ	Ρ	Ώ	Μ	Α	Ρ	Σ	Λ	Λ	Β	Κ	Ν
Ι	Ξ	Α	Π	Ο	Λ	Ί	Θ	Ω	Μ	Α	Λ	Α	Έ	Τ	Γ
Ψ	Ύ	Τ	Τ	Α	Ε	Ν	Ω	Δ	Τ	Ν	Ι	Ι	Σ	Ί	Β
Ψ	Υ	Τ	Χ	Π	Τ	Υ	Ρ	Ο	Β	Λ	Ψ	Ο	Τ	Τ	Α
Κ	Ρ	Ύ	Σ	Τ	Α	Λ	Λ	Α	Ω	Λ	Ί	Μ	Ι	Η	Χ
Λ	Λ	Ψ	Ψ	Η	Έ	Α	Ψ	Α	Τ	Ξ	Η	Ί	Ο	Σ	Δ

ΟΞΎ
ΑΣΒΈΣΤΙΟ
ΣΠΉΛΑΙΟ
ΉΠΕΙΡΟΣ
ΚΟΡΆΛΛΙ
ΣΤΡΏΜΑ
ΚΡΎΣΤΑΛΛΑ
ΔΙΆΒΡΩΣΗ
ΛΙΩΜΈΝΟ
ΑΠΟΛΊΘΩΜΑ
ΛΆΒΑ
ΟΡΥΚΤΆ
ΠΈΤΡΑ
ΟΡΟΠΈΔΙΟ
ΧΑΛΑΖΊΑ
ΑΛΆΤΙ
ΣΤΑΛΑΚΤΊΤΗΣ
ΣΤΑΛΑΓΜΙΤΕΣ
ΗΦΑΊΣΤΕΙΟ
ΖΏΝΗ

62 - Jardin

Ζ	Ρ	Σ	Ί	Ρ	Ν	Η	Ο	Σ	Ο	Π	Ή	Κ	Ι	Τ	Ι
Γ	Ι	Ρ	Ά	Υ	Τ	Φ	Ι	Π	Ω	Ι	Α	Α	Υ	Σ	Ν
Κ	Π	Ζ	Λ	Λ	Έ	Ι	Δ	Ύ	Ο	Λ	Υ	Ο	Λ	Ο	Α
Α	Ε	Β	Ά	Β	Ο	Ί	Ί	Ν	Λ	Έ	Ή	Ο	Η	Υ	Δ
Ζ	Ρ	Ψ	Ι	Ν	Β	Ε	Σ	Ρ	Ί	Π	Γ	Ν	Α	Γ	Έ
Ό	Ι	Σ	Α	Ψ	Ι	Υ	Α	Ν	Η	Μ	Κ	Ξ	Α	Κ	Ν
Ν	Β	Σ	Η	Τ	Κ	Α	Ρ	Φ	Ρ	Α	Α	Ω	Τ	Ρ	Τ
Χ	Ό	Ί	Ε	Ί	Έ	Ρ	Γ	Χ	Τ	Η	Ρ	Ν	Ν	Ά	Ρ
Ι	Λ	Μ	Δ	Δ	Μ	Ώ	Ψ	Λ	Υ	Ν	Ά	Τ	Ά	Ν	Ο
Ε	Ι	Μ	Ψ	Υ	Ι	Ι	Π	Δ	Ί	Ο	Ζ	Μ	Ρ	Α	Α
Α	Π	Έ	Χ	Ε	Ο	Α	Ρ	Ψ	Π	Μ	Ξ	Π	Ε	Ρ	Ρ
Τ	Ρ	Α	Μ	Π	Ο	Λ	Ί	Ν	Ο	Μ	Ν	Ρ	Β	Ψ	Π
Ρ	Σ	Ψ	Δ	Ω	Δ	Ρ	Π	Ψ	Η	Έ	Π	Η	Σ	Ί	Τ
Μ	Α	Α	Δ	Γ	Ί	Ε	Π	Ι	Π	Α	Γ	Κ	Ά	Κ	Ι
Δ	Ν	Γ	Υ	Ν	Η	Π	Ί	Ε	Ω	Ξ	Γ	Β	Α	Α	Π
Υ	Η	Υ	Π	Τ	Μ	Τ	Η	Τ	Ί	Ω	Τ	Ρ	Ι	Χ	Β

ΔΈΝΤΡΟ
ΠΑΓΚΆΚΙ
ΦΡΑΚΤΗΣ
ΛΊΜΝΗ
ΛΟΥΛΟΎΔΙ
ΓΚΑΡΆΖ
ΑΙΏΡΑ
ΓΡΑΣΊΔΙ
ΚΉΠΟΣ
ΖΙΖΆΝΙΑ
ΦΤΥΆΡΙ
ΓΚΑΖΌΝ
ΤΣΟΥΓΚΡΆΝΑ
ΒΕΡΆΝΤΑ
ΤΡΑΜΠΟΛΊΝΟ
ΣΩΛΉΝΑ
ΠΕΡΙΒΌΛΙ
ΑΜΠΈΛΙ

63 - Santé et Bien Être #1

Ρ	Χ	Τ	Ω	Δ	Υ	Ί	Τ	Ν	Ε	Ύ	Ρ	Α	Ο	Ε	Δ
Α	Ί	Υ	Ε	Χ	Έ	Ψ	Σ	Τ	Σ	Χ	Λ	Α	Σ	Ό	Ι
Ο	Ρ	Μ	Ό	Ν	Η	Τ	Ο	Β	Ψ	Ν	Ξ	Ξ	Τ	Π	Δ
Α	Α	Έ	Ε	Ψ	Π	Ψ	Ν	Σ	Μ	Λ	Ε	Ψ	Ά	Ο	Ά
Θ	Κ	Ά	Τ	Α	Γ	Μ	Α	Ι	Ε	Θ	Ή	Ν	Υ	Σ	Κ
Β	Ε	Φ	Α	Ρ	Μ	Α	Κ	Ε	Ί	Ο	Ψ	Δ	Τ	Η	Τ
Ι	Ε	Ρ	Σ	Τ	Ά	Σ	Η	Σ	Ω	Ρ	Ά	Λ	Α	Χ	Ω
Μ	Α	Ί	Α	Τ	Χ	Ι	Λ	Ρ	Ι	Π	Γ	Λ	Ψ	Ρ	Ρ
Ρ	Μ	Τ	Α	Π	Π	Η	Σ	Δ	Α	Ξ	Π	Έ	Μ	Χ	Ξ
Ι	Ε	Ν	Ρ	Β	Ε	Β	Τ	Π	Ο	Ί	Λ	Γ	Β	Χ	Χ
Α	Μ	Ω	Γ	Ι	Σ	Ί	Π	Ε	Ί	Ν	Α	Γ	Χ	Ι	Γ
Μ	Ψ	Δ	Τ	Π	Κ	Π	Α	Β	Α	Κ	Τ	Ή	Ρ	Ι	Α
Ι	Π	Μ	Ο	Ξ	Υ	Ή	Υ	Ξ	Λ	Ε	Ν	Ε	Ρ	Γ	Ή
Σ	Υ	Μ	Π	Λ	Η	Ρ	Ώ	Μ	Α	Τ	Α	Ι	Ε	Χ	Γ
Ο	Κ	Λ	Ι	Ν	Ι	Κ	Ή	Δ	Έ	Ρ	Μ	Α	Τ	Ξ	Ί
Ε	Π	Δ	Τ	Ρ	Α	Υ	Μ	Α	Τ	Ι	Σ	Μ	Ό	Β	Ν

ΕΝΕΡΓΉ
ΒΑΚΤΉΡΙΑ
ΤΡΑΥΜΑΤΙΣΜΌ
ΚΛΙΝΙΚΉ
ΠΕΊΝΑ
ΚΆΤΑΓΜΑ
ΣΥΝΉΘΕΙΑ
ΥΨΟΣ
ΟΡΜΌΝΗ
ΔΙΔΆΚΤΩΡ
ΙΑΤΡΙΚΉ
ΝΕΎΡΑ
ΟΣΤΆ
ΔΈΡΜΑ
ΦΑΡΜΑΚΕΊΟ
ΣΤΆΣΗ
ΧΑΛΆΡΩΣΗ
ΣΥΜΠΛΗΡΏΜΑΤΑ
ΘΕΡΑΠΕΊΑ
ΊΟΣ

64 - Barbecues

Σ	Ψ	Λ	Π	Σ	Ί	Ε	Μ	Τ	Ω	Η	Ί	Σ	Π	Λ	Ί
Ψ	Χ	Ο	Ο	Ρ	Σ	Υ	Ψ	Α	Ι	Ο	Ν	Π	Ί	Ε	Δ
Β	Χ	Ά	Μ	Ο	Υ	Σ	Ι	Κ	Ή	Λ	Γ	Δ	Ί	Ω	Ν
Η	Β	Ψ	Ρ	Έ	Α	Ω	Π	Μ	Ν	Υ	Α	Π	Ψ	Π	Τ
Ι	Έ	Υ	Β	Α	Ι	Ε	Ν	Έ	Γ	Ο	Κ	Ι	Ο	Α	Ο
Κ	Α	Λ	Ο	Κ	Α	Ί	Ρ	Ι	Μ	Π	Ν	Η	Ο	Ι	Μ
Υ	Σ	Έ	Π	Υ	Τ	Σ	Ψ	Ρ	Α	Ό	Ω	Ω	Ψ	Δ	Ά
Ρ	Τ	Ο	Ε	Ρ	Ά	Δ	Μ	Έ	Χ	Τ	Ζ	Α	Γ	Ί	Τ
Δ	Λ	Ω	Ί	Ά	Λ	Σ	Π	Π	Α	Ο	Ε	Ι	Β	Υ	Α
Ψ	Ά	Μ	Ν	Κ	Α	Ι	Τ	Ι	Ί	Κ	Σ	Δ	Ω	Ψ	Δ
Γ	Σ	Ι	Α	Ι	Σ	Ε	Ω	Π	Ρ	Ο	Τ	Ύ	Ο	Ρ	Φ
Π	Α	Ι	Χ	Ν	Ί	Δ	Ι	Α	Ι	Τ	Ό	Μ	Η	Π	Ξ
Α	Μ	Γ	Π	Α	Ω	Λ	Α	Τ	Α	Ι	Ψ	Μ	Μ	Ρ	Ρ
Ι	Ύ	Ι	Έ	Χ	Α	Λ	Ά	Τ	Ι	Χ	Σ	Ε	Λ	Ν	Λ
Ν	Ε	Β	Ο	Α	Τ	Δ	Ξ	Ε	Ν	Β	Ο	Ρ	Έ	Υ	Ω
Β	Γ	Λ	Γ	Λ	Ψ	Ν	Χ	Χ	Β	Ρ	Β	Κ	Λ	Λ	Ί

ΖΕΣΤΌ
ΜΑΧΑΊΡΙΑ
ΓΕΎΜΑ
ΔΕΊΠΝΟ
ΠΑΙΔΊ
ΚΑΛΟΚΑΊΡΙ
ΠΕΊΝΑ
ΟΙΚΟΓΈΝΕΙΑ
ΦΡΟΎΤΟ
ΣΧΆΡΑ
ΠΑΙΧΝΊΔΙΑ
ΛΑΧΑΝΙΚΆ
ΜΟΥΣΙΚΉ
ΚΡΕΜΜΎΔΙΑ
ΠΙΠΈΡΙ
ΚΟΤΌΠΟΥΛΟ
ΣΑΛΆΤΑ
ΣΆΛΤΣΑ
ΑΛΆΤΙ
ΝΤΟΜΆΤΑ

65 - Forêt Tropicale

Χ	Κ	Ο	Τ	Δ	Μ	Α	Σ	Η	Χ	Υ	Ε	Ε	Ν	Α	Π
Π	Η	Ο	Λ	Ν	Σ	Δ	Υ	Έ	Ψ	Β	Δ	Ί	Ν	Π	Ο
Σ	Η	Ά	Ι	Λ	Υ	Ο	Π	Μ	Β	Ί	Ί	Δ	Ρ	Ο	Λ
Ν	Ι	Σ	Σ	Ν	Έ	Χ	Τ	Σ	Έ	Ο	Η	Ο	Ξ	Κ	Ύ
Ί	Ψ	Β	Ξ	Τ	Ό	Έ	Π	Ξ	Ί	Α	Μ	Σ	Ά	Α	Τ
Ί	Η	Σ	Η	Ρ	Ή	Τ	Α	Ι	Δ	Ν	Ι	Α	Κ	Τ	Ι
Α	Ύ	Ρ	Β	Ν	Υ	Χ	Η	Τ	Ν	Ξ	Χ	Λ	Ι	Ά	Μ
Φ	Μ	Ο	Ν	Τ	Η	Γ	Σ	Τ	Π	Ι	Β	Κ	Τ	Σ	Α
Ε	Ε	Φ	Β	Ί	Α	Η	Ύ	Μ	Α	Υ	Έ	Γ	Σ	Τ	Μ
Ν	Π	Ρ	Ί	Έ	Ί	Γ	Φ	Ε	Ω	Ν	Ω	Ύ	Α	Α	Ο
Ν	Ι	Υ	Δ	Β	Λ	Ξ	Ί	Λ	Λ	Ψ	Δ	Ο	Λ	Σ	Τ
Ύ	Β	Ω	Ή	Κ	Ι	Ν	Α	Τ	Ο	Β	Ω	Ζ	Η	Η	Ν
Σ	Ί	Ί	Λ	Β	Κ	Α	Μ	Ι	Ε	Ι	Ν	Υ	Θ	Β	Έ
Υ	Ω	Μ	Δ	Έ	Ι	Κ	Α	Τ	Α	Φ	Ύ	Γ	Ι	Ο	Μ
Ο	Σ	Γ	Π	Ω	Ο	Τ	Ί	Κ	Λ	Ί	Μ	Α	Γ	Ε	Ί
Έ	Η	Ν	Ι	Ε	Π	Ο	Ε	Ε	Ε	Β	Ί	Β	Γ	Η	Γ

ΑΜΦΊΒΙΑ
ΒΟΤΑΝΙΚΉ
ΚΛΊΜΑ
ΚΟΙΝΌΤΗΤΑ
ΠΟΙΚΙΛΊΑ
ΕΊΔΟΣ
ΈΝΤΟΜΑ
ΖΟΎΓΚΛΑ
ΘΗΛΑΣΤΙΚΆ
ΒΡΎΑ
ΦΎΣΗ
ΣΎΝΝΕΦΑ
ΠΟΥΛΙΆ
ΠΟΛΎΤΙΜΑ
ΔΙΑΤΉΡΗΣΗ
ΚΑΤΑΦΎΓΙΟ
ΣΈΒΟΜΑΙ
ΑΠΟΚΑΤΆΣΤΑΣΗ
ΕΠΙΒΊΩΣΗ

66 - Ferme #1

Χ	Φ	Ω	Ι	Ν	Ύ	Ο	Ρ	Υ	Ο	Γ	Γ	Α	Γ	Λ	Κ
Ξ	Ρ	Α	Ι	Ρ	Ε	Ά	Λ	Ο	Γ	Ο	Ε	Β	Ά	Υ	Ο
Δ	Α	Π	Λ	Ρ	Τ	Ρ	Ο	Δ	Δ	Ρ	Ω	Π	Τ	Σ	Τ
Τ	Κ	Ν	Έ	Ν	Ύ	Ω	Ό	Ν	Α	Σ	Ρ	Μ	Α	Ν	Ό
Λ	Τ	Β	Μ	Ο	Α	Ο	Ι	Λ	Λ	Α	Γ	Έ	Δ	Ι	Π
Ν	Η	Ω	Π	Χ	Σ	Γ	Δ	Λ	Ί	Μ	Ί	Σ	Ί	Σ	Ο
Ψ	Σ	Ο	Λ	Ύ	Κ	Σ	Ά	Ϊ	Π	Κ	Α	Ψ	Γ	Ε	Υ
Ε	Λ	Ι	Ε	Ξ	Ω	Λ	Π	Π	Α	Σ	Ο	Ι	Σ	Α	Λ
Χ	Χ	Ί	Δ	Π	Γ	Ω	Ο	Ε	Σ	Γ	Ί	Ρ	Ί	Σ	Ο
Α	Γ	Ε	Λ	Ά	Δ	Α	Κ	Δ	Μ	Ρ	Υ	Ά	Ά	Ο	Χ
Μ	Έ	Λ	Ι	Σ	Σ	Α	Μ	Ί	Α	Ξ	Ξ	Χ	Ι	Κ	Λ
Η	Η	Η	Ζ	Β	Λ	Π	Χ	Ο	Μ	Β	Ξ	Σ	Α	Ω	Ι
Α	Η	Λ	Ύ	Ί	Δ	Ν	Γ	Ε	Έ	Τ	Γ	Ο	Ρ	Β	Ν
Ψ	Ι	Χ	Ρ	Σ	Δ	Δ	Β	Η	Λ	Έ	Ν	Μ	Ρ	Έ	Ο
Ί	Α	Π	Ψ	Β	Τ	Ω	Ε	Ί	Ξ	Μ	Γ	Γ	Υ	Ρ	Ρ
Ψ	Τ	Ω	Ν	Χ	Π	Ί	Π	Λ	Α	Π	Λ	Μ	Δ	Ι	Ξ

ΜΈΛΙΣΣΑ
ΓΕΩΡΓΊΑ
ΓΑΪΔΟΎΡΙ
ΠΕΔΊΟ
ΓΆΤΑ
ΆΛΟΓΟ
ΓΊΔΑ
ΣΚΎΛΟΣ
ΦΡΑΚΤΗΣ
ΓΟΥΡΟΎΝΙ

ΚΟΡΆΚΙ
ΝΕΡΌ
ΛΊΠΑΣΜΑ
ΣΑΝΌ
ΜΈΛΙ
ΚΟΤΌΠΟΥΛΟ
ΡΎΖΙ
ΚΟΠΆΔΙ
ΑΓΕΛΆΔΑ
ΜΟΣΧΆΡΙ

67 - Café

Χ	Ι	Π	Ψ	Γ	Κ	Ε	Λ	Ω	Π	Ο	Η	Σ	Ύ	Ε	Γ
Χ	Ω	Ν	Ε	Ά	Ρ	Χ	Ξ	Ω	Ρ	Ι	Σ	Ί	Λ	Ω	Λ
Π	Ο	Τ	Ό	Λ	Έ	Η	Υ	Ι	Ω	Υ	Υ	Ξ	Ί	Α	Α
Μ	Ρ	Ν	Π	Α	Μ	Ν	Γ	Τ	Ί	Α	Ε	Λ	Η	Ο	Ν
Έ	Ύ	Ί	Ι	Υ	Α	΄	Ρ	Ε	Ί	Β	Λ	Μ	Χ	Έ	Ο
Λ	Α	Β	Ι	Ξ	Σ	¨	Ό	Γ	Έ	Ξ	Έ	Έ	Β	Β	Ρ
Α	Μ	Σ	Έ	Π	Ό	Ι	Ρ	Χ	Χ	Ν	Ο	Ε	Θ	Β	Π
Ψ	Ά	Ψ	Έ	Α	Υ	Ε	Ε	Ζ	Π	Η	Ρ	Σ	Ψ	Ω	Ω
Μ	Ο	Ρ	Τ	Λ	Ί	Φ	Ν	Ά	Ι	Χ	Π	Τ	Ν	Σ	Δ
Α	Έ	Ξ	Ω	Λ	Β	Α	Η	Χ	Κ	Μ	Χ	Β	Μ	Χ	Έ
Ν	Έ	Ρ	Σ	Μ	Υ	Κ	Ρ	Α	Ρ	Ν	Λ	Σ	Ψ	Σ	Μ
Η	Χ	Τ	Β	Η	Α	Π	Λ	Ρ	Ή	Ψ	Ί	Μ	Β	Υ	Ε
Π	Ο	Ι	Κ	Ι	Λ	Ί	Α	Η	Χ	Δ	Σ	Ν	Ρ	Η	Υ
Σ	Π	Ψ	Λ	Ξ	Τ	Λ	Α	Ω	Η	Έ	Μ	Χ	Β	Χ	Ξ
Δ	Ψ	Π	Σ	Ν	Λ	Α	Ρ	Ι	Η	Ο	Α	Ρ	Ι	Γ	Α
Κ	Ύ	Π	Ε	Λ	Λ	Ο	Γ	Π	Σ	Έ	Λ	Τ	Ι	Μ	Ή

ΌΞΙΝΟ
ΠΙΚΡΉ
ΆΡΩΜΑ
ΠΟΤΌ
ΚΑΦΕΊΝΗ
ΚΡΈΜΑ
ΝΕΡΌ
ΦΊΛΤΡΟ
ΓΆΛΑ
ΥΓΡΌ
ΠΡΩΊ
ΑΛΈΘΩ
ΜΑΎΡΟ
ΠΡΟΈΛΕΥΣΗ
ΤΙΜΉ
ΓΕΎΣΗ
ΖΆΧΑΡΗ
ΚΎΠΕΛΛΟ
ΠΟΙΚΙΛΊΑ

68 - Antarctique

Τ	Ε	Ι	Ψ	Ω	Α	Κ	Σ	Β	Τ	Δ	Ι	Μ	Υ	Ε	Δ
Ά	Τ	Κ	Υ	Ρ	Ο	Ό	Φ	Ά	Λ	Α	Ι	Ν	Α	Ρ	Ι
Β	Ό	Π	Δ	Ν	Ι	Λ	Ο	Ι	Μ	Ί	Ε	Ο	Φ	Ε	Α
Τ	Ρ	Γ	Ο	Ρ	Ν	Π	Ρ	Π	Ε	Σ	Π	Λ	Ε	Υ	Τ
Ο	Ε	Α	Ξ	Υ	Ο	Ο	Ξ	Χ	Τ	Α	Ι	Λ	Ν	Ν	Ή
Π	Ν	Ί	Χ	Ω	Λ	Μ	Ο	Ε	Α	Ρ	Σ	Ά	Ν	Η	Ρ
Ο	Τ	Φ	Ψ	Ώ	Α	Ι	Ή	Ρ	Ν	Κ	Τ	Β	Ύ	Τ	Η
Γ	Η	Α	Ν	Σ	Δ	Ο	Ά	Σ	Ά	Ο	Η	Ι	Σ	Ή	Σ
Ρ	Γ	Ρ	Η	Μ	Ν	Η	Ψ	Ό	Σ	Μ	Μ	Ρ	Ο	Σ	Η
Α	Μ	Γ	Σ	Τ	Ι	Ο	Σ	Ν	Τ	Ρ	Ο	Ε	Ρ	Ω	Σ
Φ	Β	Ω	Ι	Γ	Υ	Μ	Η	Η	Ε	Ε	Ν	Π	Ι	Β	Π
Ί	Β	Ε	Ά	Ί	Υ	Γ	Δ	Σ	Υ	Θ	Ι	Έ	Ε	Τ	Ω
Α	Ι	Γ	Μ	Α	Ψ	Μ	Δ	Ο	Σ	Μ	Κ	Δ	Π	Π	Υ
Ω	Π	Ί	Ω	Π	Ω	Λ	Ν	Ξ	Η	Υ	Ή	Ν	Ή	Α	Ο
Π	Χ	Μ	Ε	Β	Π	Π	Ά	Γ	Ο	Σ	Σ	Γ	Γ	Η	Ψ
Ρ	Λ	Σ	Έ	Ο	Α	Η	Γ	Π	Β	Η	Τ	Ί	Ο	Μ	Υ

ΚΌΛΠΟ
ΦΆΛΑΙΝΑ
ΕΡΕΥΝΗΤΉΣ
ΔΙΑΤΉΡΗΣΗ
ΉΠΕΙΡΟΣ
ΝΕΡΌ
ΠΕΡΙΒΆΛΛΟΝ
ΕΚΔΡΟΜΉ
ΓΕΩΓΡΑΦΊΑ
ΠΆΓΟΣ
ΝΗΣΙΆ
ΜΕΤΑΝΆΣΤΕΥΣΗ
ΟΡΥΚΤΆ
ΣΎΝΝΕΦΑ
ΠΟΥΛΙΆ
ΧΕΡΣΌΝΗΣΟ
ΒΡΑΧΏΔΗΣ
ΕΠΙΣΤΗΜΟΝΙΚΉ
ΘΕΡΜΟΚΡΑΣΊΑ
ΤΟΠΟΓΡΑΦΊΑ

69 - Professions #2

Χ	Ο	Ε	Γ	Λ	Ω	Σ	Σ	Ο	Λ	Ό	Γ	Ο	Σ	Ε	Ψ
Γ	Υ	Β	Ι	Τ	Κ	Έ	Τ	Ε	Τ	Ν	Λ	Ο	Ω	Ξ	Ξ
Ε	Δ	Ψ	Ή	Κ	Ι	Τ	Ο	Λ	Ι	Π	Σ	Ξ	Η	Ξ	Τ
Έ	Ξ	Ι	Σ	Μ	Ο	Ζ	Κ	Α	Θ	Η	Γ	Η	Τ	Ή	Σ
Χ	Ξ	Έ	Ο	Υ	Χ	Ν	Ω	Κ	Η	Π	Ο	Υ	Ρ	Ό	Σ
Ο	Ε	Έ	Φ	Σ	Λ	Σ	Ο	Γ	Ό	Λ	Ο	Ι	Β	Χ	Ε
Δ	Ζ	Ι	Ά	Ο	Π	Ξ	Σ	Γ	Ρ	Ί	Ε	Ί	Α	Χ	Φ
Ο	Ω	Ί	Ρ	Φ	Ε	Ρ	Ι	Ι	Ρ	Ά	Ω	Ν	Ι	Δ	Ε
Ν	Ο	Β	Γ	Ο	Ο	Σ	Χ	Ο	Β	Ά	Φ	Μ	Ε	Ά	Υ
Τ	Λ	Π	Ο	Σ	Υ	Ο	Γ	Μ	Ι	Β	Φ	Ο	Ξ	Σ	Ρ
Ί	Ό	Χ	Τ	Ό	Α	Ρ	Ρ	Ψ	Ι	Ε	Ω	Ο	Σ	Κ	Έ
Α	Γ	Μ	Ω	Λ	Μ	Τ	Γ	Τ	Ν	Έ	Ο	Η	Σ	Α	Τ
Τ	Ο	Ί	Φ	Ι	Υ	Α	Χ	Ό	Δ	Μ	Γ	Ε	Τ	Λ	Η
Ρ	Σ	Δ	Σ	Φ	Η	Ι	Ρ	Δ	Σ	Ν	Υ	Η	Σ	Ο	Σ
Ο	Ε	Ρ	Ε	Υ	Ν	Η	Τ	Ή	Σ	Ν	Ε	Ί	Δ	Σ	Π
Σ	Ό	Κ	Ι	Ν	Α	Χ	Η	Μ	Δ	Β	Δ	Ν	Γ	Ξ	Η

ΒΙΟΛΌΓΟΣ
ΕΡΕΥΝΗΤΉΣ
ΧΕΙΡΟΥΡΓΌΣ
ΟΔΟΝΤΊΑΤΡΟΣ
ΝΤΕΤΈΚΤΙΒ
ΔΆΣΚΑΛΟΣ
ΕΙΚΟΝΟΓΡΆΦΟΣ
ΜΗΧΑΝΙΚΌΣ
ΕΦΕΥΡΈΤΗΣ
ΚΗΠΟΥΡΌΣ
ΓΛΩΣΣΟΛΌΓΟΣ
ΙΑΤΡΟΣ
ΖΩΓΡΆΦΟΣ
ΦΙΛΌΣΟΦΟΣ
ΦΩΤΟΓΡΆΦΟΣ
ΠΙΛΟΤΙΚΉ
ΚΑΘΗΓΗΤΉΣ
ΖΩΟΛΌΓΟΣ

70 - Les Abeilles

Ο	Κ	Ί	Μ	Σ	Ρ	Σ	Σ	Χ	Ω	Ή	Π	Ο	Λ	Π	Λ
Ι	Α	Σ	Ο	Θ	Ν	Ά	Έ	Σ	Ω	Γ	Λ	Γ	Λ	Έ	Η
Κ	Π	Ή	Χ	Έ	Χ	Δ	Ξ	Έ	Λ	Ω	Ο	Ι	Ψ	Χ	Ρ
Ο	Ν	Τ	Ρ	Ν	Ι	Ψ	Π	Σ	Ψ	Μ	Η	Β	Ο	Ε	Κ
Σ	Ί	Σ	Σ	Τ	Χ	Α	Λ	Η	Λ	Έ	Ψ	Υ	Κ	Σ	Ε
Ύ	Ζ	Α	Ο	Ο	Τ	Ύ	Ο	Ρ	Φ	Λ	Ρ	Υ	Α	Τ	Ρ
Σ	Ο	Ι	Π	Μ	Ν	Σ	Π	Υ	Ψ	Ι	Τ	Ά	Δ	Ί	Ί
Τ	Υ	Ν	Ή	Ο	Φ	Ή	Κ	Ι	Τ	Ε	Γ	Ρ	Ε	Υ	Ε
Η	Ν	Ο	Κ	Ρ	Υ	Χ	Μ	Γ	Α	Α	Μ	Ε	Η	Χ	Π
Μ	Χ	Κ	Ξ	Έ	Τ	Μ	Ο	Σ	Ύ	Α	Ψ	Τ	Έ	Ί	Η
Α	Ι	Ι	Ι	Ο	Ά	Β	Υ	Ξ	Α	Ρ	Ή	Φ	Ο	Ρ	Τ
Ί	Ί	Π	Ο	Ι	Κ	Ι	Λ	Ί	Α	Υ	Η	Η	Ξ	Ξ	Λ
Δ	Ο	Ε	Λ	Ο	Υ	Λ	Ο	Ύ	Δ	Ι	Α	Ί	Ί	Ρ	Ο
Ξ	Ι	Έ	Η	Ν	Ω	Η	Γ	Ε	Α	Ν	Β	Ρ	Ε	Λ	Ί
Ρ	Ε	Λ	Σ	Ω	Χ	Β	Λ	Σ	Ί	Δ	Ξ	Μ	Ω	Π	Ρ
Β	Α	Σ	Ί	Λ	Ι	Σ	Σ	Α	Ψ	Ρ	Μ	Δ	Ν	Μ	Α

ΦΤΕΡΆ
ΕΥΕΡΓΕΤΙΚΉ
ΚΕΡΊ
ΠΟΙΚΙΛΊΑ
ΣΜΉΝΟΣ
ΟΙΚΟΣΎΣΤΗΜΑ
ΆΝΘΟΣ
ΛΟΥΛΟΎΔΙΑ
ΦΡΟΎΤΟ
ΚΑΠΝΊΖΟΥΝ
ΈΝΤΟΜΟ
ΚΉΠΟΣ
ΜΈΛΙ
ΤΡΟΦΉ
ΦΥΤΆ
ΓΎΡΗ
ΕΠΙΚΟΝΙΑΣΤΉΣ
ΒΑΣΊΛΙΣΣΑ
ΚΥΨΈΛΗ
ΉΛΙΟΣ

71 - Santé et Bien Être #2

Ί	Δ	Α	Ί	Μ	Ο	Τ	Α	Ν	Α	Η	Ξ	Α	Μ	Ί	Α
Υ	Π	Λ	Α	Φ	Υ	Δ	Ά	Τ	Ω	Σ	Η	Δ	Ω	Έ	Ν
Υ	Ψ	Λ	Χ	Ξ	Έ	Ω	Α	Ν	Ζ	Ν	Ξ	Ί	Α	Γ	Ά
Υ	Σ	Ε	Ρ	Μ	Τ	Μ	Ξ	Δ	Ί	Υ	Ε	Μ	Π	Ω	Κ
Σ	Δ	Ρ	Γ	Υ	Γ	Ι	Ή	Ν	Γ	Λ	Ρ	Ρ	Ω	Λ	Τ
Ώ	Ν	Γ	Ε	Ή	Μ	Ο	Π	Έ	Υ	Ό	Ό	Ε	Η	Ψ	Η
Μ	Σ	Ί	Β	Κ	Ο	Χ	Π	Σ	Ζ	Μ	Ν	Θ	Ν	Δ	Σ
Α	Ι	Α	Δ	Ι	Α	Τ	Ρ	Ο	Φ	Ή	Ο	Υ	Ί	Α	Η
Ί	Λ	Ο	Ι	Τ	Ε	Β	Η	Ί	Ζ	Ά	Σ	Α	Μ	Ρ	Σ
Υ	Ε	Ί	Δ	Ε	Ψ	Δ	Ω	Υ	Ι	Ι	Ο	Χ	Α	Ρ	Ε
Ρ	Γ	Π	Γ	Ν	Γ	Υ	Υ	Ψ	Χ	Δ	Κ	Δ	Τ	Ώ	Ί
Ε	Ί	Ι	Ε	Ε	Ξ	Ρ	Ψ	Ω	Α	Τ	Ο	Μ	Ι	Σ	Π
Ο	Έ	Ν	Ε	Γ	Ι	Τ	Έ	Υ	Υ	Ξ	Μ	Π	Β	Τ	Ρ
Ψ	Σ	Ψ	Ι	Ι	Π	Ψ	Α	Ν	Χ	Υ	Ε	Δ	Ξ	Ι	Σ
Ω	Γ	Ε	Ψ	Ω	Ν	Ω	Υ	Ι	Ε	Υ	Ί	Λ	Υ	Α	Γ
Ί	Γ	Τ	Ψ	Τ	Ί	Ή	Ω	Λ	Μ	Β	Ο	Ι	Έ	Υ	Ν

ΑΛΛΕΡΓΊΑ
ΑΝΑΤΟΜΊΑ
ΌΡΕΞΗ
ΘΕΡΜΊΔΑ
ΣΏΜΑ
ΑΦΥΔΆΤΩΣΗ
ΕΝΈΡΓΕΙΑ
ΓΕΝΕΤΙΚΉ
ΝΟΣΟΚΟΜΕΊΟ
ΥΓΙΕΙΝΉ
ΜΌΛΥΝΣΗ
ΑΡΡΏΣΤΙΑ
ΜΑΣΆΖ
ΔΙΑΤΡΟΦΉ
ΖΥΓΊΖΩ
ΑΝΆΚΤΗΣΗ
ΥΓΙΉ
ΑΊΜΑ
ΠΊΕΣΗ
ΒΙΤΑΜΊΝΗ

72 - Conduite

Η	Ρ	Μ	Α	Ν	Έ	Ρ	Φ	Χ	Π	Π	Μ	Γ	Μ	Ί	Τ
Ρ	Ο	Ρ	Ι	Α	Υ	Τ	Ο	Κ	Ί	Ν	Η	Τ	Ο	Χ	Ι
Ψ	Ρ	Έ	Ε	Η	Ί	Ρ	Τ	Ψ	Β	Σ	Υ	Ε	Υ	Α	Σ
Κ	Υ	Κ	Λ	Ο	Φ	Ο	Ρ	Ί	Α	Γ	Γ	Α	Ρ	Ή	Σ
Π	Φ	Γ	Ά	Ξ	Τ	Α	Έ	Ρ	Ρ	Ρ	Η	Τ	Ρ	Ά	Χ
Σ	Ο	Α	Φ	Α	Ι	Λ	Α	Έ	Β	Λ	Α	Ύ	Χ	Έ	Μ
Χ	Ρ	Μ	Σ	Ι	Ο	Π	Α	Τ	Η	Τ	Ύ	Χ	Α	Τ	Ο
Α	Τ	Σ	Α	Α	Έ	Ρ	Ι	Ο	Έ	Ο	Α	Η	Η	Ο	Τ
Ι	Η	Α	Σ	Τ	Υ	Ν	Ο	Μ	Ί	Α	Έ	Μ	Ί	Η	Ο
Ε	Γ	Ε	Υ	Β	Χ	Γ	Κ	Α	Ρ	Ά	Ζ	Α	Λ	Ε	Σ
Δ	Ό	Γ	Κ	Ι	Ν	Δ	Ύ	Ν	Ο	Υ	Ί	Ω	Χ	Σ	Υ
Ά	Ρ	Ο	Φ	Α	Τ	Ε	Μ	Β	Π	Ψ	Μ	Χ	Δ	Η	Κ
Ί	Έ	Ό	Ω	Ν	Υ	Α	Έ	Ε	Δ	Ε	Ι	Τ	Ω	Έ	Λ
Β	Η	Π	Μ	Κ	Α	Ύ	Σ	Ι	Μ	Ο	Ζ	Ρ	Μ	Ι	Έ
Δ	Τ	Η	Σ	Ο	Μ	Ω	Μ	Ο	Γ	Υ	Π	Ό	Γ	Ω	Τ
Ρ	Ω	Ξ	Ω	Ψ	Σ	Υ	Ί	Ί	Ί	Σ	Έ	Η	Σ	Η	Α

ΑΤΎΧΗΜΑ
ΦΟΡΤΗΓΌ
ΚΑΎΣΙΜΟ
ΧΆΡΤΗ
ΚΙΝΔΎΝΟΥ
ΦΡΈΝΑ
ΓΚΑΡΆΖ
ΑΈΡΙΟ
ΆΔΕΙΑ
ΜΟΤΈΡ
ΜΟΤΟΣΥΚΛΈΤΑ
ΠΕΖΌΣ
ΑΣΤΥΝΟΜΊΑ
ΔΡΌΜΟΣ
ΑΣΦΆΛΕΙΑ
ΚΥΚΛΟΦΟΡΊΑ
ΜΕΤΑΦΟΡΆ
ΣΉΡΑΓΓΑ
ΤΑΧΎΤΗΤΑ
ΑΥΤΟΚΊΝΗΤΟ

73 - Plantes

Ή	Ε	Ί	Π	Ί	Χ	Ι	Ε	Α	Ν	Α	Κ	Ό	Π	Τ	Ω
Κ	Α	Ι	Ι	Χ	Ψ	Λ	Β	Λ	Ά	Σ	Τ	Η	Σ	Η	Γ
Ι	Ά	Μ	Ψ	Τ	Λ	Ό	Ω	Ο	Ρ	Τ	Ν	Έ	Δ	Έ	Δ
Ν	Λ	Κ	Ν	Ξ	Ρ	Σ	Ν	Ρ	Ω	Ο	Ψ	Π	Ί	Α	Π
Α	Ι	Γ	Τ	Ψ	Σ	Α	Ά	Ύ	Ί	Σ	Γ	Έ	Δ	Ν	Λ
Τ	Δ	Χ	Ψ	Ο	Λ	Φ	Ξ	Ο	Τ	Δ	Λ	Τ	Σ	Υ	Ρ
Ο	Τ	Ψ	Β	Ν	Σ	Χ	Υ	Μ	Ξ	Ο	Α	Α	Ε	Χ	Α
Β	Η	Β	Ρ	Α	Μ	Σ	Α	Π	Ί	Λ	Ύ	Λ	Χ	Δ	Π
Ί	Ρ	Ω	Έ	Τ	Ξ	Ο	Μ	Μ	Έ	Ί	Ρ	Ο	Υ	Ω	Υ
Π	Σ	Ί	Β	Ό	Ί	Σ	Ω	Έ	Έ	Χ	Β	Γ	Μ	Έ	Χ
Ε	Α	Χ	Ζ	Β	Γ	Π	Λ	Κ	Ι	Σ	Σ	Ό	Σ	Υ	Έ
Έ	Π	Χ	Μ	Α	Σ	Η	Λ	Λ	Ο	Υ	Λ	Ο	Ύ	Δ	Ι
Δ	Α	Σ	Ο	Σ	Ρ	Η	Ύ	Ο	Π	Μ	Α	Π	Μ	Σ	Ψ
Π	Ρ	Ψ	Χ	Α	Η	Μ	Φ	Ρ	Π	Α	Ί	Η	Ω	Ε	Δ
Λ	Ι	Μ	Κ	Ή	Π	Ο	Σ	Έ	Ω	Έ	Ν	Ξ	Ξ	Σ	Ν
Ί	Υ	Π	Ν	Α	Ο	Χ	Ξ	Α	Ι	Ρ	Ω	Π	Έ	Ι	Π

ΔΈΝΤΡΟ
ΜΟΎΡΟ
ΜΠΑΜΠΟΎ
ΒΟΤΑΝΙΚΉ
ΚΆΚΤΟΣ
ΛΊΠΑΣΜΑ
ΦΎΛΛΩΜΑ
ΛΟΥΛΟΎΔΙ
ΧΛΩΡΊΔΑ
ΔΑΣΟΣ

ΑΥΞΆΝΩ
ΦΑΣΌΛΙ
ΒΌΤΑΝΟ
ΚΉΠΟΣ
ΚΙΣΣΌΣ
ΒΡΎΑ
ΠΈΤΑΛΟ
ΡΊΖΑ
ΑΝΑΚΌΠΤΩ
ΒΛΆΣΤΗΣΗ

74 - Ferme #2

Τ	Κ	Η	Σ	Γ	Ι	Ι	Π	Υ	Τ	Υ	Η	Π	Ξ	Ψ	Ι
Ω	Α	Ι	Π	Ά	Π	Χ	Ε	Α	Δ	Υ	Γ	Ε	Σ	Γ	Π
Ί	Λ	Α	Ε	Ι	Τ	Γ	Α	Ώ	Ζ	Έ	Π	Ρ	Λ	Ι	Ν
Υ	Α	Μ	Ά	Λ	Ί	Ρ	Ε	Ρ	Ί	Α	Ρ	Ι	Ι	Β	Υ
Ρ	Μ	Κ	Ξ	Ι	Γ	Π	Ο	Η	Ν	Ψ	Ό	Β	Τ	Γ	Ί
Δ	Π	Υ	Α	Ξ	Ί	Δ	Υ	Φ	Υ	Ί	Β	Ό	Ψ	Τ	Τ
Ψ	Ό	Ψ	Α	Μ	Μ	Α	Ξ	Ξ	Ή	Ε	Α	Λ	Ξ	Ρ	Ο
Ν	Κ	Έ	Ξ	Π	Έ	Λ	Γ	Δ	Π	Η	Τ	Ι	Τ	Α	Λ
Μ	Ι	Λ	Έ	Ι	Ρ	Ά	Τ	Ι	Σ	Υ	Ο	Ρ	Ω	Κ	Σ
Έ	Σ	Η	Τ	Ο	Ρ	Γ	Α	Δ	Τ	Ε	Α	Α	Χ	Τ	Ψ
Η	Σ	Υ	Ε	Δ	Ρ	Ά	Λ	Ά	Μ	Ρ	Χ	Υ	Φ	Έ	Χ
Β	Ο	Σ	Κ	Ό	Σ	Ψ	Θ	Β	Β	Π	Υ	Φ	Ρ	Ρ	Ε
Λ	Ι	Σ	Ψ	Ε	Ι	Σ	Ο	Ι	Λ	Ι	Ρ	Υ	Ο	Υ	Ο
Ξ	Ν	Π	Ω	Δ	Μ	Τ	Ρ	Λ	Ρ	Ψ	Ώ	Τ	Ύ	Ω	Έ
Ξ	Ί	Ρ	Ρ	Υ	Χ	Μ	Χ	Χ	Έ	Κ	Ν	Ό	Τ	Μ	Ν
Ε	Ο	Μ	Γ	Λ	Ί	Β	Ο	Υ	Έ	Σ	Α	Ω	Ο	Ξ	Χ

ΑΡΝΊ
ΑΓΡΟΤΗΣ
ΖΏΑ
ΒΟΣΚΌΣ
ΣΙΤΆΡΙ
ΠΆΠΙΑ
ΦΡΟΎΤΟ
ΑΧΥΡΏΝΑ
ΆΡΔΕΥΣΗ
ΓΆΛΑ
ΛΆΜΑ
ΦΥΤΌ
ΚΑΛΑΜΠΌΚΙ
ΠΡΌΒΑΤΟ
ΤΡΟΦΉ
ΚΡΙΘΆΡΙ
ΛΙΒΆΔΙ
ΚΥΨΈΛΗ
ΤΡΑΚΤΈΡ
ΠΕΡΙΒΌΛΙ

75 - Vacances #2

Μ	Ε	Τ	Α	Φ	Ο	Ρ	Ά	Ξ	Η	Ε	Ξ	Α	Χ	Π	Μ
Λ	Ί	Ν	Μ	Ρ	Ή	Υ	Ι	Έ	Υ	Γ	Τ	Ν	Ν	Α	Ω
Λ	Β	Υ	Κ	Τ	Ν	Σ	Σ	Ν	Π	Ψ	Χ	Α	Α	Ρ	Ξ
Δ	Έ	Σ	Ά	Τ	Η	Η	Α	Ο	Ε	Ί	Ξ	Ψ	Ε	Α	Α
Η	Π	Η	Μ	Δ	Κ	Μ	Σ	Γ	Δ	Ω	Μ	Υ	Ρ	Λ	Π
Ρ	Σ	Ί	Π	Σ	Σ	Τ	Σ	Ί	Τ	Λ	Η	Χ	Ο	Ί	Σ
Π	Α	Ο	Ι	Ρ	Ό	Τ	Α	Ι	Τ	Σ	Ε	Ή	Δ	Α	Τ
Μ	Ε	Ξ	Ν	Χ	Ω	Χ	Λ	Ο	Τ	Λ	Η	Β	Ρ	Λ	Ρ
Μ	Ξ	Δ	Γ	Ί	Λ	Τ	Ά	Β	Ο	Υ	Ν	Ά	Ό	Μ	Έ
Τ	Σ	Έ	Κ	Δ	Ί	Ε	Θ	Τ	Α	Ξ	Ί	Τ	Μ	Λ	Ν
Ξ	Ε	Ν	Ο	Δ	Ο	Χ	Ε	Ί	Ο	Χ	Ξ	Ι	Ι	Ι	Ο
Ε	Β	Δ	Λ	Έ	Μ	Π	Π	Υ	Ν	Ψ	Ν	Α	Ο	Γ	Η
Π	Ρ	Ο	Ο	Ρ	Ι	Σ	Μ	Ό	Σ	Β	Π	Τ	Σ	Ε	Δ
Δ	Χ	Ά	Ρ	Τ	Η	Υ	Σ	Ι	Δ	Ί	Ξ	Α	Τ	Ξ	Ε
Γ	Τ	Α	Ψ	Υ	Ξ	Ι	Ο	Ω	Δ	Ζ	Μ	Ι	Ρ	Τ	Π
Δ	Ι	Α	Β	Α	Τ	Ή	Ρ	Ι	Ο	Α	Ε	Υ	Ε	Υ	Ν

ΑΕΡΟΔΡΌΜΙΟ
ΚΆΜΠΙΝΓΚ
ΧΆΡΤΗ
ΠΡΟΟΡΙΣΜΌΣ
ΞΈΝΟ
ΞΕΝΟΔΟΧΕΊΟ
ΝΗΣΊ
ΑΝΑΨΥΧΉ
ΘΆΛΑΣΣΑ
ΒΟΥΝΆ
ΔΙΑΒΑΤΉΡΙΟ
ΠΑΡΑΛΊΑ
ΕΣΤΙΑΤΌΡΙΟ
ΤΑΞΊ
ΣΚΗΝΉ
ΤΡΈΝΟ
ΜΕΤΑΦΟΡΆ
ΒΊΖΑ
ΤΑΞΊΔΙ

76 - Éthique

Δ	Έ	Σ	Α	Σ	Α	Α	Π	Ψ	Ί	Χ	Ε	Μ	Ψ	Ε	Ι
Α	Ι	Μ	Β	Κ	Υ	Α	Ί	Ξ	Ο	Δ	Ο	Ι	Σ	Ι	Α
Τ	Λ	Π	Ξ	Η	Ε	Ν	Ε	Ε	Ρ	Ω	Γ	Α	Α	Λ	Τ
Ο	Ο	Κ	Λ	Α	Σ	Ρ	Ε	Ι	Ο	Ω	Ο	Ξ	Ψ	Ι	Η
Μ	Γ	Α	Γ	Ω	Ο	Ν	Α	Ρ	Ε	Ψ	Λ	Ι	Σ	Κ	Τ
Ι	Ι	Λ	Π	Ί	Μ	Μ	Ξ	Ι	Γ	Τ	Ύ	Ε	Ι	Ρ	Ό
Κ	Κ	Ο	Ι	Ω	Σ	Α	Ψ	Ι	Ό	Α	Ε	Σ	Α	Ί	Π
Ι	Ό	Σ	Ρ	Ψ	Ι	Ε	Τ	Ν	Ε	Τ	Σ	Έ	Η	Ν	Ω
Σ	Τ	Ύ	Ε	Ξ	Λ	Μ	Δ	Ι	Τ	Ί	Η	Ί	Ί	Ε	Ρ
Μ	Η	Ν	Λ	Ε	Α	Σ	Χ	Ι	Κ	Ι	Σ	Τ	Α	Ι	Θ
Ό	Τ	Η	Ψ	Τ	Ε	Μ	Ο	Ω	Ο	Ό	Ί	Ω	Α	Α	Ν
Σ	Α	Τ	Ε	Μ	Ρ	Ί	Δ	Ρ	Ε	Ρ	Σ	Ο	Φ	Ί	Α
Α	Ν	Ε	Κ	Τ	Ι	Κ	Ό	Τ	Η	Τ	Α	Ε	Τ	Ο	Σ
Α	Λ	Τ	Ρ	Ο	Υ	Ι	Σ	Μ	Ό	Σ	Ω	Υ	Υ	Μ	Ε
Χ	Η	Μ	Υ	Σ	Υ	Μ	Π	Ό	Ν	Ι	Α	Σ	Ι	Γ	Ω
Φ	Ι	Λ	Ο	Σ	Ο	Φ	Ί	Α	Υ	Π	Ο	Μ	Ο	Ν	Ή

ΑΛΤΡΟΥΙΣΜΌΣ
ΣΥΜΠΌΝΙΑ
ΣΥΝΕΡΓΑΣΊΑ
ΔΙΠΛΩΜΑΤΙΚΌ
ΚΑΛΟΣΎΝΗ
ΕΙΛΙΚΡΊΝΕΙΑ
ΑΝΘΡΩΠΌΤΗΤΑ
ΑΤΟΜΙΚΙΣΜΌΣ
ΑΚΕΡΑΙΌΤΗΤΑ
ΑΙΣΙΟΔΟΞΊΑ
ΥΠΟΜΟΝΉ
ΦΙΛΟΣΟΦΊΑ
ΈΥΛΟΓΟ
ΛΟΓΙΚΌΤΗΤΑ
ΡΕΑΛΙΣΜΟΣ
ΣΟΦΊΑ
ΑΝΕΚΤΙΚΌΤΗΤΑ
ΑΞΙΕΣ

77 - Temps

Ρ	Ν	Ε	Β	Ω	Μ	Ο	Χ	Λ	Υ	Δ	Π	Δ	Μ	Τ	Λ
Σ	Ο	Ι	Γ	Ό	Λ	Ο	Ρ	Ε	Μ	Η	Ω	Β	Έ	Ν	Ε
Β	Β	Λ	Π	Ψ	Έ	Α	Β	Η	Ν	Ο	Δ	Ξ	Λ	Λ	Π
Ξ	Ω	Σ	Ό	Ξ	Π	Δ	Ρ	Α	Ί	Μ	Λ	Μ	Λ	Χ	Τ
Α	Η	Έ	Ο	Ι	Τ	Ά	Ε	Τ	Ή	Σ	Ι	Α	Ο	Μ	Ό
Ρ	Π	Δ	Ξ	Έ	Χ	Μ	Ί	Χ	Γ	Ο	Α	Μ	Ν	Ή	Π
Τ	Β	Ξ	Ι	Ε	Ί	Ο	Β	Ύ	Ψ	Τ	Ω	Ο	Ι	Ν	Λ
Δ	Ώ	Ι	Τ	Α	Υ	Δ	Ρ	Ν	Χ	Ε	Ι	Τ	Ρ	Α	Τ
Α	Ε	Ρ	Τ	Λ	Η	Β	Γ	Δ	Ω	Θ	Δ	Ν	Π	Σ	Μ
Ι	Η	Έ	Α	Ί	Τ	Ε	Α	Κ	Ε	Δ	Ε	Ύ	Ω	Δ	Δ
Ώ	Η	Μ	Ρ	Ω	Η	Ί	Ρ	Υ	Δ	Γ	Ψ	Σ	Δ	Π	Ο
Ν	Ρ	Η	Έ	Ρ	Π	Η	Ώ	Ξ	Β	Δ	Ω	Β	Ξ	Χ	Ο
Α	Α	Σ	Μ	Π	Γ	Β	Έ	Ξ	Ε	Ω	Ι	Τ	Γ	Ο	Ί
Σ	Ω	Ε	Χ	Ψ	Γ	Μ	Υ	Ο	Ε	Τ	Σ	Ο	Έ	Λ	Η
Α	Π	Μ	Δ	Μ	Χ	Ρ	Π	Ν	Α	Υ	Σ	Ξ	Α	Ω	Υ
Μ	Ε	Τ	Ά	Ί	Σ	Σ	Γ	Χ	Ι	Η	Υ	Ε	Ο	Υ	Μ

ΕΤΟΣ
ΕΤΉΣΙΑ
ΜΕΤΆ
ΠΡΙΝ
ΣΎΝΤΟΜΑ
ΗΜΕΡΟΛΌΓΙΟ
ΔΕΚΑΕΤΊΑ
ΜΈΛΛΟΝ
ΏΡΑ
ΧΘΕΣ

ΡΟΛΌΙ
ΜΈΡΑ
ΤΏΡΑ
ΠΡΩΊ
ΜΕΣΗΜΈΡΙ
ΛΕΠΤΌ
ΜΉΝΑΣ
ΝΎΧΤΑ
ΕΒΔΟΜΆΔΑ
ΑΙΏΝΑΣ

78 - Maison

Σ	Γ	Ί	Σ	Σ	Ν	Ξ	Ξ	Ι	Ι	Σ	Ο	Ι	Β	Ω	Ε
Τ	Α	Α	Ά	Κ	Λ	Ά	Μ	Π	Α	Μ	Ι	Μ	Ι	Υ	Ξ
Έ	Δ	Ν	Ι	Ξ	Ο	Ρ	Υ	Θ	Ά	Ρ	Α	Π	Β	Ψ	Χ
Γ	Ι	Τ	Δ	Χ	Ο	Υ	Δ	Σ	Ε	Ί	Δ	Π	Λ	Σ	Ε
Η	Ι	Ο	Ι	Ί	Ί	Ω	Ρ	Η	Ν	Υ	Ρ	Ι	Ι	Ν	Ω
Έ	Ι	Υ	Ε	Ο	Ω	Β	Ο	Τ	Ψ	Α	Π	Ύ	Ο	Κ	Σ
Ψ	Τ	Σ	Λ	Λ	Γ	Ψ	Ν	Φ	Ί	Ι	Ε	Α	Θ	Η	Ο
Τ	Ζ	Ά	Κ	Ι	Μ	Η	Υ	Ε	Ν	Ν	Ο	Ξ	Ή	Έ	Χ
Ω	Έ	Ν	Χ	Δ	Ι	Λ	Δ	Ρ	Λ	Ά	Α	Α	Κ	Ί	Ί
Ε	Ψ	Υ	Δ	Δ	Ω	Ο	Γ	Θ	Χ	Β	Φ	Τ	Η	Λ	Ο
Ω	Ι	Σ	Ι	Ρ	Ε	Μ	Ζ	Α	Α	Α	Ρ	Ί	Ρ	Ι	Τ
Κ	Ο	Υ	Ζ	Ί	Ν	Α	Ά	Κ	Λ	Τ	Α	Φ	Τ	Ό	Λ
Κ	Ή	Π	Ο	Σ	Σ	Γ	Ρ	Τ	Ί	Υ	Κ	Ο	Ε	Ω	Π
Π	Ξ	Ν	Χ	Σ	Σ	Ω	Α	Ν	Ι	Έ	Τ	Σ	Τ	Ω	Υ
Η	Χ	Ί	Ρ	Τ	Ί	Υ	Κ	Λ	Γ	Ο	Η	Ι	Ψ	Β	Ξ
Ι	Α	Ν	Ν	Ψ	Ε	Α	Γ	Σ	Ε	Μ	Σ	Λ	Β	Π	Γ

ΣΚΟΎΠΑ
ΒΙΒΛΙΟΘΉΚΗ
ΔΩΜΆΤΙΟ
ΤΖΆΚΙ
ΚΛΕΙΔΙΆ
ΦΡΑΚΤΗΣ
ΚΟΥΖΊΝΑ
ΝΤΟΥΣ
ΠΑΡΆΘΥΡΟ
ΓΚΑΡΆΖ
ΣΟΦΊΤΑ
ΚΉΠΟΣ
ΛΆΜΠΑ
ΚΑΘΡΕΦΤΗΣ
ΤΟΊΧΟΣ
ΤΑΒΆΝΙ
ΠΌΡΤΑ
ΚΟΥΡΤΊΝΑ
ΧΑΛΊ
ΣΤΈΓΗ

79 - Légumes

Τ	Ε	Σ	Κ	Α	Λ	Ω	Ν	Ί	Δ	Α	Ο	Σ	Υ	Τ	Δ
Π	Ζ	Μ	Π	Ρ	Ό	Κ	Ο	Λ	Ο	Γ	Ω	Υ	Μ	Ξ	Π
Μ	Η	Ί	Β	Γ	Ο	Α	Ν	Ο	Ν	Τ	Ο	Μ	Ά	Τ	Α
Ο	Α	Υ	Ν	Γ	Σ	Γ	Ι	Λ	Ε	Ί	Β	Ξ	Ε	Α	Ε
Ψ	Χ	Ϊ	Τ	Τ	Μ	Ε	Λ	Ι	Τ	Ζ	Ά	Ν	Α	Ξ	Ε
Γ	Γ	Π	Ν	Β	Ζ	Ι	Έ	Σ	Α	Λ	Ά	Τ	Α	Α	Μ
Α	Η	Ε	Ξ	Τ	Λ	Ε	Σ	Ί	Π	Χ	Γ	Ε	Ω	Η	Α
Ρ	Ι	Ν	Ί	Ξ	Α	Ε	Ρ	Χ	Ι	Έ	Β	Ν	Χ	Έ	Ν
Τ	Κ	Ί	Κ	Ρ	Χ	Ν	Λ	Γ	Ο	Γ	Γ	Ύ	Λ	Ι	Ι
Ξ	Ά	Σ	Ρ	Ο	Η	Ρ	Ό	Ι	Ε	Μ	Ρ	Τ	Σ	Ρ	Τ
Π	Ν	Ο	Ε	Έ	Έ	Ε	Λ	Σ	Ά	Χ	Ω	Υ	Κ	Ύ	Ά
Ν	Α	Α	Μ	Α	Γ	Κ	Ι	Ν	Ά	Ρ	Α	Γ	Ό	Ο	Ρ
Έ	Π	Ε	Μ	Έ	Ρ	Μ	Π	Ι	Ζ	Έ	Λ	Ι	Ρ	Γ	Ι
Ψ	Α	Θ	Ύ	Κ	Ο	Λ	Ο	Κ	Ψ	Χ	Ν	Ν	Δ	Γ	Ι
Η	Ρ	Έ	Δ	Κ	Α	Ρ	Ό	Τ	Ο	Ρ	Γ	Ε	Ο	Α	Έ
Ι	Λ	Ψ	Ι	Ί	Π	Γ	Β	Δ	Σ	Π	Α	Ν	Ά	Κ	Ι

ΣΚΌΡΔΟ
ΑΓΚΙΝΆΡΑ
ΜΕΛΙΤΖΆΝΑ
ΜΠΡΌΚΟΛΟ
ΚΑΡΌΤΟ
ΣΈΛΙΝΟ
ΜΑΝΙΤΆΡΙ
ΚΟΛΟΚΎΘΑ
ΑΓΓΟΎΡΙ
ΕΣΚΑΛΩΝΊΔΑ
ΣΠΑΝΆΚΙ
ΤΖΊΝΤΖΕΡ
ΓΟΓΓΎΛΙ
ΚΡΕΜΜΎΔΙ
ΕΛΙΆ
ΜΑΪΝΤΑΝΌΣ
ΜΠΙΖΈΛΙ
ΡΑΠΑΝΆΚΙ
ΣΑΛΆΤΑ
ΝΤΟΜΆΤΑ

80 - Plage

Γ	Γ	Ψ	Δ	Ι	Α	Ψ	Έ	Α	Δ	Η	Έ	Υ	Ω	Π	Π
Ο	Χ	Σ	Ι	Ε	Λ	Ε	Υ	Π	Ι	Ρ	Τ	Ι	Ί	Ε	Α
Ψ	Ι	Ξ	Ε	Ε	Ι	Μ	Ω	Ο	Α	Έ	Δ	Η	Η	Τ	Ί
Ο	Δ	Χ	Ν	Υ	Υ	Ι	Ι	Β	Κ	Ε	Ξ	Ε	Ρ	Σ	Δ
Β	Υ	Σ	Ν	Ι	Ο	Ν	Ι	Ά	Ο	Σ	Π	Ν	Ξ	Έ	Ί
Μ	Γ	Ο	Π	Ψ	Ρ	Ο	Ο	Θ	Π	Λ	Ά	Ρ	Υ	Τ	Ι
Ω	Κ	Ε	Α	Ν	Ό	Σ	Μ	Ρ	Έ	Γ	Κ	Μ	Α	Α	Ο
Π	Ε	Ν	Έ	Η	Φ	Ο	Π	Α	Σ	Π	Ο	Π	Μ	Γ	Ε
Α	Κ	Τ	Ή	Ί	Ο	Ι	Ρ	Β	Υ	Π	Χ	Ψ	Έ	Ο	Ξ
Ι	Σ	Β	Η	Ο	Ι	Λ	Έ	Ψ	Ι	Ρ	Ύ	Ο	Β	Α	Κ
Λ	Ί	Σ	Γ	Μ	Τ	Ή	Λ	Χ	Λ	Ε	Λ	Π	Μ	Β	Υ
Ά	Ι	Ο	Α	Δ	Σ	Τ	Α	Ι	Ι	Ρ	Ι	Υ	Λ	Ά	Λ
Δ	Έ	Μ	Σ	Λ	Ι	Δ	Ε	Η	Υ	Ψ	Α	Ρ	Β	Ρ	Μ
Ν	Ξ	Έ	Ρ	Α	Ά	Λ	Ρ	Α	Η	Δ	Λ	Μ	Ξ	Κ	Ξ
Α	Τ	Υ	Ξ	Γ	Α	Θ	Υ	Ν	Ι	Ν	Η	Σ	Ί	Α	Ν
Σ	Λ	Ι	Μ	Ν	Ο	Θ	Ά	Λ	Α	Σ	Σ	Α	Η	Ψ	Ο

ΒΆΡΚΑ
ΜΠΛΕ
ΚΟΧΎΛΙΑ
ΑΚΤΉ
ΚΑΒΟΎΡΙ
ΑΠΟΒΆΘΡΑ
ΝΗΣΊ
ΛΙΜΝΟΘΆΛΑΣΣΑ
ΘΆΛΑΣΣΑ
ΩΚΕΑΝΌΣ
ΟΜΠΡΈΛΑ
ΞΈΡΑ
ΆΜΜΟ
ΣΑΝΔΆΛΙΑ
ΠΕΤΣΈΤΑ
ΉΛΙΟΣ
ΔΙΑΚΟΠΈΣ
ΙΣΤΙΟΦΌΡΟ

81 - Famille

Ψ	Ε	Σ	Υ	Ω	Β	Λ	Ψ	Χ	Β	Κ	Ξ	Λ	Λ	Ξ	Π
Λ	Α	Ί	Ε	Θ	Β	Δ	Ψ	Τ	Υ	Ό	Ρ	Α	Ί	Α	Ρ
Γ	Κ	Η	Ο	Ε	Τ	Δ	Θ	Χ	Ί	Ρ	Ξ	Λ	Λ	Δ	Ό
Ι	Ί	Γ	Γ	Π	Γ	Ο	Ε	Χ	Ρ	Η	Η	Ψ	Π	Έ	Γ
Σ	Α	Ρ	Έ	Τ	Α	Π	Ί	Έ	Ε	Η	Ν	Ί	Π	Ρ	Ο
Ύ	Ν	Ο	Χ	Ρ	Β	Χ	Ο	Ρ	Δ	Ξ	Τ	Γ	Μ	Φ	Ν
Ο	Υ	Λ	Ρ	Ω	Ο	Δ	Σ	Δ	Ω	Β	Ν	Ρ	Ο	Η	Ο
Π	Γ	Ι	Α	Δ	Ε	Λ	Φ	Ή	Ί	Π	Α	Ι	Δ	Ί	Σ
Π	Γ	Ι	Α	Γ	Ι	Ά	Ο	Κ	Σ	Δ	Α	Δ	Έ	Ξ	Ό
Α	Ρ	Έ	Τ	Η	Μ	Ρ	Π	Ι	Ο	Ύ	Υ	Α	Η	Υ	Ν
Π	Ν	Ι	Ι	Ρ	Η	Έ	Ι	Ρ	Φ	Χ	Ζ	Μ	Ν	Ν	Ο
Ή	Κ	Ι	Ρ	Τ	Η	Μ	Γ	Τ	Λ	Ι	Α	Υ	Α	Μ	Γ
Σ	Ό	Ι	Ψ	Ι	Ν	Α	Τ	Α	Ε	Τ	Υ	Ψ	Γ	Υ	Γ
Ε	Ί	Δ	Χ	Ι	Ψ	Μ	Ρ	Π	Δ	Ξ	Β	Υ	Σ	Ο	Ε
Ω	Ε	Ρ	Τ	Β	Ά	Β	Υ	Λ	Α	Π	Τ	Ί	Ξ	Ω	Σ
Ο	Σ	Δ	Γ	Υ	Έ	Χ	Α	Ι	Ο	Β	Β	Ψ	Χ	Ε	Ί

ΠΡΌΓΟΝΟΣ
ΞΑΔΈΡΦΗ
ΠΑΙΔΊ
ΓΥΝΑΊΚΑ
ΚΌΡΗ
ΑΔΕΛΦΟΣ
ΓΙΑΓΙΆ
ΠΑΠΠΟΎΣ
ΔΊΔΥΜΑ
ΣΎΖΥΓΟΣ
ΜΗΤΡΙΚΉ
ΜΗΤΈΡΑ
ΑΝΙΨΙΌΣ
ΑΝΙΨΙΆ
ΘΕΊΟΣ
ΠΑΤΡΙΚΉ
ΕΓΓΟΝΌΣ
ΠΑΤΈΡΑΣ
ΑΔΕΛΦΉ
ΘΕΊΑ

82 - Oiseaux

Ψ	Ν	Β	Ο	Δ	Σ	Γ	Λ	Γ	Σ	Υ	Α	Χ	Ε	Ί	Φ
Κ	Ω	Ι	Έ	Ι	Μ	Ω	Χ	Ω	Ο	Τ	Ω	Έ	Τ	Ο	Λ
Π	Α	Ι	Τ	Τ	Σ	Ε	Χ	Ε	Β	Ρ	Π	Β	Χ	Ν	Α
Ι	Ψ	Ν	Λ	Σ	Ό	Τ	Ε	Α	Μ	Ξ	Έ	Λ	Λ	Δ	Μ
Γ	Ε	Ώ	Α	Ο	Ε	Υ	Ψ	Δ	Ί	Ρ	Γ	Ω	Π	Δ	Ί
Κ	Κ	Γ	Ι	Ρ	Έ	Τ	Σ	Ι	Ρ	Ε	Π	Ι	Η	Η	Ν
Ο	Ο	Α	Η	Ά	Ί	Τ	Ο	Υ	Κ	Ά	Ν	Ω	Χ	Σ	Γ
Υ	Ύ	Π	Ο	Λ	Π	Ν	Ω	Ω	Α	Ξ	Ξ	Ι	Χ	Ο	Κ
Ί	Κ	Ξ	Η	Γ	Υ	Ε	Ι	Κ	Ά	Ρ	Ο	Κ	Ο	Ν	Ο
Ν	Ο	Α	Ί	Π	Α	Ο	Λ	Υ	Ο	Π	Ό	Τ	Ο	Κ	Ω
Ο	Σ	Ο	Ι	Δ	Ω	Ρ	Ε	Α	Τ	Ρ	Χ	Ν	Ν	Ύ	Ε
Σ	Ω	Ν	Α	Π	Ι	Τ	Ί	Γ	Ρ	Υ	Ο	Π	Σ	Κ	Α
Ω	Ε	Π	Σ	Γ	Ά	Σ	Ο	Λ	Ά	Γ	Α	Π	Α	Π	Ο
Π	Ι	Η	Λ	Λ	Λ	Π	Ο	Ο	Ε	Ρ	Ό	Ρ	Γ	Ι	Έ
Π	Ε	Λ	Ε	Κ	Α	Ν	Η	Δ	Ξ	Ι	Ρ	Σ	Σ	Ο	Ε
Τ	Α	Δ	Ε	Δ	Υ	Ω	Ψ	Α	Υ	Γ	Ό	Χ	Ή	Ν	Α

ΑΕΤΌΣ
ΠΆΠΙΑ
ΚΑΝΑΡΊΝΙ
ΠΕΛΑΡΓΌΣ
ΠΕΡΙΣΤΈΡΙ
ΚΟΡΆΚΙ
ΚΟΎΚΟΣ
ΚΎΚΝΟΣ
ΦΛΑΜΊΝΓΚΟ
ΕΡΩΔΙΟΣ
ΠΙΓΚΟΥΊΝΟΣ
ΣΠΟΥΡΓΊΤΙ
ΓΛΆΡΟΣ
ΑΥΓΌ
ΧΉΝΑ
ΠΑΓΏΝΙ
ΠΑΠΑΓΆΛΟΣ
ΠΕΛΕΚΑΝ
ΚΟΤΌΠΟΥΛΟ
ΤΟΥΚΆΝ

83 - Disciplines Scientifiques

Β	Β	Α	Σ	Μ	Δ	Β	Υ	Β	Π	Π	Χ	Α	Ψ	Α	Ο
Ο	Ι	Ί	Σ	Ί	Ε	Ρ	Έ	Ψ	Μ	Ο	Ω	Ί	Υ	Ν	Μ
Τ	Ο	Γ	Ω	Τ	Ι	Τ	Γ	Μ	Υ	Έ	Λ	Γ	Χ	Α	Ω
Α	Λ	Ο	Α	Β	Ρ	Χ	Ε	Η	Ψ	Ο	Η	Ο	Ο	Τ	Ί
Ν	Ο	Λ	Ί	Λ	Τ	Ο	Λ	Ω	Π	Ξ	Ε	Λ	Λ	Ο	Λ
Ι	Γ	Ο	Ε	Γ	Η	Ί	Ν	Έ	Ρ	Π	Μ	Ο	Ο	Μ	Τ
Κ	Ί	Ι	Μ	Ί	Λ	Ψ	Ξ	Ο	Τ	Ο	Ω	Κ	Γ	Ί	Μ
Ή	Α	Σ	Η	Ί	Η	Ω	Έ	Λ	Μ	Π	Λ	Ι	Ί	Α	Ή
Σ	Ί	Υ	Χ	Υ	Δ	Ψ	Σ	Σ	Ξ	Ί	Δ	Ο	Α	Γ	Κ
Π	Ω	Φ	Ο	Ε	Γ	Τ	Δ	Σ	Υ	Α	Α	Δ	Γ	Α	Ι
Ψ	Ή	Κ	Ι	Μ	Α	Ν	Υ	Δ	Ο	Μ	Ρ	Ε	Θ	Ί	Ν
Γ	Π	Ε	Β	Ί	Η	Α	Ί	Γ	Ο	Λ	Ω	Ε	Γ	Ε	Α
Α	Ρ	Χ	Α	Ι	Ο	Λ	Ο	Γ	Ί	Α	Ο	Έ	Ί	Μ	Χ
Ο	Ρ	Υ	Κ	Τ	Ο	Λ	Ο	Γ	Ί	Α	Ρ	Γ	Υ	Η	Η
Η	Ν	Ε	Υ	Ρ	Ο	Λ	Ο	Γ	Ί	Α	Ε	Γ	Ί	Χ	Μ
Δ	Μ	Γ	Τ	Α	Ν	Ο	Σ	Ο	Λ	Ο	Γ	Ί	Α	Α	Η

ΑΝΑΤΟΜΊΑ
ΑΡΧΑΙΟΛΟΓΊΑ
ΑΣΤΡΟΝΟΜΊΑ
ΒΙΟΧΗΜΕΊΑ
ΒΙΟΛΟΓΊΑ
ΒΟΤΑΝΙΚΉ
ΧΗΜΕΊΑ
ΟΙΚΟΛΟΓΊΑ
ΓΕΩΛΟΓΊΑ
ΑΝΟΣΟΛΟΓΊΑ
ΓΛΩΣΣΟΛΟΓΊΑ
ΜΗΧΑΝΙΚΉ
ΜΕΤΕΩΡΟΛΟΓΊΑ
ΟΡΥΚΤΟΛΟΓΊΑ
ΝΕΥΡΟΛΟΓΊΑ
ΦΥΣΙΟΛΟΓΊΑ
ΨΥΧΟΛΟΓΊΑ
ΘΕΡΜΟΔΥΝΑΜΙΚΉ

84 - Maladie

Χ	Ψ	Χ	Ν	Χ	Ν	Η	Η	Α	Ό	Ε	Π	Η	Γ	Β	Δ
Α	Λ	Β	Β	Ο	Λ	Ε	Χ	Ή	Κ	Ι	Τ	Ε	Ν	Ε	Γ
Α	Ί	Ξ	Ε	Υ	Ε	Ή	Υ	Ά	Ι	Δ	Ρ	Α	Κ	Ο	Α
Ν	Σ	Β	Έ	Λ	Σ	Κ	Θ	Ρ	Τ	Ο	Ρ	Υ	Γ	Σ	Λ
Ό	Ι	Υ	Υ	Δ	Π	Ι	Ε	Ι	Ο	Ο	Υ	Χ	Α	Φ	Λ
Γ	Ί	Ή	Λ	Ω	Β	Τ	Ρ	Λ	Δ	Π	Ε	Π	Γ	Υ	Ε
Ο	Ε	Κ	Έ	Ί	Δ	Σ	Α	Ψ	Α	Η	Ά	Δ	Ρ	Ϊ	Ρ
Θ	Ρ	Ι	Ε	Μ	Α	Υ	Π	Ρ	Τ	Ξ	Τ	Θ	Ψ	Κ	Γ
Α	Η	Μ	Ρ	Σ	Μ	Ε	Ε	Γ	Ε	Ο	Σ	Η	Ε	Ή	Ί
Π	Ο	Ο	Σ	Η	Ώ	Ν	Ί	Α	Μ	Η	Ο	Ν	Μ	Ι	Α
Υ	Τ	Ν	Ν	Ο	Σ	Π	Α	Έ	Χ	Μ	Υ	Ρ	Ν	Π	Α
Γ	Κ	Ο	Ι	Λ	Ι	Α	Κ	Ή	Ν	Ο	Μ	Γ	Ε	Λ	Φ
Ε	Ο	Ρ	Ή	Κ	Ι	Ν	Ο	Μ	Υ	Ε	Ν	Π	Ψ	Ρ	Δ
Ί	Η	Η	Η	Ί	Ξ	Α	Ό	Έ	Ω	Ε	Λ	Λ	Έ	Ο	Υ
Α	Ρ	Λ	Ι	Η	Ο	Μ	Ο	Ρ	Δ	Ν	Ύ	Σ	Υ	Η	Ν
Β	Ο	Κ	Π	Δ	Ο	Τ	Ν	Τ	Χ	Β	Δ	Γ	Μ	Χ	Ι

ΚΟΙΛΙΑΚΉ
ΑΛΛΕΡΓΊΑ
ΕΥΕΞΊΑ
ΧΡΌΝΙΟΣ
ΜΕΤΑΔΟΤΙΚΌ
ΣΏΜΑ
ΚΑΡΔΙΆ
ΓΕΝΕΤΙΚΉ
ΚΛΗΡΟΝΟΜΙΚΉ
ΑΣΥΛΊΑ
ΦΛΕΓΜΟΝΉ
ΟΣΦΥΪΚΉ
ΝΕΥΡΟΠΆΘΕΙΑ
ΟΣΤΆ
ΠΑΘΟΓΌΝΑ
ΠΝΕΥΜΟΝΙΚΉ
ΑΝΑΠΝΕΥΣΤΙΚΉ
ΥΓΕΊΑ
ΣΎΝΔΡΟΜΟ
ΘΕΡΑΠΕΊΑ

85 - Univers

Ο	Υ	Ρ	Ά	Ν	Ι	Ο	Χ	Σ	Α	Α	Β	Σ	Ρ	Η	Γ
Γ	Η	Α	Ί	Μ	Ο	Ν	Ο	Ρ	Τ	Σ	Α	Ο	Λ	Λ	Ε
Κ	Ο	Σ	Μ	Ι	Κ	Ή	Ψ	Σ	Β	Τ	Ρ	Μ	Χ	Ι	Ω
Γ	Ξ	Ρ	Υ	Έ	Η	Ί	Π	Λ	Ψ	Ε	Ι	Ό	Η	Α	Γ
Ο	Α	Τ	Ν	Ο	Ζ	Ί	Ρ	Ο	Π	Ρ	Α	Ν	Υ	Κ	Ρ
Τ	Ν	Λ	Δ	Γ	Ν	Χ	Σ	Ω	Η	Ο	Φ	Ο	Χ	Ή	Α
Ξ	Δ	Α	Α	Τ	Ρ	Ο	Χ	Ι	Ά	Ε	Σ	Ρ	Ν	Χ	Φ
Δ	Λ	Ί	Ί	Ξ	Β	Π	Ψ	Δ	Ρ	Ι	Ό	Τ	Έ	Ο	Ι
Σ	Γ	Ι	Μ	Β	Ί	Π	Ε	Ά	Ί	Δ	Μ	Σ	Ψ	Λ	Κ
Ρ	Τ	Ν	Μ	Γ	Ν	Α	Ί	Τ	Ί	Ή	Τ	Α	Ρ	Ο	Ό
Φ	Ε	Γ	Γ	Ά	Ρ	Ι	Σ	Ο	Ν	Σ	Α	Έ	Έ	Α	Η
Ί	Λ	Λ	Β	Ο	Ι	Π	Ό	Κ	Σ	Ε	Λ	Η	Τ	Λ	Υ
Ν	Ν	Μ	Τ	Λ	Η	Σ	Λ	Σ	Ό	Ν	Α	Ρ	Υ	Ο	Χ
Χ	Ι	Σ	Η	Μ	Ε	Ρ	Ι	Ν	Ό	Σ	Η	Π	Ι	Μ	Β
Ο	Η	Λ	Ι	Ο	Σ	Τ	Ά	Σ	Ι	Ο	Ι	Δ	Ώ	Ζ	Έ
Η	Μ	Ι	Σ	Φ	Α	Ί	Ρ	Ι	Ο	Ν	Μ	Η	Σ	Ί	Ρ

ΑΣΤΕΡΟΕΙΔΉΣ
ΑΣΤΡΟΝΌΜΟΣ
ΑΣΤΡΟΝΟΜΊΑ
ΑΤΜΌΣΦΑΙΡΑ
ΟΥΡΆΝΙΟ
ΟΥΡΑΝΌΣ
ΚΟΣΜΙΚΉ
ΙΣΗΜΕΡΙΝΌΣ
ΓΑΛΑΞΊΑΣ
ΗΜΙΣΦΑΊΡΙΟ
ΟΡΊΖΟΝΤΑ
ΓΕΩΓΡΑΦΙΚΌ
ΦΕΓΓΆΡΙ
ΣΚΟΤΆΔΙ
ΤΡΟΧΙΆ
ΗΛΙΑΚΉ
ΗΛΙΟΣΤΆΣΙΟ
ΤΗΛΕΣΚΌΠΙΟ
ΟΡΑΤΉ
ΖΏΔΙΟ

86 - Géographie

Μ	Σ	Ο	Ρ	Ι	Ε	Π	Ή	Ν	Ν	Μ	Λ	Δ	Ο	Τ	Γ
Η	Τ	Ρ	Ά	Χ	Ώ	Ρ	Α	Η	Λ	Ό	Π	Σ	Π	Έ	Ψ
Σ	Λ	Τ	Ά	Δ	Ν	Β	Α	Σ	Χ	Έ	Λ	Γ	Ν	Γ	Π
Ύ	Ω	Ε	Β	Τ	Ι	Τ	Ι	Ί	Ι	Δ	Σ	Γ	Μ	Ι	Ν
Δ	Γ	Μ	Υ	Λ	Λ	Π	Ψ	Β	Η	Χ	Β	Ε	Ε	Ξ	Μ
Ρ	Ξ	Ό	Ν	Μ	Ν	Α	Τ	Έ	Λ	Η	Β	Ω	Σ	Ξ	Ξ
Ω	Λ	Ψ	Ν	Ι	Έ	Δ	Ν	Σ	Έ	Μ	Χ	Γ	Η	Ν	Γ
Β	Χ	Υ	Ί	Ί	Δ	Ξ	Η	Τ	Χ	Έ	Έ	Ρ	Μ	Β	Δ
Λ	Χ	Έ	Έ	Λ	Α	Ρ	Τ	Ι	Α	Δ	Λ	Α	Β	Β	Ε
Β	Ο	Υ	Ν	Ό	Φ	Λ	Λ	Ε	Ι	Η	Η	Φ	Ρ	Ο	Γ
Σ	Ό	Μ	Α	Τ	Ο	Π	Ί	Ο	Ί	Χ	Γ	Ι	Ι	Ρ	Λ
Ν	Ί	Ί	Σ	Ε	Σ	Ό	Ν	Α	Ε	Κ	Ω	Κ	Ν	Ρ	Λ
Ό	Ο	Β	Ψ	Ό	Ρ	Π	Ξ	Δ	Υ	Γ	Σ	Ό	Ό	Ά	Ι
Τ	Ψ	Σ	Π	Π	Κ	Θ	Ά	Λ	Α	Σ	Σ	Α	Ο	Δ	Ψ
Ι	Υ	Τ	Χ	Δ	Ν	Μ	Α	Ω	Π	Ε	Ρ	Ι	Ο	Χ	Ή
Α	Μ	Η	Τ	Ω	Η	Μ	Ι	Σ	Φ	Α	Ί	Ρ	Ι	Ο	Α

ΥΨΌΜΕΤΡΟ
ΆΤΛΑΝΤΑ
ΧΆΡΤΗ
ΉΠΕΙΡΟΣ
ΠΟΤΑΜΌΣ
ΗΜΙΣΦΑΊΡΙΟ
ΝΗΣΊ
ΓΕΩΓΡΑΦΙΚΌ
ΘΆΛΑΣΣΑ
ΜΕΣΗΜΒΡΙΝΌ
ΚΌΣΜΟ
ΒΟΥΝΌ
ΒΟΡΡΆ
ΩΚΕΑΝΌΣ
ΔΎΣΗ
ΧΏΡΑ
ΠΕΡΙΟΧΉ
ΝΌΤΙΑ
ΈΔΑΦΟΣ
ΠΌΛΗ

87 - Danse

Π	Γ	Π	Η	Σ	Ο	Τ	Ψ	Γ	Ξ	Έ	Ο	Ψ	Ο	Π	Π
Ύ	Ο	Μ	Θ	Υ	Ρ	Ο	Τ	Ω	Α	Π	Δ	Ξ	Χ	Α	Α
Ξ	Ί	Λ	Σ	Υ	Γ	Κ	Ί	Ν	Η	Σ	Η	Σ	Υ	Ρ	Ρ
Σ	Έ	Ί	Ι	Χ	Ο	Ρ	Ο	Γ	Ρ	Α	Φ	Ί	Α	Α	Τ
Ι	Ώ	Ε	Ρ	Τ	Π	Λ	Ί	Χ	Ά	Λ	Λ	Λ	Λ	Δ	Ε
Μ	Ω	Μ	Σ	Λ	Ι	Ψ	Σ	Ί	Χ	Β	Λ	Π	Χ	Ο	Ν
Ε	Α	Π	Α	Ρ	Η	Σ	Η	Ν	Ί	Κ	Μ	Λ	Β	Σ	Έ
Χ	Ο	Π	Τ	Ι	Κ	Ή	Τ	Τ	Έ	Χ	Ν	Η	Χ	Ι	Ρ
Α	Ί	Μ	Η	Δ	Α	Κ	Α	Ι	Ρ	Μ	Ψ	Γ	Ν	Α	Ξ
Ρ	Λ	Ν	Μ	Ψ	Β	Δ	Ξ	Ψ	Κ	Ι	Ρ	Η	Ρ	Κ	Ρ
Ο	Ψ	Ψ	Ο	Σ	Ό	Ε	Ν	Η	Ξ	Ή	Μ	Χ	Δ	Ή	Ξ
Ύ	Ω	Η	Υ	Υ	Ρ	Ε	Κ	Φ	Ρ	Α	Σ	Τ	Ι	Κ	Ή
Μ	Μ	Ψ	Σ	Ι	Π	Τ	Έ	Ε	Β	Γ	Ψ	Ξ	Έ	Ί	Ω
Ε	Ε	Ω	Ι	Ά	Π	Ο	Λ	Ι	Τ	Ι	Σ	Μ	Ό	Σ	Χ
Ν	Μ	Γ	Κ	Λ	Τ	Ι	Δ	Ο	Α	Π	Σ	Χ	Α	Υ	Σ
Ο	Υ	Ξ	Ή	Κ	Ι	Σ	Α	Λ	Κ	Ω	Γ	Ω	Ί	Σ	Ν

ΑΚΑΔΗΜΊΑ
ΤΈΧΝΗ
ΧΟΡΟΓΡΑΦΊΑ
ΚΛΑΣΙΚΉ
ΣΏΜΑ
ΠΟΛΙΤΙΣΜΌΣ
ΠΟΛΙΤΙΣΤΙΚΉ
ΕΚΦΡΑΣΤΙΚΉ
ΣΥΓΚΊΝΗΣΗ
ΧΆΡΗ
ΧΑΡΟΎΜΕΝΟ
ΚΊΝΗΣΗ
ΜΟΥΣΙΚΉ
ΠΑΡΤΕΝΈΡ
ΣΤΆΣΗ
ΠΡΌΒΑ
ΡΥΘΜΟΎ
ΠΑΡΑΔΟΣΙΑΚΉ
ΟΠΤΙΚΉ

88 - Bâtiments

Π	Α	Γ	Ρ	Ό	Κ	Τ	Η	Μ	Α	Γ	Σ	Γ	Τ	Ε	Σ
Υ	Ρ	Η	Β	Ι	Μ	Ε	Έ	Μ	Τ	Α	Χ	Σ	Υ	Ρ	Ν
Λ	Ω	Ε	Π	Γ	Σ	Β	Ι	Π	Ο	Μ	Ο	Ε	Κ	Γ	Ν
Η	Α	Μ	Σ	Ι	Ρ	Έ	Μ	Α	Ι	Δ	Λ	Ι	Ά	Α	Μ
Υ	Μ	Ω	Ω	Β	Α	Ρ	Ζ	Ρ	Μ	Ι	Ε	Β	Σ	Σ	Ο
Α	Υ	Ι	Ί	Π	Ε	Ω	Ά	Α	Ή	Ε	Ί	Α	Τ	Τ	Υ
Η	Ψ	Γ	Μ	Ύ	Σ	Ί	Ρ	Τ	Τ	Ξ	Ο	Χ	Ρ	Ή	Σ
Κ	Λ	Ε	Τ	Ρ	Τ	Ψ	Α	Η	Σ	Ε	Β	Υ	Ο	Ρ	Ε
Ω	Α	Τ	Δ	Γ	Ά	Μ	Κ	Ρ	Ι	Ν	Ξ	Ρ	Ξ	Ι	Ί
Έ	Η	Μ	Έ	Ο	Δ	Μ	Γ	Η	Π	Ο	Δ	Ώ	Ε	Ο	Ο
Σ	Έ	Μ	Π	Σ	Ι	Α	Ρ	Τ	Ε	Δ	Ή	Ν	Η	Κ	Σ
Λ	Τ	Μ	Α	Ί	Ο	Χ	Χ	Ή	Ν	Ο	Ε	Α	Ο	Ι	Ε
Λ	Τ	Ε	Ψ	Ρ	Ν	Ρ	Υ	Ρ	Α	Χ	Δ	Υ	Α	Ί	Μ
Μ	Ά	Ρ	Κ	Ε	Τ	Α	Ο	Ι	Π	Ε	Ι	Β	Γ	Π	Ω
Ω	Α	Λ	Α	Η	Έ	Ο	Δ	Ο	Ν	Ί	Γ	Ι	Ε	Γ	Ί
Ν	Ο	Σ	Ο	Κ	Ο	Μ	Ε	Ί	Ο	Ο	Ρ	Τ	Α	Έ	Θ

ΠΡΕΣΒΕΊΑ
ΔΙΑΜΈΡΙΣΜΑ
ΚΑΜΠΊΝΑ
ΚΆΣΤΡΟ
ΣΧΟΛΕΊΟ
ΑΓΡΌΚΤΗΜΑ
ΓΚΑΡΆΖ
ΑΧΥΡΏΝΑ
ΝΟΣΟΚΟΜΕΊΟ
ΞΕΝΟΔΟΧΕΊΟ
ΕΡΓΑΣΤΉΡΙΟ
ΜΟΥΣΕΊΟ
ΠΑΡΑΤΗΡΗΤΉΡΙΟ
ΣΤΆΔΙΟ
ΜΆΡΚΕΤ
ΣΚΗΝΉ
ΘΈΑΤΡΟ
ΠΎΡΓΟΣ
ΠΑΝΕΠΙΣΤΉΜΙΟ

89 - Activités et Loisirs

Τ	Π	Ω	Χ	Υ	Ν	Σ	Π	Η	Μ	Ί	Σ	Σ	Ξ	Χ	Έ
Έ	Ε	Σ	Π	Ν	Ν	Ο	Ε	Π	Ω	Ν	Χ	Έ	Β	Α	Ξ
Χ	Λ	Κ	Α	Τ	Α	Δ	Ύ	Σ	Ε	Ι	Σ	Ρ	Σ	Λ	Ω
Ν	Τ	Ο	Ω	Ψ	Τ	Δ	Ζ	Τ	Ί	Ε	Λ	Φ	Τ	Α	Β
Η	Α	Ρ	Π	Π	Ν	Γ	Χ	Ω	Ρ	Υ	Ι	Ι	Τ	Ρ	Ό
Ψ	Ξ	Ι	Π	Μ	Ό	Χ	Ψ	Ο	Γ	Γ	Β	Ν	Έ	Ω	Λ
Ά	Ί	Α	Ρ	Γ	Ζ	Έ	Β	Μ	Τ	Ρ	Ν	Γ	Ν	Τ	Ε
Ρ	Δ	Φ	Κ	Γ	Ν	Ι	Π	Μ	Ά	Κ	Α	Κ	Ι	Ι	Ϊ
Ε	Ι	Σ	Ν	Ε	Δ	Τ	Έ	Γ	Ω	Ν	Η	Φ	Σ	Κ	Ο
Μ	Ε	Ό	Σ	Α	Ί	Ρ	Ο	Π	Ο	Ζ	Ε	Π	Ι	Ό	Ί
Α	Σ	Δ	Τ	Ε	Κ	Σ	Ά	Π	Μ	Δ	Η	Γ	Τ	Κ	Δ
Ω	Α	Ο	Ξ	Λ	Ι	Τ	Σ	Λ	Ω	Γ	Β	Κ	Ξ	Ε	Ή
Κ	Η	Π	Ο	Υ	Ρ	Ι	Κ	Ή	Λ	Χ	Χ	Ο	Ω	Η	Ρ
Π	Σ	Σ	Π	Ω	Γ	Η	Σ	Η	Β	Μ	Ύ	Λ	Ο	Κ	Τ
Έ	Τ	Υ	Μ	Ο	Λ	Ι	Β	Υ	Ι	Υ	Β	Φ	Τ	Μ	Σ
Η	Π	Α	Η	Ω	Ν	Ε	Ψ	Ί	Λ	Γ	Ί	Λ	Ξ	Λ	Δ

ΤΈΧΝΗ
ΜΠΈΙΖΜΠΟΛ
ΜΠΆΣΚΕΤ
ΜΠΟΞ
ΚΆΜΠΙΝΓΚ
ΠΟΔΌΣΦΑΙΡΟ
ΓΚΟΛΦ
ΚΗΠΟΥΡΙΚΉ
ΚΟΛΎΜΒΗΣΗ
ΧΌΜΠΙ
ΖΩΓΡΑΦΙΚΉ
ΨΆΡΕΜΑ
ΚΑΤΑΔΎΣΕΙΣ
ΠΕΖΟΠΟΡΊΑ
ΧΑΛΑΡΩΤΙΚΌ
ΣΈΡΦΙΝΓΚ
ΤΈΝΙΣ
ΒΌΛΕΪ
ΤΑΞΊΔΙ

90 - Livres

Ι	Α	Ί	Ρ	Ο	Τ	Σ	Ι	Ε	Γ	Π	Β	Δ	Μ	Ο	Ε
Σ	Β	Τ	Η	Σ	Η	Ί	Ο	Π	Γ	Ι	Μ	Ν	Σ	Χ	Φ
Τ	Α	Μ	Η	Ρ	Ό	Τ	Σ	Ι	Θ	Υ	Μ	Ε	Π	Ι	Ε
Ο	Λ	Ξ	Π	Τ	Ρ	Σ	Γ	Κ	Έ	Ω	Β	Χ	Ε	Ι	Υ
Ρ	Β	Χ	Ν	Ψ	Ό	Υ	Ο	Ή	Γ	Ο	Λ	Λ	Υ	Σ	Ρ
Ι	Ξ	Ι	Ρ	Π	Α	Κ	Ι	Π	Ε	Ι	Λ	Π	Λ	Η	Ε
Κ	Α	Ι	Ε	Τ	Έ	Π	Ι	Ρ	Ε	Π	Έ	Ο	Ο	Τ	Τ
Ό	Π	Λ	Α	Ί	Σ	Ι	Ο	Δ	Ο	Ι	Ι	Ί	Γ	Σ	Ι
Τ	Ρ	Α	Γ	Ι	Κ	Ή	Ι	Υ	Α	Χ	Υ	Η	Ο	Ώ	Κ
Σ	Υ	Γ	Γ	Ρ	Α	Φ	Έ	Α	Σ	Υ	Α	Μ	Τ	Ν	Ή
Ξ	Ά	Ω	Ω	Ε	Β	Γ	Ί	Α	Η	Ξ	Δ	Α	Ε	Γ	Κ
Χ	Ρ	Λ	Χ	Π	Δ	Β	Ρ	Τ	Ε	Υ	Ρ	Ί	Χ	Α	Ι
Χ	Ι	Ο	Υ	Μ	Ο	Ρ	Ι	Σ	Τ	Ι	Κ	Ό	Ν	Ν	Τ
Σ	Ε	Λ	Ί	Δ	Α	Ο	Σ	Ω	Σ	Ξ	Μ	Η	Ι	Α	Ε
Ω	Σ	Α	Φ	Η	Γ	Η	Τ	Ή	Σ	Ψ	Δ	Χ	Κ	Χ	Χ
Έ	Χ	Ξ	Υ	Ε	Ξ	Ν	Τ	Α	Ο	Ο	Ω	Τ	Ή	Τ	Σ

ΣΥΓΓΡΑΦΈΑΣ
ΠΕΡΙΠΈΤΕΙΑ
ΣΥΛΛΟΓΉ
ΠΛΑΊΣΙΟ
ΔΥΑΔΙΚΌΤΗΤΑ
ΕΠΙΚΉ
ΙΣΤΟΡΊΑ
ΙΣΤΟΡΙΚΌ
ΧΙΟΥΜΟΡΙΣΤΙΚΌ
ΕΦΕΥΡΕΤΙΚΉ
ΑΝΑΓΝΏΣΤΗΣ
ΛΟΓΟΤΕΧΝΙΚΉ
ΑΦΗΓΗΤΉΣ
ΣΕΛΊΔΑ
ΣΧΕΤΙΚΉ
ΠΟΊΗΜΑ
ΠΟΊΗΣΗ
ΜΥΘΙΣΤΌΡΗΜΑ
ΣΕΙΡΆ
ΤΡΑΓΙΚΉ

91 - Pays #2

Ψ	Σ	Π	Ο	Β	Η	Η	Τ	Γ	Ι	Ι	Ξ	Χ	Υ	Ψ	Γ
Ι	Ρ	Λ	Α	Ν	Δ	Ί	Α	Υ	Ρ	Τ	Α	Ι	Σ	Δ	Π
Δ	Λ	Χ	Ί	Έ	Β	Ε	Υ	Ω	Ί	Μ	Υ	Ρ	Ι	Σ	Α
Ψ	Α	Ί	Λ	Ί	Ο	Τ	Μ	Ε	Γ	Μ	Ε	Ρ	Ν	Η	Κ
Ω	Ν	Μ	Λ	Ν	Ι	Χ	Μ	Ο	Σ	Μ	Ί	Ξ	Δ	Ν	Ι
Ί	Ί	Σ	Α	Ί	Ν	Α	Ρ	Κ	Υ	Ο	Χ	Ι	Ο	Β	Σ
Β	Λ	Ο	Γ	Ψ	Ο	Ψ	Π	Χ	Π	Ε	Ε	Σ	Ν	Ρ	Τ
Α	Τ	Ν	Ά	Κ	Γ	Υ	Ο	Ω	Έ	Ε	Ε	Ο	Η	Ε	Ά
Α	Ψ	Α	Ϊ	Τ	Ή	Ι	Ε	Π	Ν	Ο	Ι	Μ	Σ	Ί	Ν
Γ	Γ	Β	Ί	Ρ	Ω	Σ	Ί	Α	Δ	Ί	Π	Α	Ί	Σ	Ν
Υ	Ι	Ί	Ξ	Ν	Σ	Ο	Υ	Δ	Ά	Ν	Α	Λ	Α	Υ	Ε
Χ	Τ	Λ	Λ	Υ	Α	Λ	Ά	Ο	Σ	Χ	Κ	Ί	Μ	Ρ	Χ
Η	Ψ	Ω	Ξ	Σ	Ι	Β	Υ	Ο	Έ	Σ	Έ	Α	Ν	Ί	Κ
Υ	Χ	Π	Τ	Η	Ί	Ι	Λ	Έ	Π	Ι	Ν	Β	Π	Α	Η
Τ	Ζ	Α	Μ	Ά	Ι	Κ	Α	Α	Ο	Τ	Υ	Β	Β	Σ	Δ
Μ	Ε	Ξ	Ι	Κ	Ό	Μ	Χ	Ί	Ν	Ν	Α	Χ	Η	Χ	Ο

ΑΛΒΑΝΊΑ
ΚΊΝΑ
ΔΑΝΊΑ
ΓΑΛΛΊΑ
ΑΪΤΉ
ΙΝΔΟΝΗΣΊΑ
ΙΡΛΑΝΔΊΑ
ΤΖΑΜΆΙΚΑ
ΙΑΠΩΝΊΑ
ΚΈΝΥΑ
ΛΆΟΣ
ΛΊΒΑΝΟΣ
ΜΕΞΙΚΌ
ΟΥΓΚΆΝΤΑ
ΠΑΚΙΣΤΆΝ
ΡΩΣΊΑ
ΣΟΜΑΛΊΑ
ΣΟΥΔΆΝ
ΣΥΡΊΑ
ΟΥΚΡΑΝΊΑ

92 - Eau

Ξ	Έ	Η	Ε	Δ	Έ	Ξ	Τ	Δ	Χ	Σ	Χ	Γ	Ί	Χ	Υ
Τ	Α	Σ	Υ	Α	Ν	Ν	Γ	Ψ	Π	Ά	Γ	Ο	Σ	Ι	Γ
Ω	Ί	Β	Π	Έ	Ι	Μ	Τ	Ι	Ι	Ω	Σ	Μ	Ό	Ό	Ρ
Ξ	Ψ	Χ	Ξ	Έ	Τ	Β	Ά	Ο	Σ	Υ	Ω	Ι	Ν	Ν	Α
Δ	Ω	Β	Η	Σ	Ξ	Τ	Ι	Β	Υ	Ω	Ω	Σ	Α	Ι	Σ
Σ	Ρ	Σ	Έ	Π	Ε	Ω	Ν	Χ	Ω	Σ	Χ	Ό	Ε	Λ	Ί
Έ	Ψ	Μ	Σ	Γ	Ο	Ε	Ω	Ξ	Ε	Σ	Μ	Π	Κ	Ά	Α
Ο	Ε	Η	Χ	Υ	Ω	Τ	Γ	Ψ	Ω	Α	Ί	Μ	Ω	Ν	Σ
Ψ	Μ	Δ	Ω	Έ	Β	Υ	Α	Π	Έ	Β	Β	Γ	Ξ	Α	Τ
Κ	Ύ	Μ	Α	Τ	Α	Χ	Π	Μ	Α	Τ	Μ	Ο	Ύ	Κ	Υ
Π	Λ	Η	Μ	Μ	Ύ	Ρ	Α	Ρ	Ό	Ρ	Γ	Υ	Ί	Τ	Ν
Μ	Ο	Υ	Σ	Ώ	Ν	Α	Σ	Δ	Η	Σ	Υ	Ε	Δ	Ρ	Ά
Τ	Β	Ρ	Ο	Χ	Ή	Μ	Ν	Λ	Π	Π	Λ	Υ	Ω	Ε	Ι
Ε	Ξ	Ά	Τ	Μ	Ι	Σ	Η	Ν	Μ	Ί	Λ	Μ	Χ	Δ	Δ
Σ	Γ	Ί	Π	Ψ	Χ	Ι	Ο	Υ	Ρ	Ι	Κ	Α	Ν	Α	Σ
Ψ	Γ	Ρ	Ξ	Υ	Ψ	Β	Ι	Ξ	Λ	Ν	Γ	Ξ	Α	Ε	Ω

ΚΑΝΆΛΙ
ΝΤΟΥΣ
ΕΞΆΤΜΙΣΗ
ΠΟΤΑΜΌΣ
ΠΑΓΩΝΙΆ
ΠΆΓΟΣ
ΥΓΡΌ
ΥΓΡΑΣΊΑ
ΠΛΗΜΜΎΡΑ
ΆΡΔΕΥΣΗ
ΛΊΜΝΗ
ΜΟΥΣΏΝΑΣ
ΧΙΌΝΙ
ΩΚΕΑΝΌΣ
ΧΙΟΥΡΙΚΑΝΑΣ
ΒΡΟΧΉ
ΠΌΣΙΜΟ
ΚΎΜΑΤΑ
ΑΤΜΟΎ

93 - Jazz

Ο	Σ	Ί	Λ	Σ	Η	Η	Τ	Έ	Θ	Ν	Υ	Σ	Π	Μ	Ν
Τ	Ρ	Ι	Ι	Ό	Σ	Χ	Α	Ε	Η	Χ	Δ	Α	Β	Ο	Ξ
Ρ	Κ	Χ	Β	Λ	Χ	Χ	Ο	Λ	Χ	Ύ	Ο	Μ	Θ	Υ	Ρ
Α	Α	Ξ	Ή	Ο	Γ	Β	Ί	Β	Υ	Ν	Ε	Ψ	Σ	Σ	Τ
Γ	Λ	Τ	Η	Σ	Ε	Θ	Ν	Ύ	Σ	Π	Ι	Σ	Χ	Ι	Π
Ο	Λ	Τ	Δ	Ξ	Τ	Ρ	Δ	Ο	Λ	Ν	Δ	Κ	Σ	Κ	Τ
Ύ	Ι	Δ	Έ	Ε	Α	Ρ	Ω	Τ	Χ	Γ	Ν	Η	Ή	Ή	Ψ
Δ	Τ	Π	Χ	Χ	Σ	Μ	Α	Ν	Έ	Μ	Η	Π	Α	Γ	Α
Ι	Έ	Λ	Ε	Υ	Ο	Υ	Α	Έ	Ν	Ε	Ξ	Ρ	Η	Λ	Γ
Σ	Χ	Ί	Ε	Ψ	Δ	Ο	Ν	Λ	Ο	Ο	Δ	Ε	Ν	Ν	Η
Γ	Ν	Β	Ξ	Ω	Ί	Π	Α	Α	Έ	Ν	Ο	Τ	Ε	Ψ	Μ
Ξ	Η	Λ	Λ	Ω	Ε	Μ	Π	Τ	Υ	Έ	Μ	Φ	Α	Σ	Η
Ε	Σ	Π	Ρ	Β	Τ	Λ	Μ	Ό	Ι	Λ	Α	Π	Ν	Ξ	Σ
Α	Ρ	Ω	Α	Μ	Μ	Ά	Ύ	Π	Ν	Υ	Ί	Ξ	Λ	Έ	Ά
Η	Η	Ω	Η	Σ	Ι	Β	Τ	Υ	Υ	Τ	Ι	Α	Π	Μ	Ι
Ι	Ω	Ο	Τ	Τ	Σ	Ί	Ρ	Π	Β	Σ	Β	Ι	Μ	Ε	Δ

ΈΜΦΑΣΗ
ΆΛΜΠΟΥΜ
ΚΑΛΛΙΤΈΧΝΗΣ
ΔΙΆΣΗΜΗ
ΤΡΑΓΟΎΔΙ
ΣΥΝΘΈΤΗ
ΣΎΝΘΕΣΗ
ΣΥΝΑΥΛΊΑ
ΑΓΑΠΗΜΈΝΑ
ΕΊΔΟΣ
ΜΟΥΣΙΚΉ
ΝΈΑ
ΟΡΧΉΣΤΡΑ
ΡΥΘΜΟΎ
ΣΌΛΟ
ΣΤΥΛ
ΤΑΛΈΝΤΟ
ΤΎΜΠΑΝΑ
ΤΕΧΝΙΚΉ
ΠΑΛΙΌ

94 - Paysages

Σ	Σ	Έ	Υ	Γ	Ω	Ι	Β	Ψ	Ν	Ε	Η	Π	Β	Δ	Λ
Ρ	Σ	Π	Ε	Ρ	Α	Η	Έ	Τ	Ξ	Ί	Μ	Λ	Ο	Ε	Σ
Τ	Ο	Ύ	Ν	Δ	Ρ	Α	Ί	Λ	Α	Ρ	Α	Π	Υ	Ω	Ν
Τ	Τ	Ω	Η	Ω	Ι	Σ	Υ	Δ	Υ	Μ	Α	Ψ	Ν	Ψ	Π
Ί	Λ	Λ	Λ	Χ	Η	Ν	Χ	Λ	Μ	Β	Σ	Τ	Ό	Ν	Ο
Ι	Ά	Ω	Ξ	Ρ	Α	Α	Υ	Ν	Υ	Δ	Σ	Ι	Η	Σ	Τ
Χ	Β	Δ	Ο	Λ	Ο	Ι	Ε	Τ	Σ	Ί	Α	Φ	Η	Β	Α
Κ	Ε	Ε	Ι	Ψ	Γ	Ρ	Ε	Κ	Β	Ο	Λ	Ή	Ε	Δ	Μ
Έ	Ο	Ρ	Ε	Ρ	Ή	Μ	Ο	Υ	Ί	Φ	Ά	Χ	Α	Γ	Ό
Ρ	Ρ	Ι	Σ	Ό	Ν	Α	Ε	Κ	Ω	Ό	Θ	Χ	Υ	Υ	Σ
Ί	Ι	Η	Λ	Ό	Ψ	Ξ	Ί	Β	Μ	Λ	Ω	Χ	Ο	Ο	Ε
Τ	Υ	Υ	Ν	Ά	Ν	Κ	Α	Τ	Α	Ρ	Ρ	Ά	Κ	Τ	Η
Μ	Έ	Η	Η	Ό	Δ	Η	Ν	Μ	Ί	Λ	Γ	Ξ	Τ	Γ	Λ
Η	Ν	Ν	Σ	Α	Χ	Α	Σ	Α	Ν	Ώ	Τ	Ε	Γ	Α	Π
Ξ	Ί	Ω	Ί	Σ	Χ	Γ	Π	Ο	Ι	Α	Λ	Ή	Π	Σ	Μ
Ι	Χ	Έ	Ο	Η	Π	Α	Γ	Ό	Β	Ο	Υ	Ν	Ο	Ο	Τ

ΚΑΤΑΡΡΆΚΤΗ
ΛΌΦΟ
ΕΡΉΜΟΥ
ΕΚΒΟΛΉ
ΠΟΤΑΜΌΣ
ΠΑΓΕΤΏΝΑΣ
ΣΠΉΛΑΙΟ
ΠΑΓΌΒΟΥΝΟ
ΝΗΣΊ
ΛΊΜΝΗ
ΒΆΛΤΟΣ
ΘΆΛΑΣΣΑ
ΒΟΥΝΌ
ΌΑΣΗ
ΩΚΕΑΝΌΣ
ΧΕΡΣΌΝΗΣΟ
ΠΑΡΑΛΊΑ
ΤΟΎΝΔΡΑ
ΚΟΙΛΆΔΑ
ΗΦΑΊΣΤΕΙΟ

95 - Pays #1

Β	Ε	Έ	Α	Ί	Δ	Ν	Α	Λ	Ν	Ι	Φ	Β	Γ	Ε	Χ
Έ	Γ	Τ	Ί	Ι	Σ	Έ	Ι	Λ	Λ	Λ	Ψ	Τ	Α	Κ	Ι
Χ	Ξ	Τ	Ν	Ί	Γ	Π	Η	Κ	Ν	Ά	Ν	Ξ	Γ	Ο	Ρ
Β	Α	Υ	Α	Ί	Δ	Ν	Ι	Ψ	Α	Μ	Ε	Υ	Β	Υ	Υ
Ρ	Π	Ω	Μ	Υ	Ι	Ρ	Ν	Υ	Α	Ρ	Α	Ι	Ψ	Α	Χ
Α	Ί	Ω	Υ	Μ	Β	Υ	Ε	Λ	Ρ	Λ	Ά	Έ	Ρ	Δ	Ν
Ζ	Ι	Δ	Ο	Ν	Η	Ξ	Δ	Α	Γ	Ι	Δ	Γ	Σ	Ό	Μ
Ι	Ν	Α	Ρ	Π	Ά	Α	Τ	Π	Ε	Β	Α	Ί	Ο	Ρ	Ι
Λ	Ο	Λ	Χ	Α	Μ	Τ	Η	Χ	Ν	Ύ	Ν	Ι	Ξ	Υ	Ί
Ί	Ρ	Α	Ί	Ν	Α	Π	Σ	Ι	Τ	Η	Α	Υ	Η	Ε	Α
Α	Β	Ψ	Ε	Δ	Ν	Η	Χ	Ι	Ι	Ξ	Κ	Γ	Μ	Ρ	Ξ
Β	Η	Π	Ρ	Μ	Α	Ο	Ψ	Τ	Ν	Μ	Α	Ρ	Ό	Κ	Ο
Π	Γ	Β	Γ	Ο	Π	Ο	Ι	Λ	Ή	Α	Ρ	Σ	Ι	Ξ	Έ
Α	Ί	Ν	Ω	Λ	Ο	Π	Ψ	Ο	Ν	Α	Γ	Π	Μ	Ν	Χ
Ε	Α	Π	Ν	Ω	Ν	Ί	Π	Π	Ι	Λ	Ι	Φ	Χ	Μ	Λ
Γ	Ε	Ρ	Μ	Α	Ν	Ί	Α	Ί	Σ	Ψ	Δ	Χ	Α	Π	Μ

ΑΦΓΑΝΙΣΤΆΝ
ΓΕΡΜΑΝΊΑ
ΑΡΓΕΝΤΙΝΉ
ΒΡΑΖΙΛΊΑ
ΚΑΝΑΔΆ
ΙΣΠΑΝΊΑ
ΕΚΟΥΑΔΌΡ
ΦΙΝΛΑΝΔΊΑ
ΙΝΔΊΑ
ΙΣΡΑΉΛ
ΛΙΒΎΗ
ΜΆΛΙ
ΜΑΡΌΚΟ
ΝΙΚΑΡΆΓΟΥΑ
ΝΟΡΒΗΓΊΑ
ΠΑΝΑΜΆ
ΦΙΛΙΠΠΊΝΩΝ
ΠΟΛΩΝΊΑ
ΡΟΥΜΑΝΊΑ

96 - Nombres

Ι	Ξ	Ν	Ο	Α	Ο	Ί	Τ	Σ	Ί	Β	Τ	Ί	Ε	Γ	Δ
Ι	Μ	Η	Δ	Έ	Ν	Ξ	Ό	Ε	Π	Τ	Ά	Ξ	Ν	Η	Ε
Π	Ί	Α	Έ	Ν	Ν	Ε	Α	Κ	Ε	Δ	Χ	Ο	Ν	Ν	Κ
Δ	Ε	Κ	Δ	Λ	Χ	Τ	Σ	Β	Ι	Ξ	Έ	Κ	Έ	Ξ	Α
Π	Ί	Έ	Η	Σ	Χ	Ν	Χ	Ι	Σ	Δ	Ι	Τ	Α	Β	Τ
Δ	Τ	Δ	Μ	Η	Τ	Έ	Σ	Σ	Ε	Ρ	Α	Ώ	Ξ	Ε	Έ
Ε	Ί	Γ	Ά	Ο	Α	Π	Ω	Ο	Ω	Τ	Κ	Κ	Ξ	Ί	Σ
Κ	Π	Ε	Τ	Ν	Έ	Π	Α	Κ	Ε	Δ	Ε	Λ	Ε	Έ	Σ
Α	Λ	Ξ	Π	Ρ	Β	Τ	Ω	Ί	Ώ	Ε	Δ	Χ	Η	Δ	Ε
Τ	Ι	Έ	Ε	Ω	Ί	Ε	Δ	Ε	Τ	Έ	Ώ	Χ	Ψ	Χ	Ρ
Ρ	Χ	Τ	Α	Π	Ν	Α	Ε	Ύ	Κ	Ε	Δ	Υ	Β	Ι	Α
Ί	Δ	Ε	Κ	Α	Έ	Ξ	Ι	Β	Ο	Τ	Β	Ψ	Γ	Ω	Έ
Α	Ι	Υ	Ε	Ψ	Η	Ψ	Π	Η	Α	Έ	Β	Χ	Η	Έ	Γ
Ρ	Ι	Μ	Δ	Η	Ε	Η	Ε	Δ	Κ	Ν	Μ	Π	Σ	Ω	Λ
Ν	Μ	Α	Ε	Υ	Λ	Α	Τ	Δ	Ε	Ξ	Ε	Λ	Ι	Ξ	Ε
Λ	Έ	Ι	Ξ	Ρ	Η	Η	Έ	Μ	Δ	Τ	Τ	Ν	Έ	Λ	Γ

Π΄ΕΝΤΕ
Δ΄ΥΟ
ΔΕΚΑΔΙΚ΄Ο
Δ΄ΕΚΑ
ΔΕΚΑΟΚΤ΄Ω
ΔΕΚΑΕΝΝ΄ΕΑ
ΔΕΚΑΕΠΤ΄Α
Δ΄ΩΔΕΚΑ
ΟΚΤ΄Ω
ΕΝΝ΄ΕΑ
ΔΕΚΑΤ΄ΕΣΣΕΡΑ
Τ΄ΕΣΣΕΡΑ
ΔΕΚΑΠ΄ΕΝΤΕ
ΔΕΚΑ΄ΕΞΙ
ΕΠΤ΄Α
΄ΕΞΙ
ΔΕΚΑΤΡ΄ΙΑ
ΤΡ΄ΙΑ
Ε΄ΙΚΟΣΙ
ΜΗΔ΄ΕΝ

97 - Nature

Δ	Ε	Ή	Κ	Ι	Π	Ο	Ρ	Τ	Β	Ρ	Γ	Γ	Α	Μ	Ε
Ι	Ρ	Κ	Ψ	Ί	Μ	Μ	Χ	Σ	Ο	Σ	Α	Δ	Μ	Η	Ι
Ά	Ή	Ι	Ξ	Ο	Β	Ί	Ξ	Η	Ύ	Ο	Λ	Ο	Ω	Υ	Κ
Β	Μ	Τ	Σ	Ι	Χ	Χ	Η	Τ	Λ	Ν	Ο	Ί	Λ	Ω	Α
Ρ	Ο	Ω	Α	Ν	Τ	Λ	Ξ	Ω	Η	Ε	Ν	Ρ	Λ	Σ	Τ
Ω	Υ	Ζ	Ν	Ή	Α	Η	Ο	Υ	Δ	Α	Σ	Ε	Ύ	Ό	Α
Σ	Ξ	Υ	Ώ	Λ	Μ	Έ	Ξ	Τ	Υ	Ί	Ν	Λ	Φ	Μ	Φ
Η	Β	Η	Τ	Α	Α	Ή	Κ	Ι	Ν	Η	Ρ	Ι	Ε	Α	Ύ
Λ	Υ	Ε	Ε	Γ	Ρ	Χ	Ι	Λ	Α	Ο	Λ	Χ	Ε	Τ	Γ
Β	Ψ	Μ	Γ	Ά	Ι	Φ	Ρ	Ο	Μ	Ο	Ν	Ψ	Τ	Ο	Ι
Υ	Ω	Σ	Α	Σ	Σ	Ε	Σ	Σ	Ι	Λ	Έ	Μ	Γ	Π	Ο
Ξ	Έ	Γ	Π	Υ	Ή	Κ	Ι	Τ	Κ	Ρ	Α	Ι	Ε	Ρ	Ό
Ι	Δ	Τ	Σ	Υ	Ν	Ξ	Έ	Ρ	Ή	Ν	Γ	Ω	Ω	Γ	Ι
Λ	Ε	Ι	Ι	Η	Υ	Α	Ο	Ψ	Ω	Η	Α	Ά	Ο	Α	Ω
Ν	Έ	Ί	Ο	Λ	Ω	Λ	Π	Ί	Έ	Α	Χ	Ξ	Η	Ω	Ψ
Η	Μ	Χ	Η	Ο	Τ	Χ	Β	Ί	Ί	Ί	Η	Η	Ξ	Ί	Υ

ΜΈΛΙΣΣΕΣ
ΚΑΤΑΦΎΓΙΟ
ΖΏΑ
ΑΡΚΤΙΚΉ
ΟΜΟΡΦΙΆ
ΟΜΊΧΛΗ
ΕΡΉΜΟΥ
ΔΥΝΑΜΙΚΉ
ΔΙΆΒΡΩΣΗ
ΦΎΛΛΩΜΑ
ΠΟΤΑΜΌΣ
ΔΑΣΟΣ
ΠΑΓΕΤΏΝΑΣ
ΣΎΝΝΕΦΑ
ΕΙΡΗΝΙΚΉ
ΙΕΡΌ
ΆΓΡΙΟ
ΓΑΛΉΝΙΟ
ΤΡΟΠΙΚΉ
ΖΩΤΙΚΉ

98 - Chimie

Θ	Α	Ί	Σ	Α	Ρ	Κ	Ο	Μ	Ρ	Ε	Θ	Χ	Ξ	Ο	Ε
Ψ	Ε	Ί	Α	Τ	Ο	Μ	Ι	Κ	Ό	Ζ	Υ	Γ	Ί	Ζ	Ω
Μ	Β	Ρ	Π	Ο	Π	Λ	Ρ	Λ	Α	Β	Ε	Ν	Ψ	Ω	Τ
Ω	Τ	Ξ	Μ	Ν	Ό	Ι	Ώ	Π	Β	Μ	Μ	Μ	Β	Π	Χ
Μ	Σ	Ε	Ο	Ό	Ν	Ψ	Λ	Χ	Η	Χ	Β	Ψ	Σ	Π	Ψ
Υ	Ό	Τ	Ν	Γ	Τ	Λ	Χ	Α	Λ	Κ	Α	Λ	Ι	Κ	Ό
Δ	Α	Ρ	Ο	Υ	Π	Η	Ψ	Ψ	Π	Υ	Μ	Ί	Ξ	Έ	Μ
Ρ	Ψ	Ω	Ι	Ξ	Ί	Ε	Τ	Σ	Υ	Ρ	Γ	Σ	Ν	Ν	Έ
Ο	Π	Υ	Ν	Ο	Ι	Ρ	Έ	Α	Ρ	Τ	Ί	Ρ	Τ	Ζ	Τ
Γ	Μ	Ι	Ό	Χ	Υ	Έ	Σ	Κ	Η	Ρ	Π	Γ	Ό	Υ	Α
Ό	Έ	Υ	Ρ	Τ	Σ	Α	Γ	Α	Ν	Τ	Ξ	Υ	Ο	Μ	Λ
Ν	Ι	Ν	Τ	Ο	Έ	Γ	Ρ	Ρ	Ι	Α	Τ	Γ	Σ	Ο	Λ
Ο	Μ	Μ	Κ	Τ	Δ	Δ	Α	Θ	Κ	Ο	Ξ	Ύ	Β	Γ	Α
Β	Λ	Ο	Ε	Ι	Μ	Ν	Λ	Ν	Ή	Σ	Ε	Π	Ξ	Ί	Τ
Ν	Δ	Β	Λ	Ν	Υ	Ί	Ν	Ά	Α	Λ	Ά	Τ	Ι	Σ	Ψ
Ψ	Ξ	Β	Η	Τ	Ύ	Λ	Α	Τ	Α	Κ	Τ	Α	Ε	Ο	Σ

ΟΞΎ
ΑΛΚΑΛΙΚΌ
ΑΤΟΜΙΚΌ
ΆΝΘΡΑΚΑΣ
ΚΑΤΑΛΎΤΗ
ΘΕΡΜΌΤΗΤΑ
ΧΛΏΡΙΟ
ΈΝΖΥΜΟ
ΗΛΕΚΤΡΌΝΙΟ
ΑΈΡΙΟ
ΥΔΡΟΓΌΝΟ
ΙΌΝ
ΥΓΡΌ
ΜΈΤΑΛΛΑ
ΜΌΡΙΟ
ΠΥΡΗΝΙΚΉ
ΟΞΥΓΌΝΟ
ΖΥΓΊΖΩ
ΑΛΆΤΙ
ΘΕΡΜΟΚΡΑΣΊΑ

99 - Bateaux

Ν	Α	Υ	Τ	Ι	Κ	Ό	Γ	Χ	Ο	Χ	Ω	Μ	Σ	Π	Ε
Έ	Σ	Ό	Μ	Α	Τ	Ο	Π	Ί	Έ	Υ	Κ	Η	Η	Α	Τ
Υ	Λ	Χ	Ρ	Ε	Ψ	Τ	Χ	Ι	Σ	Ί	Ε	Χ	Μ	Λ	Δ
Ί	Γ	Ί	Ο	Σ	Κ	Α	Γ	Ι	Ά	Κ	Α	Α	Α	Ί	Έ
Η	Λ	Υ	Π	Ι	Έ	Λ	Α	Λ	Έ	Ο	Ν	Ν	Δ	Ρ	Ψ
Ν	Σ	Μ	Ο	Ψ	Ν	Ε	Η	Κ	Ω	Ε	Ό	Ή	Ο	Ρ	Γ
Μ	Α	Β	Υ	Ξ	Σ	Ί	Ο	Α	Γ	Λ	Σ	Π	Ύ	Ο	Π
Ί	Ε	Ύ	Χ	Υ	Τ	Χ	Ξ	Ν	Ε	Ί	Ξ	Ξ	Ρ	Ι	Γ
Λ	Ξ	Μ	Τ	Ο	Ι	Γ	Ε	Ό	Ί	Ω	Τ	Ξ	Α	Α	Ω
Δ	Ι	Χ	Π	Η	Σ	Ψ	Ί	Δ	Κ	Α	Τ	Ά	Ρ	Τ	Ι
Ω	Η	Β	Ρ	Ω	Σ	Σ	Λ	Ω	Ί	Κ	Ύ	Μ	Α	Τ	Α
Ι	Σ	Τ	Ι	Ο	Φ	Ό	Ρ	Ο	Γ	Α	Ί	Π	Σ	Έ	Β
Η	Π	Ο	Ρ	Θ	Μ	Ε	Ί	Ο	Έ	Λ	Έ	Ο	Υ	Ρ	Σ
Ά	Γ	Κ	Υ	Ρ	Α	Σ	Σ	Α	Λ	Ά	Θ	Ψ	Β	Β	Δ
Χ	Γ	Β	Ί	Δ	Π	Λ	Ή	Ρ	Ω	Μ	Α	Μ	Ξ	Ρ	Η
Ί	Ξ	Χ	Ω	Ψ	Β	Ξ	Έ	Ω	Ο	Δ	Ρ	Π	Ψ	Γ	Ψ

ΆΓΚΥΡΑ
ΣΗΜΑΔΟΎΡΑ
ΚΑΝΌ
ΣΧΟΙΝΊ
ΠΛΉΡΩΜΑ
ΠΟΡΘΜΕΊΟ
ΠΟΤΑΜΌΣ
ΚΑΓΙΆΚ
ΛΊΜΝΗ
ΠΑΛΊΡΡΟΙΑ
ΝΑΎΤΗΣ
ΚΑΤΆΡΤΙ
ΘΆΛΑΣΣΑ
ΜΗΧΑΝΉ
ΝΑΥΤΙΚΌ
ΩΚΕΑΝΌΣ
ΣΧΕΔΊΑ
ΚΎΜΑΤΑ
ΙΣΤΙΟΦΌΡΟ
ΓΙΟΤ

100 - Mesures

Ψ	Υ	Π	Δ	Ί	Ν	Τ	Σ	Α	Ψ	Π	Ο	Γ	Ρ	Ω	Χ
Έ	Ί	Π	Ι	Ε	Γ	Ο	Ρ	Ί	Β	Σ	Υ	Ρ	Τ	Ε	Ι
Σ	Σ	Ο	Ψ	Υ	Κ	Τ	Λ	Υ	Ο	Ξ	Γ	Α	Χ	Ψ	Λ
Ό	Ο	Ψ	Υ	Η	Σ	Α	Τ	Ν	Έ	Υ	Γ	Μ	Ν	Ρ	Ι
Μ	Τ	Ί	Ο	Ε	Τ	Χ	Δ	Η	Γ	Ι	Ι	Μ	Ε	Ν	Ό
Θ	Ά	Ζ	Υ	Γ	Ί	Ζ	Ω	Ι	Λ	Χ	Ά	Ά	Π	Ψ	Γ
Α	Λ	Ζ	Μ	Ή	Κ	Ο	Σ	Χ	Κ	Ε	Γ	Ρ	Χ	Ψ	Ρ
Β	Π	Ω	Α	Ο	Ί	Β	Λ	Ω	Σ	Ό	Ν	Ι	Ρ	Ο	Α
Ψ	Η	Φ	Ι	Ο	Λ	Ε	Ξ	Η	Μ	Τ	Ό	Ο	Δ	Η	Μ
Τ	Ό	Ν	Ο	Σ	Ο	Θ	Ά	Β	Μ	Έ	Τ	Ρ	Ο	Ι	Μ
Ο	Ρ	Τ	Ε	Μ	Ό	Ι	Λ	Ι	Χ	Β	Σ	Έ	Ρ	Ρ	Ο
Έ	Δ	Μ	Π	Χ	Ξ	Ω	Ψ	Ω	Α	Η	Ο	Τ	Τ	Δ	Τ
Ι	Α	Δ	Γ	Ε	Γ	Ω	Δ	Χ	Η	Γ	Τ	Υ	Ί	Π	Χ
Τ	Η	Έ	Π	Ρ	Λ	Σ	Υ	Ν	Ο	Χ	Α	Ν	Λ	Ι	Ί
Ψ	Έ	Λ	Έ	Ξ	Τ	Ρ	Ν	Δ	Ρ	Δ	Κ	Υ	Έ	Β	Υ
Ν	Ο	Ε	Ε	Ι	Ι	Ψ	Γ	Σ	Ψ	Σ	Ε	Ρ	Τ	Υ	Χ

ΕΚΑΤΟΣΤΌ
ΒΑΘΜΌΣ
ΔΕΚΑΔΙΚΌ
ΓΡΑΜΜΆΡΙΟ
ΥΨΟΣ
ΧΙΛΙΌΓΡΑΜΜΟ
ΧΙΛΙΌΜΕΤΡΟ
ΠΛΆΤΟΣ
ΛΊΤΡΟ
ΜΉΚΟΣ
ΜΆΖΑ
ΜΈΤΡΟ
ΛΕΠΤΌ
ΨΗΦΙΟΛΕΞΗ
ΟΥΓΓΙΆ
ΖΥΓΊΖΩ
ΊΝΤΣΑ
ΒΆΘΟΣ
ΤΌΝΟΣ
ΈΝΤΑΣΗ

1 - Adjectifs #2

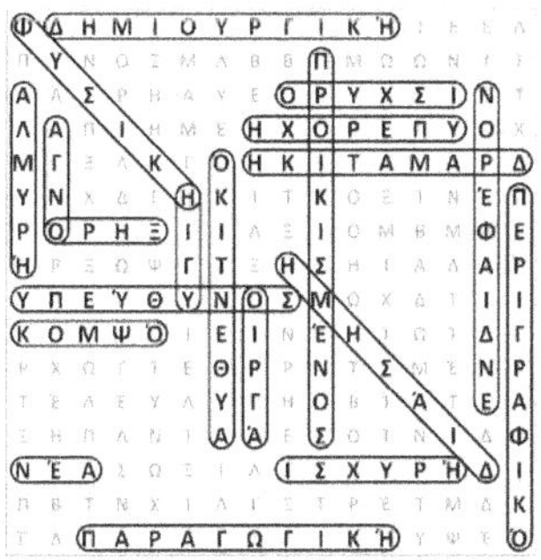

2 - Formes

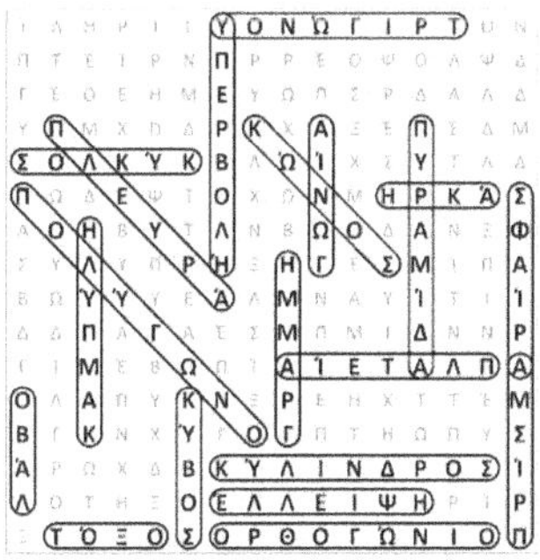

3 - Force et Gravité

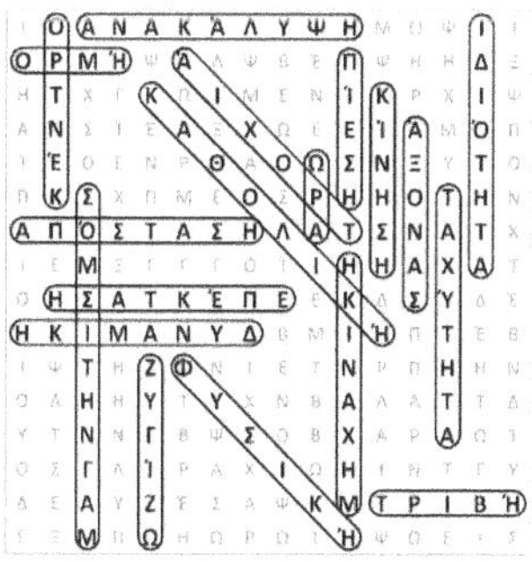

4 - Adjectifs #1

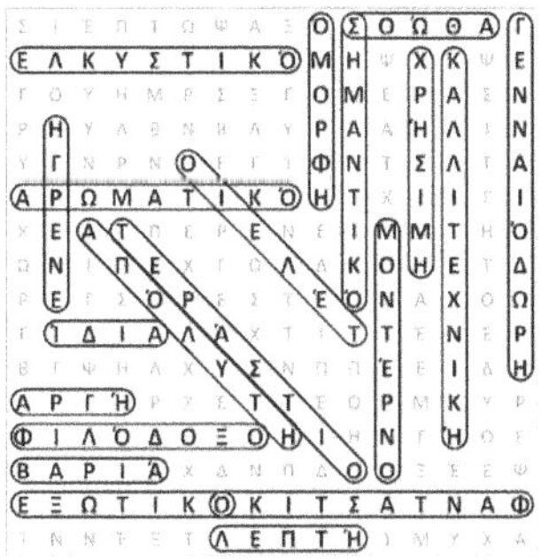

5 - Instruments de Musique

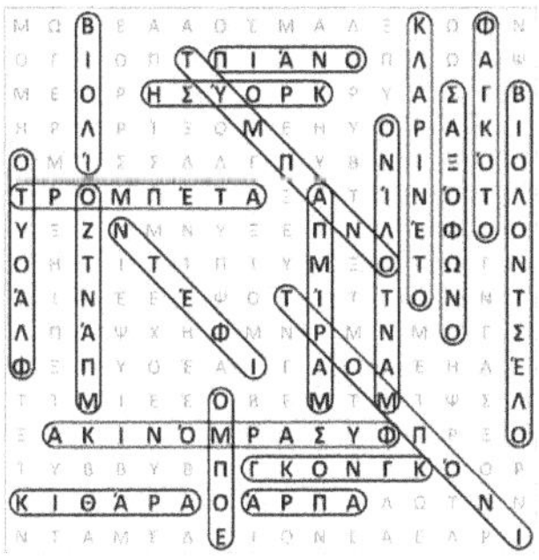

6 - Herboristerie

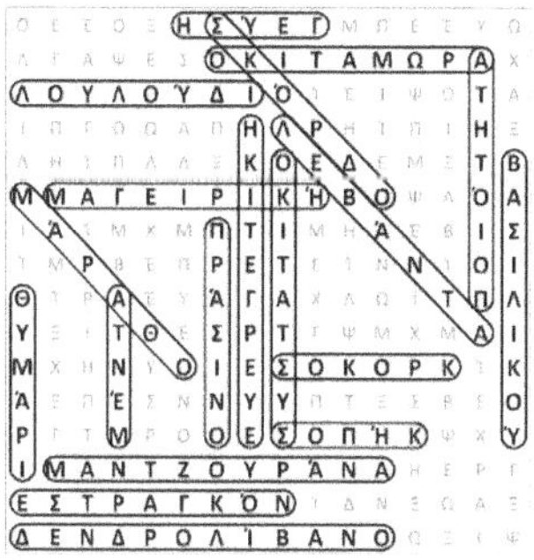

7 - Véhicules

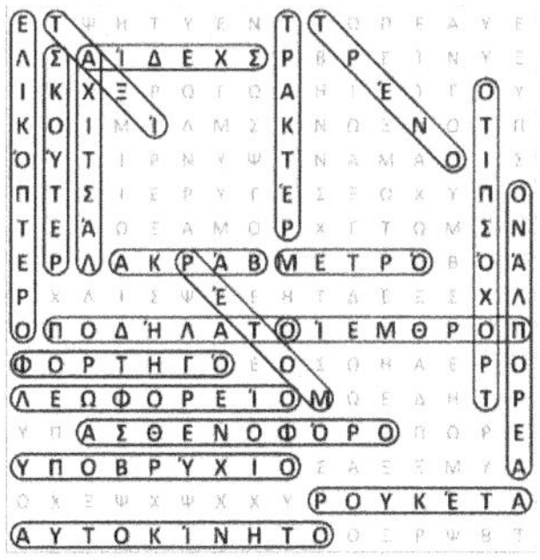

8 - Camping

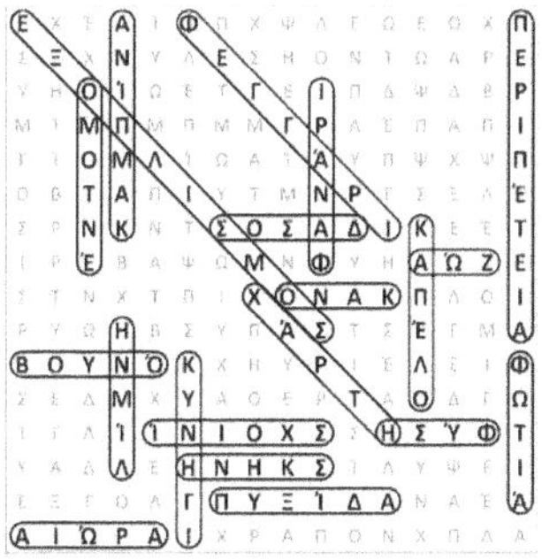

9 - Écologie

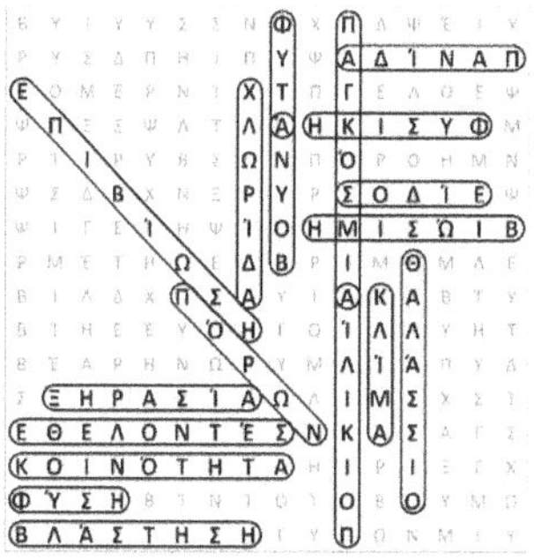

10 - Géométrie

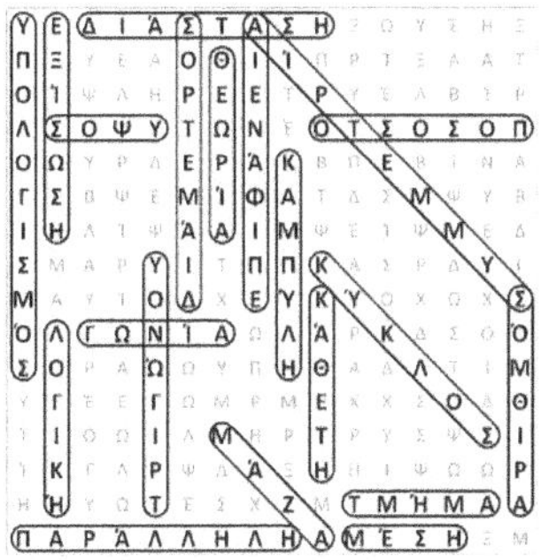

11 - Diplomatie

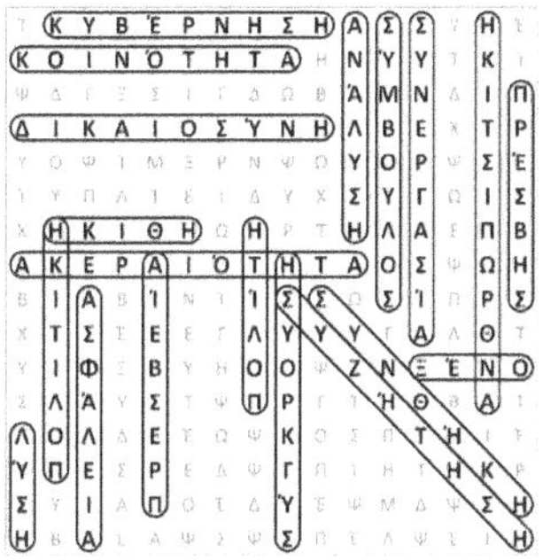

12 - Électricité

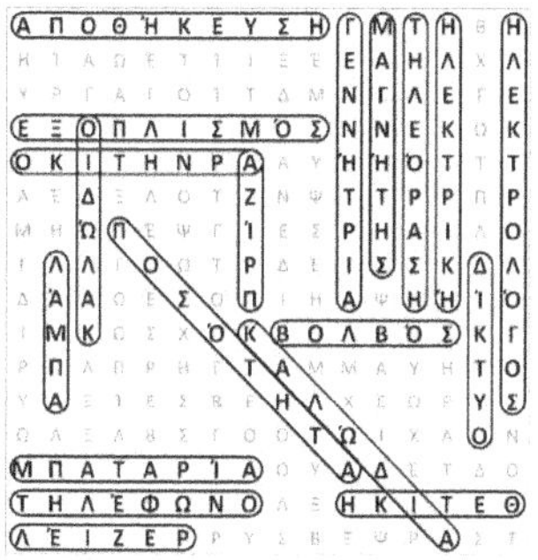

13 - Astronomie

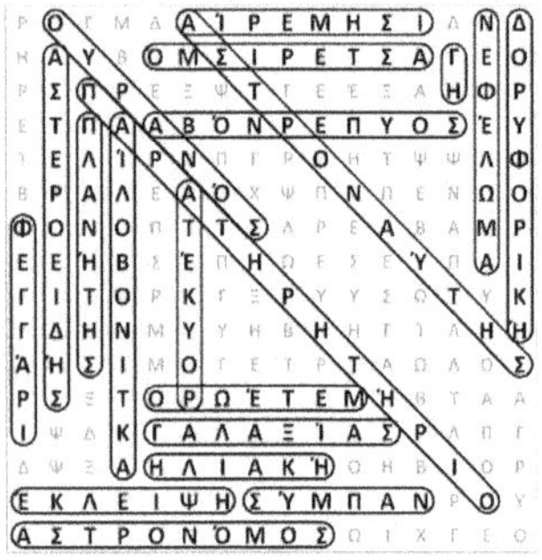

14 - Physique

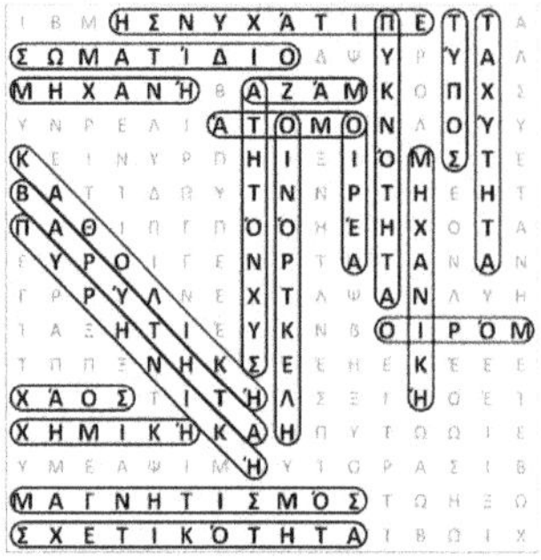

15 - Types de Cheveux

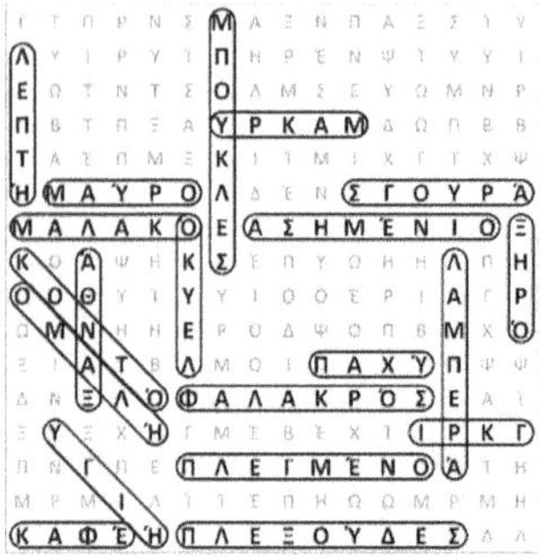

16 - Archéologie

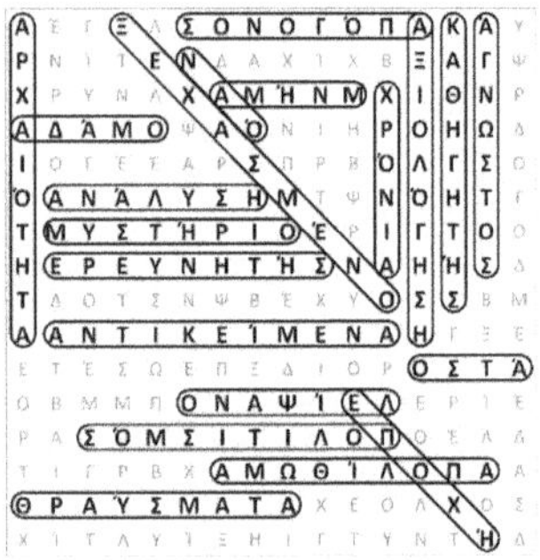

17 - Mammifères

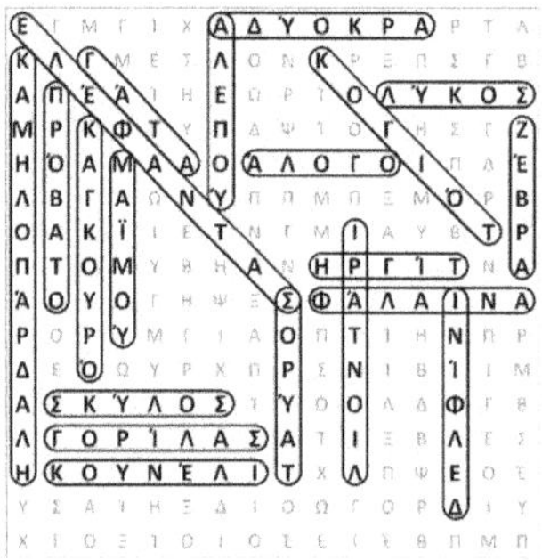

18 - Chocolat

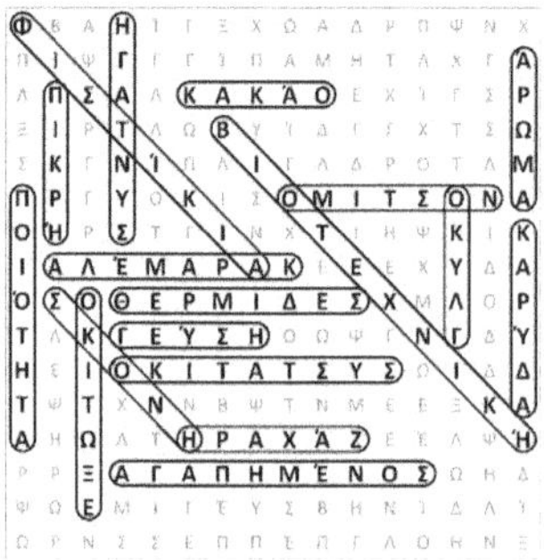

19 - Mathématiques

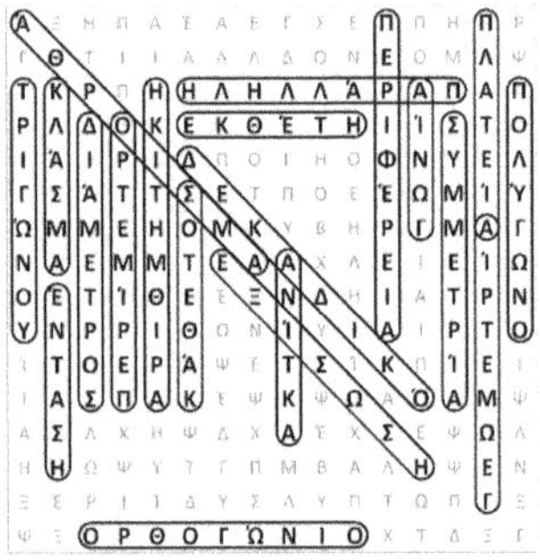

20 - Mythologie

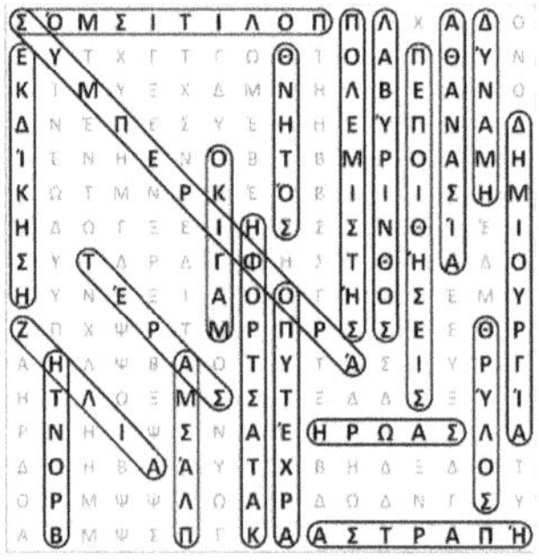

21 - Restaurant #2

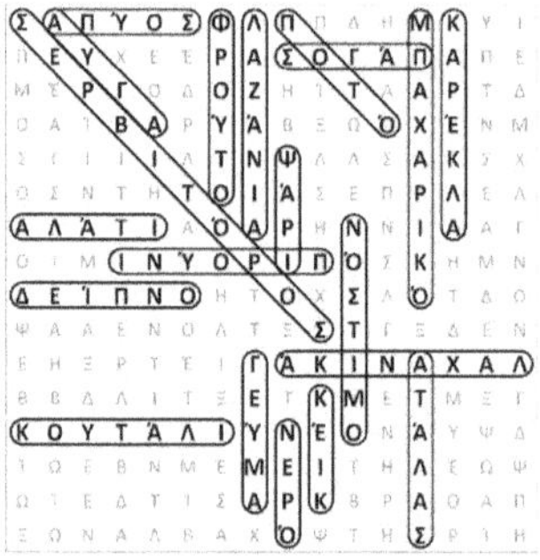

22 - Beauté

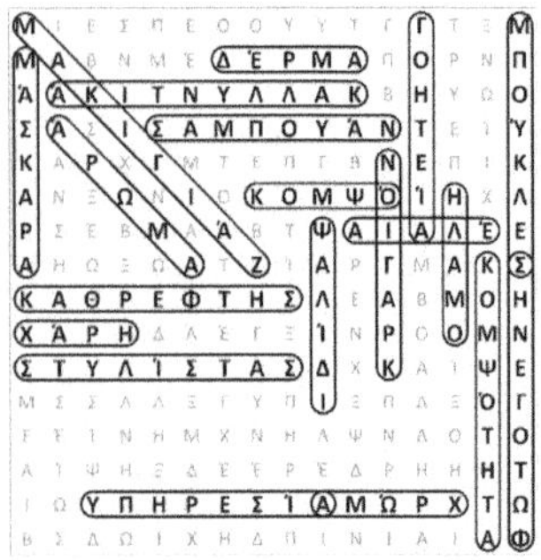

23 - Avions

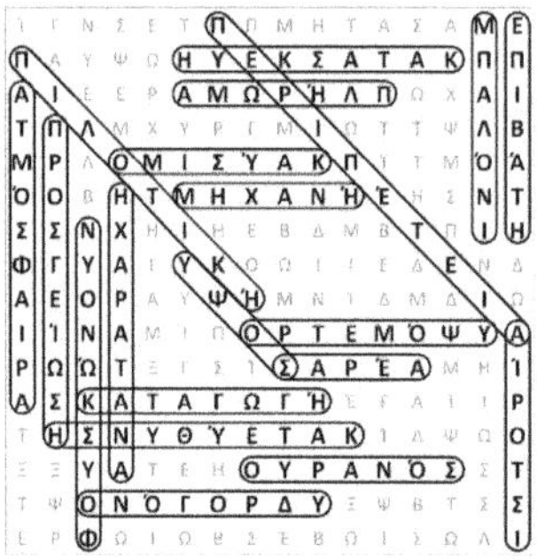

24 - Aventure

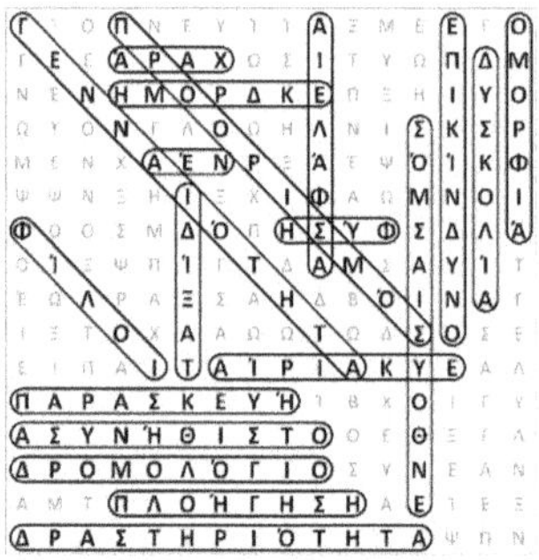

25 - Ville

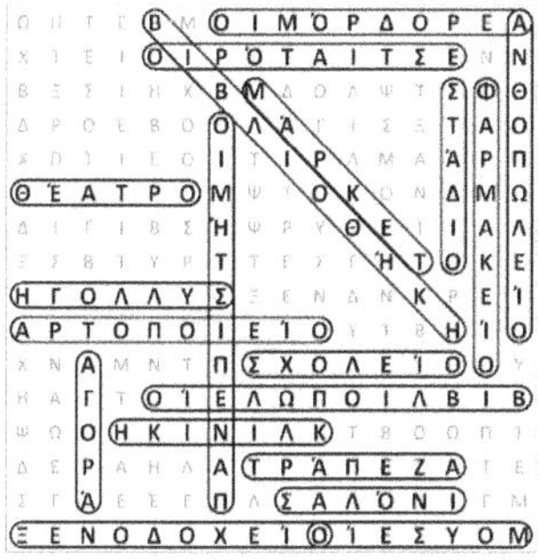

26 - Ingénierie

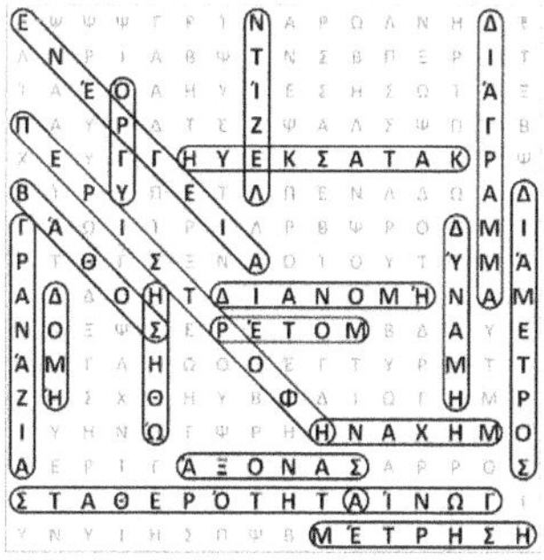

27 - Énergie

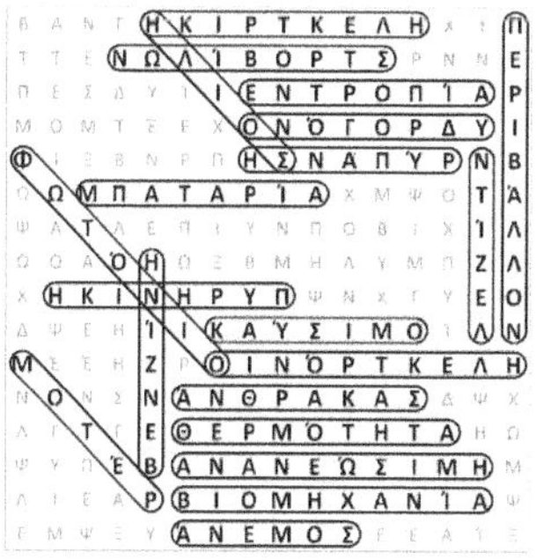

28 - Corps Humain

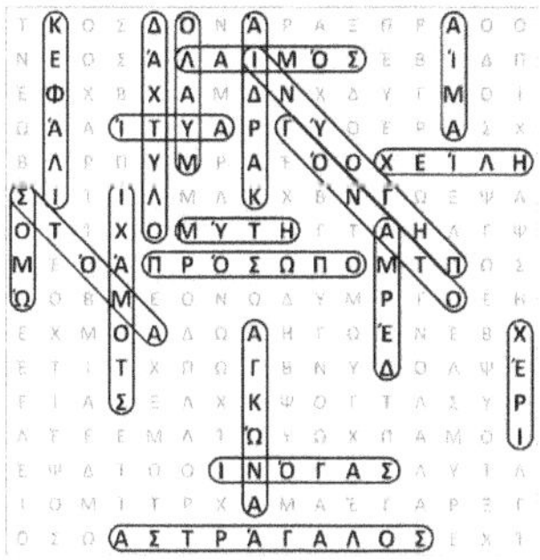

29 - Biologie

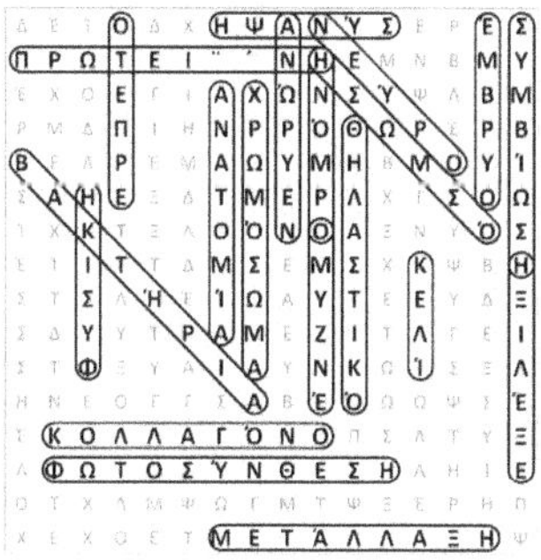

30 - Épices

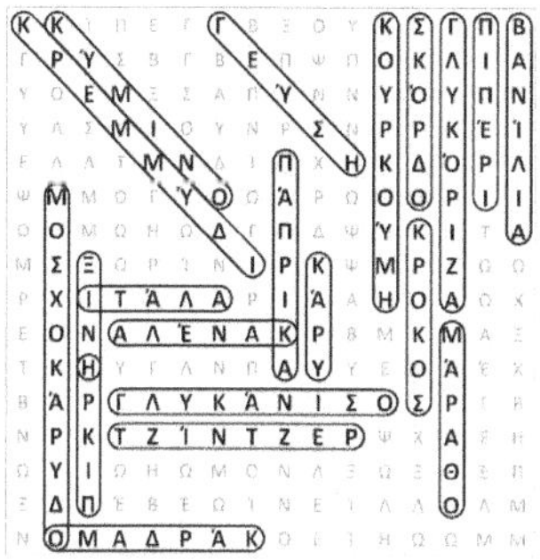

31 - Agronomie

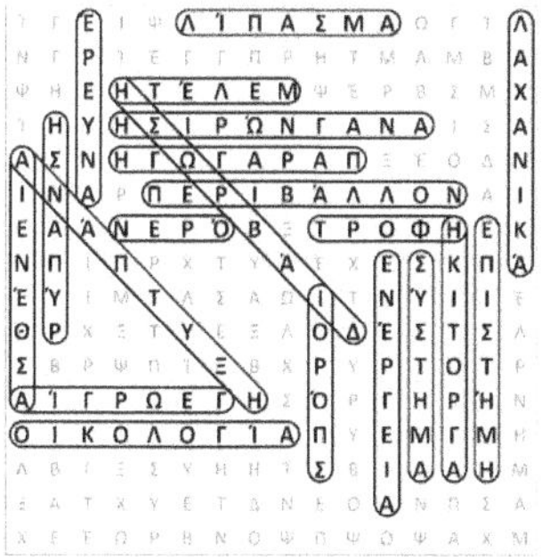

32 - Science

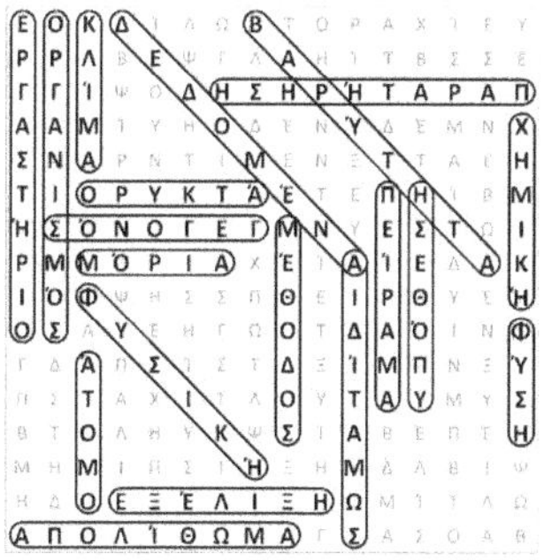

33 - Vêtements

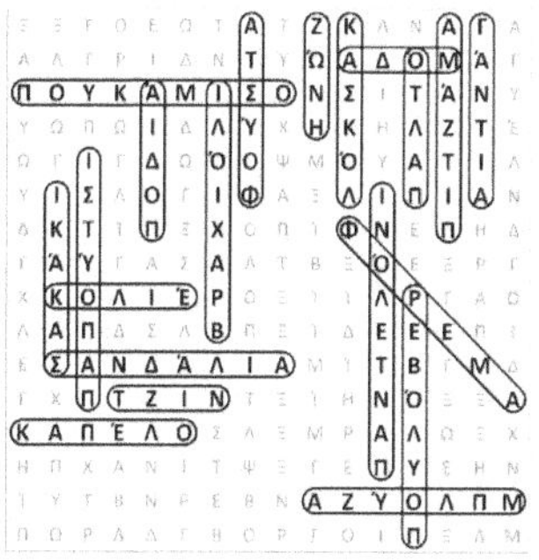

34 - Arts Visuels

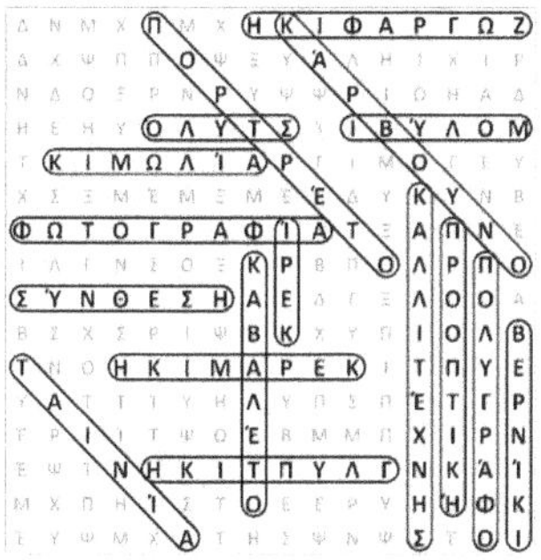

35 - Méditation

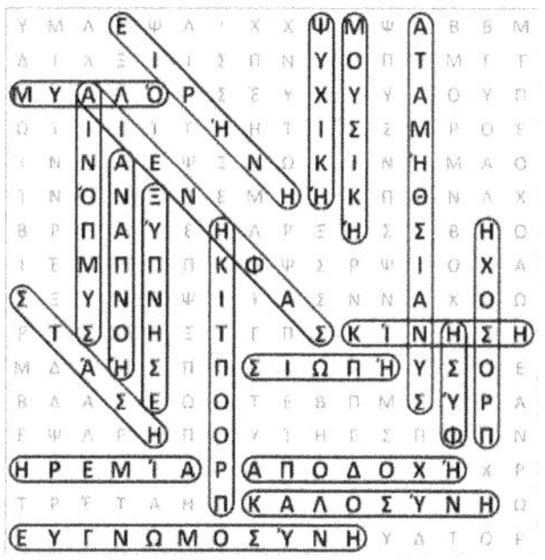

36 - Littérature

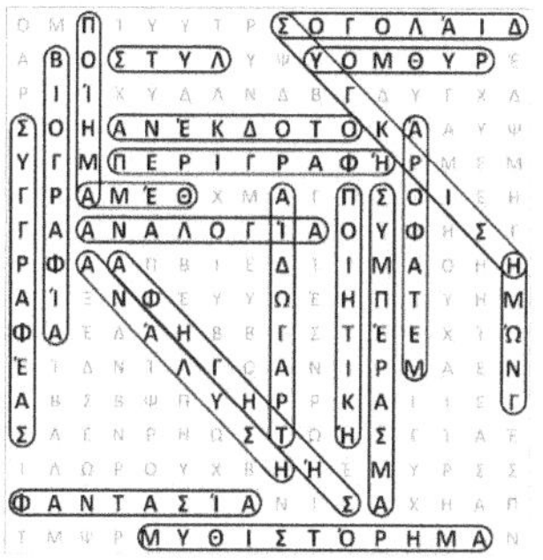

37 - Nourriture #1

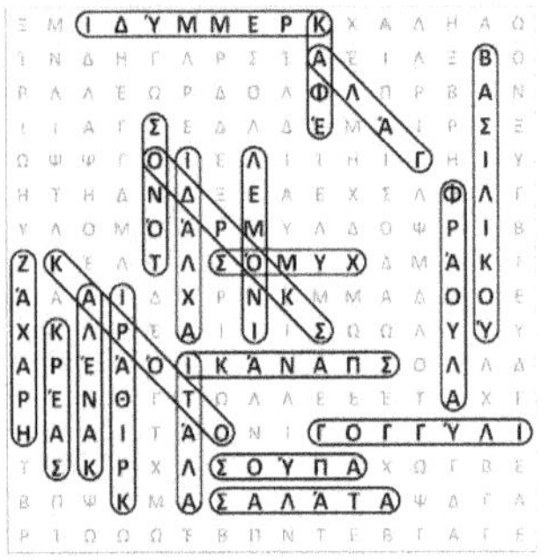

38 - Jours et Mois

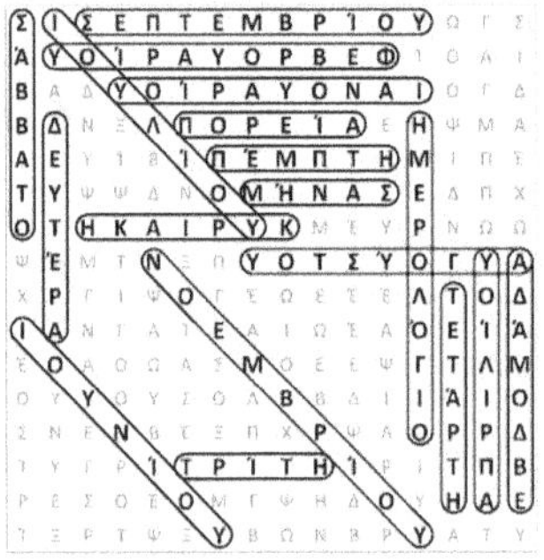

39 - Jardinage

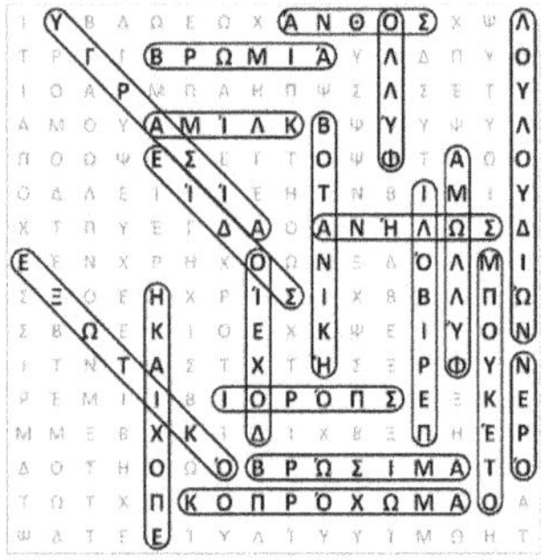

40 - Entreprise

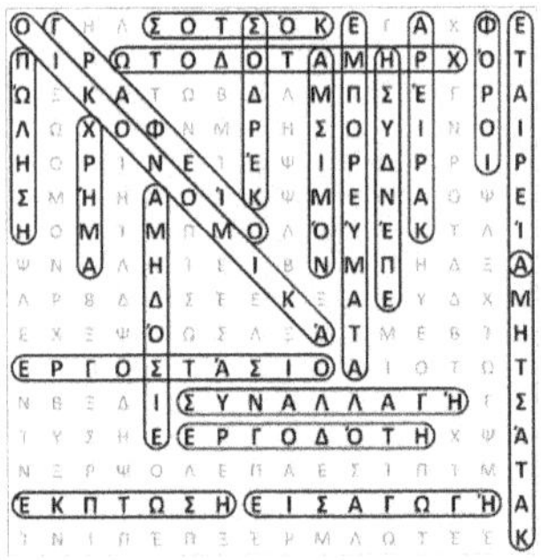

41 - Activités

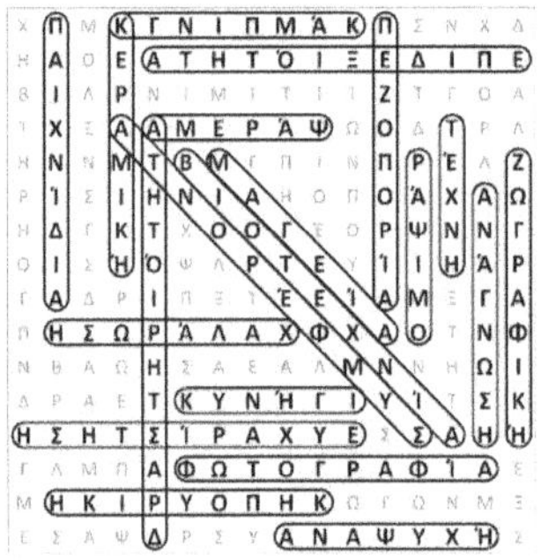

42 - Mode

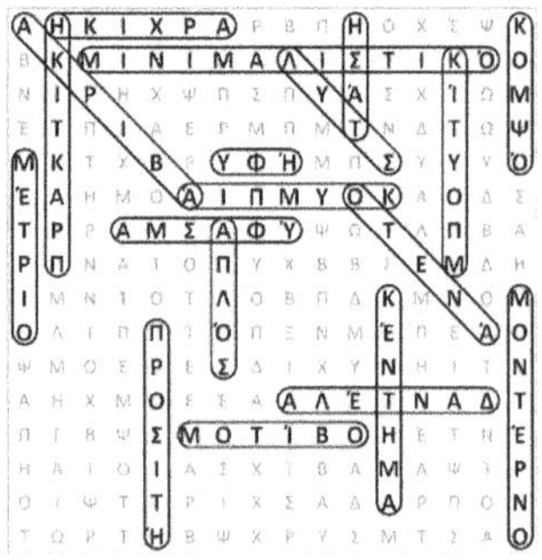

43 - Fleurs

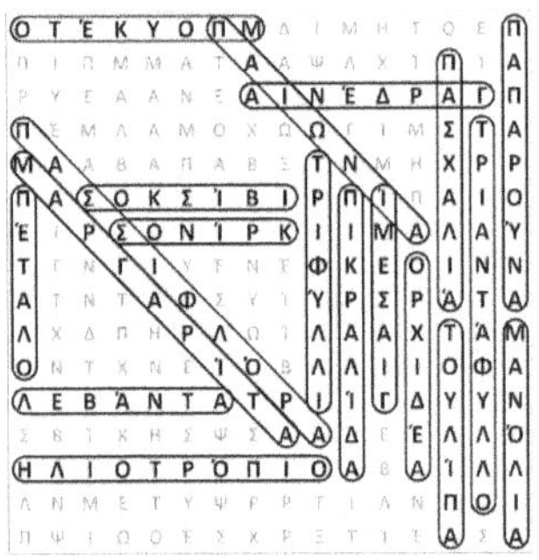

44 - Nourriture #2

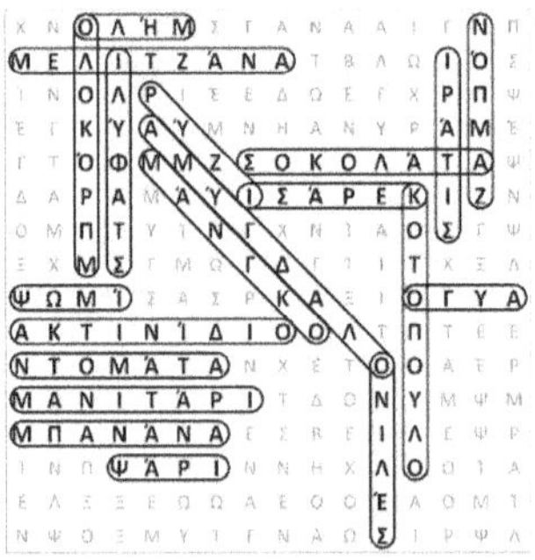

45 - Algèbre

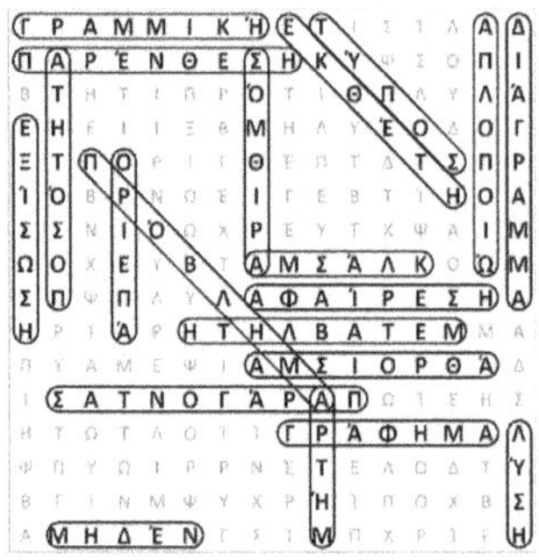

46 - Océan

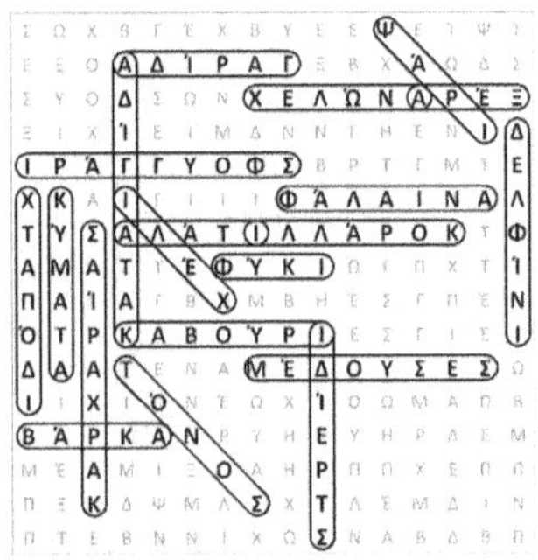

47 - Antiquités

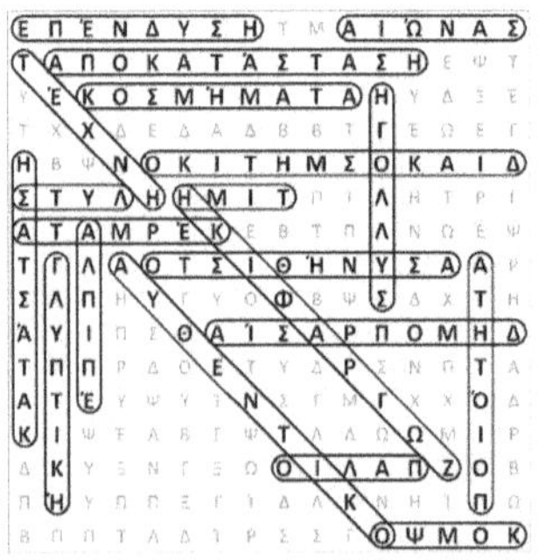

48 - Boxe

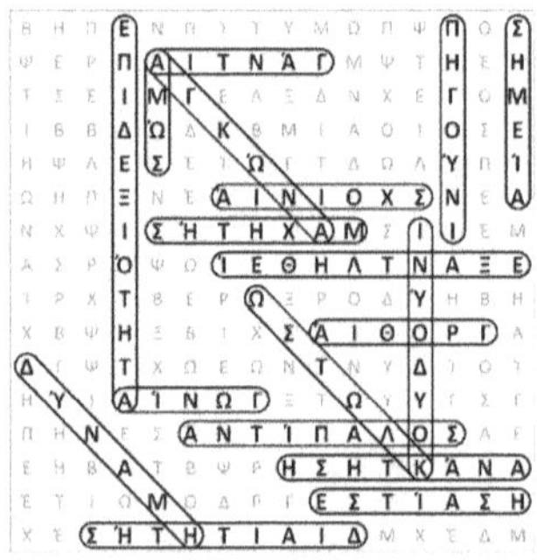

49 - Ballet

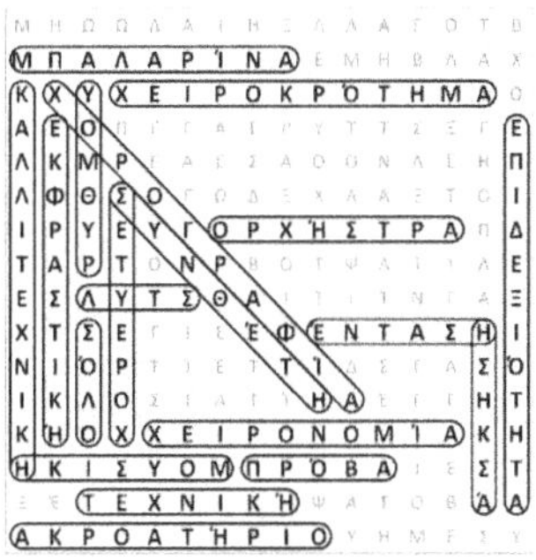

50 - Fruit

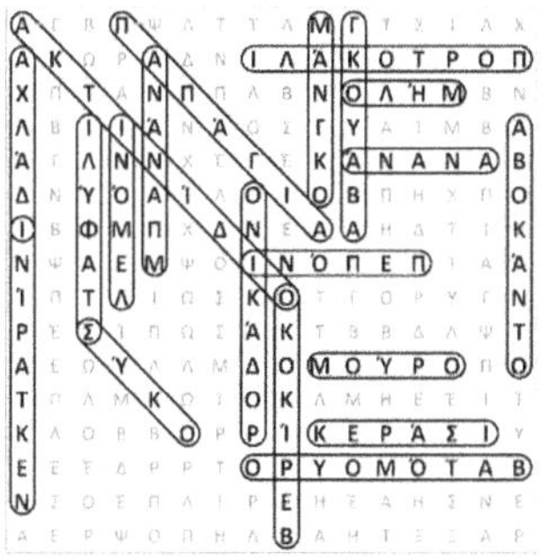

51 - Musique

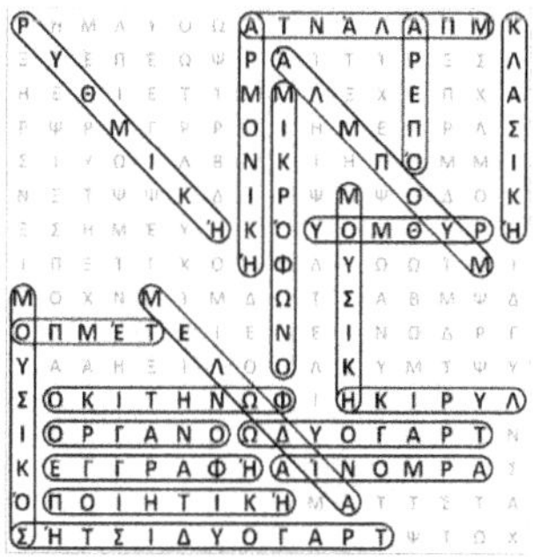

52 - Météo

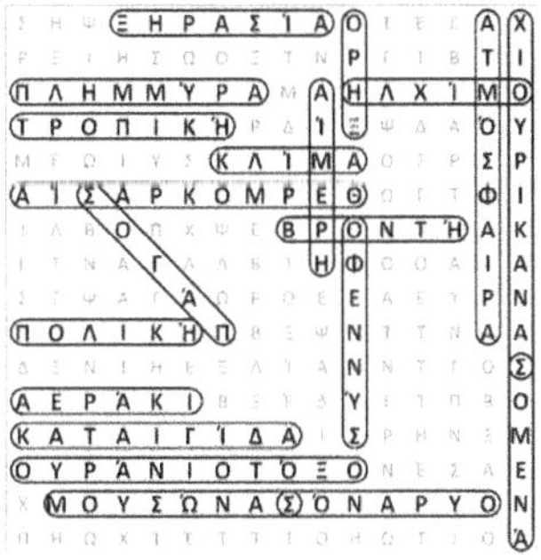

53 - L'Entreprise

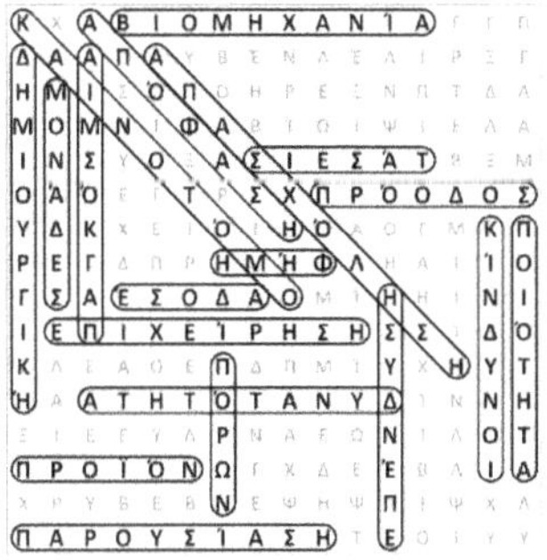

54 - Gouvernement

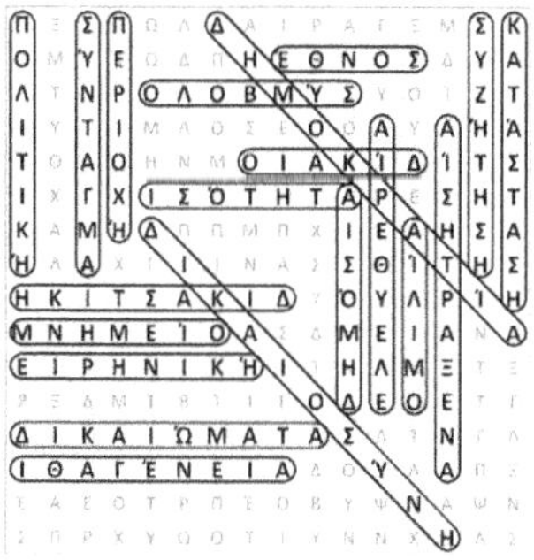

55 - Randonnée

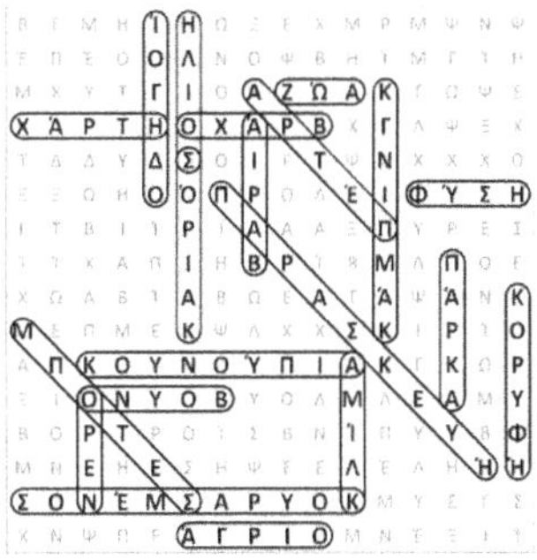

56 - Meubles

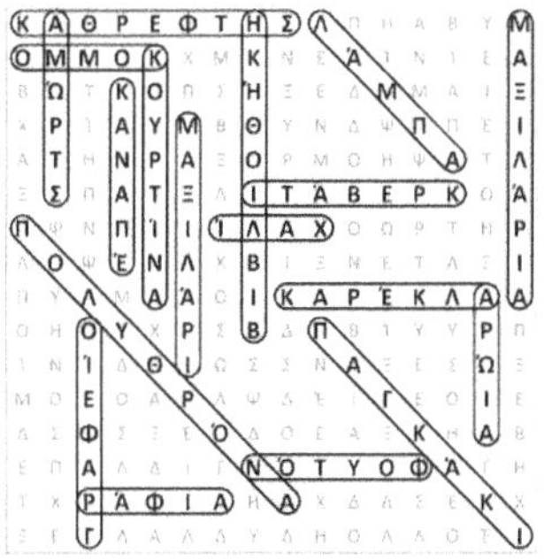

57 - Nutrition

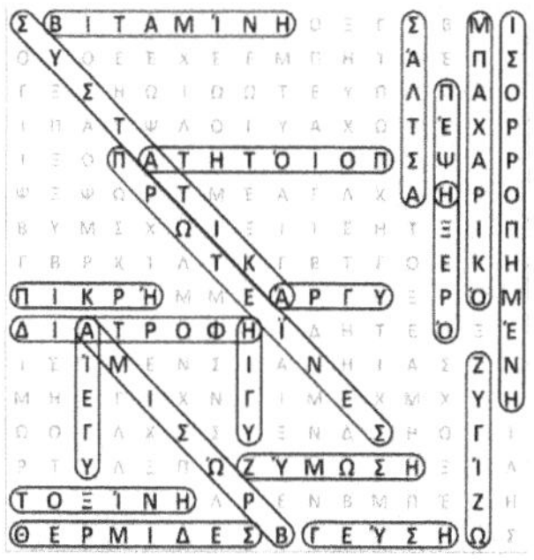

58 - Créativité

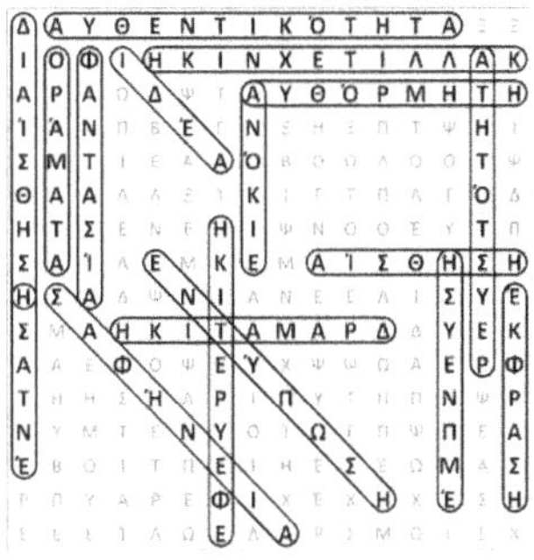

59 - Science Fiction

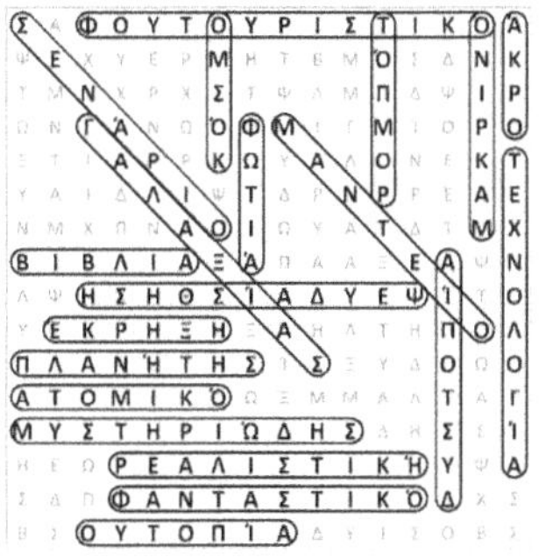

60 - Professions #1

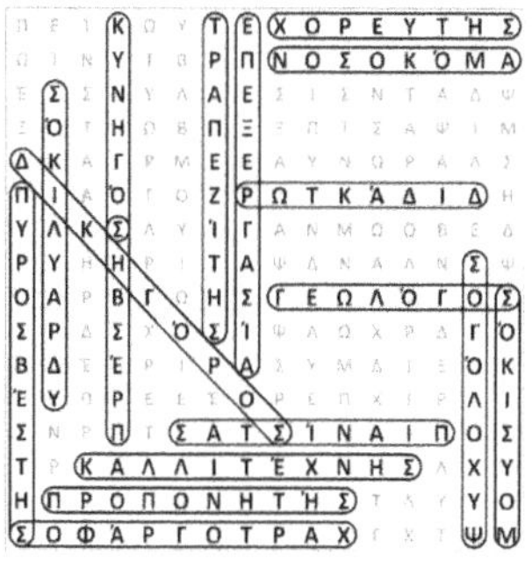

61 - Géologie

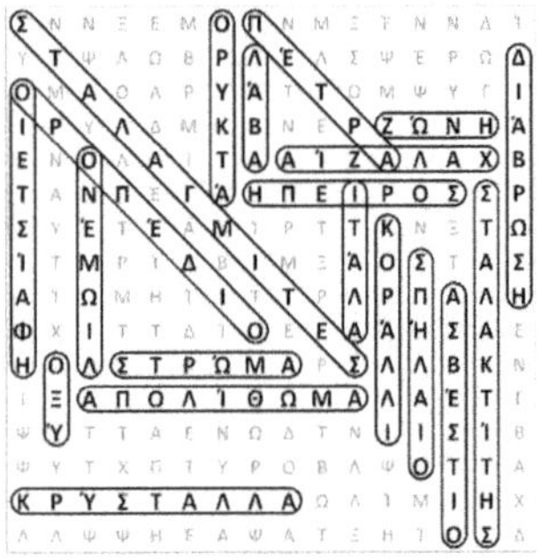

62 - Jardin

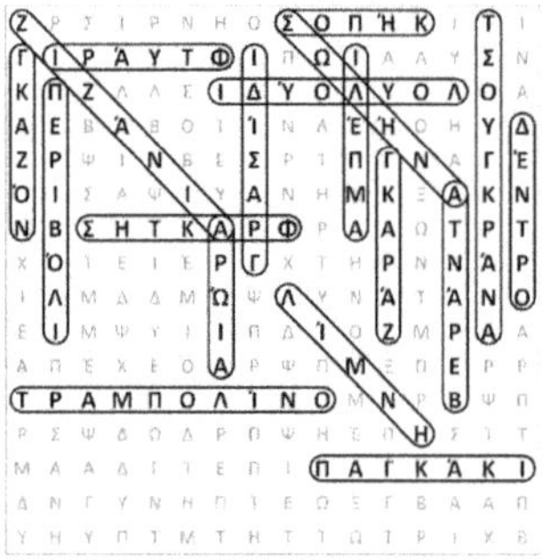

63 - Santé et Bien Être #1

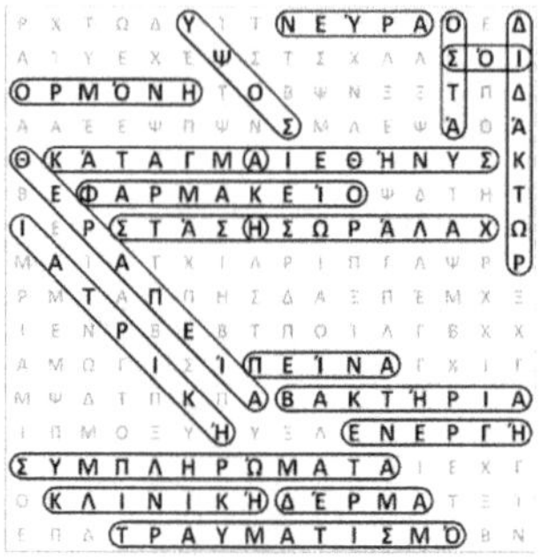

64 - Barbecues

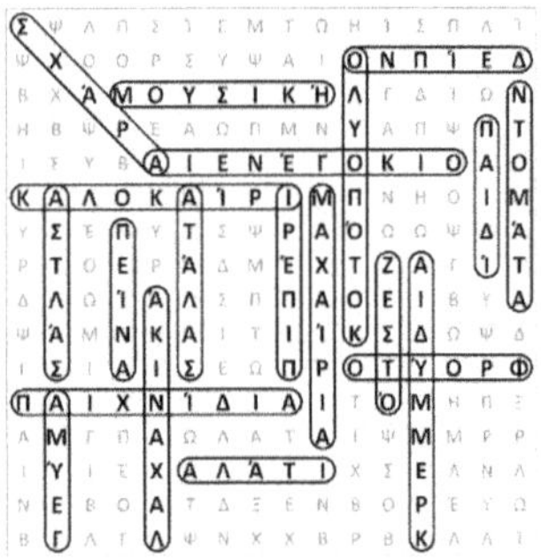

65 - Forêt Tropicale

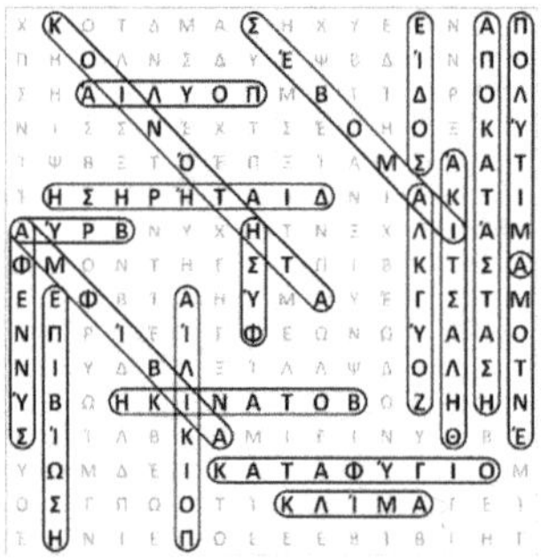

66 - Ferme #1

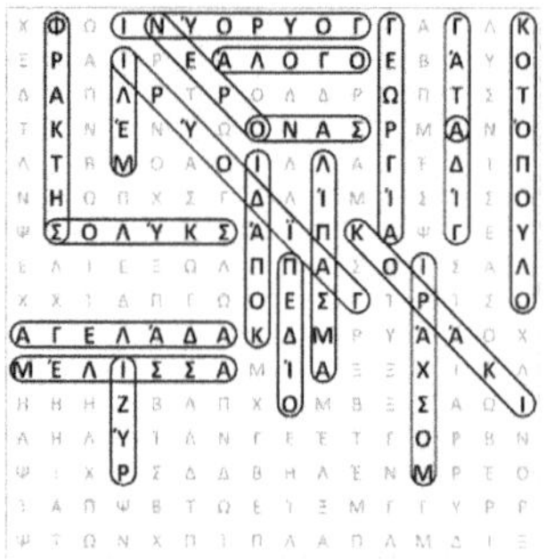

67 - Café

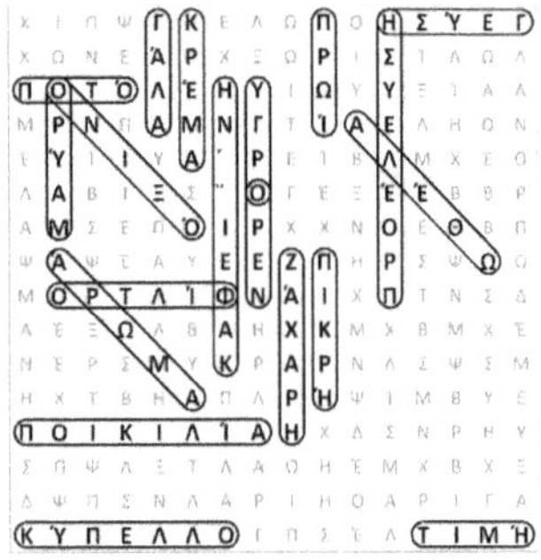

68 - Antarctique

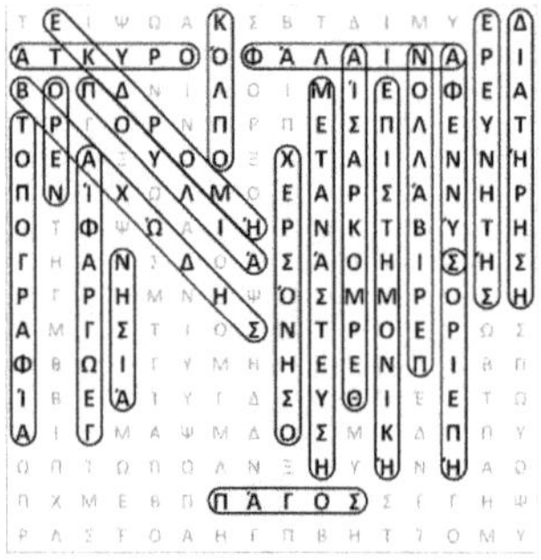

69 - Professions #2

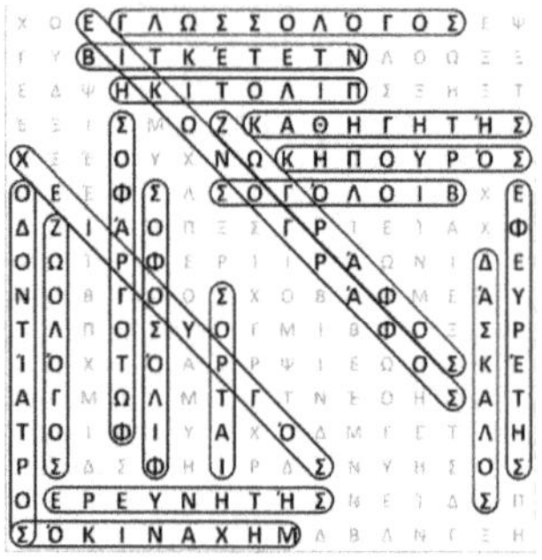

70 - Les Abeilles

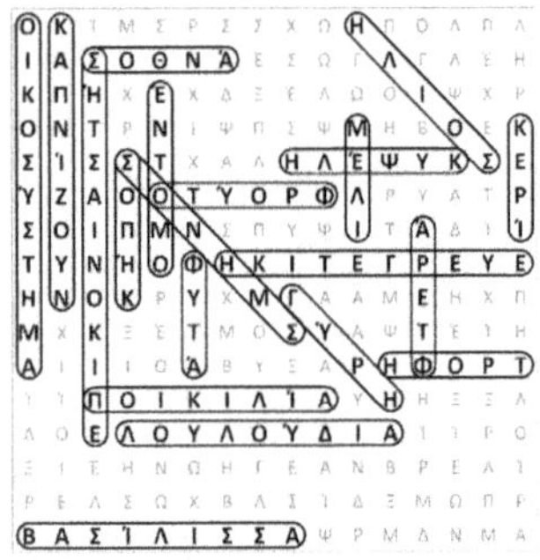

71 - Santé et Bien Être #2

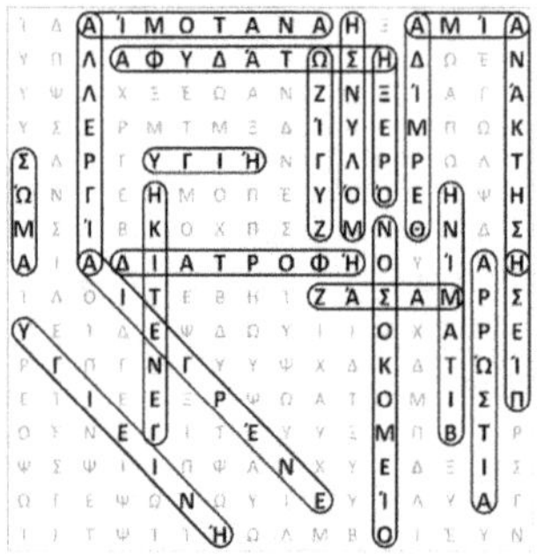

72 - Conduite

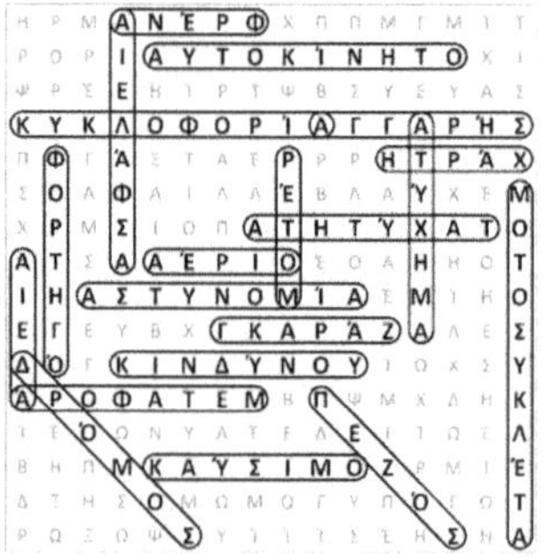

73 - Plantes

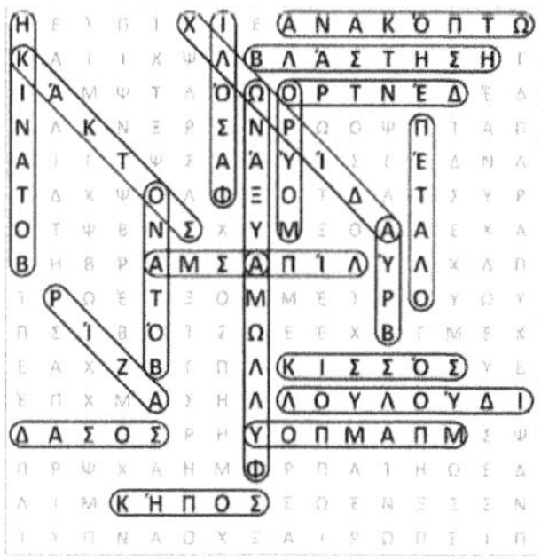

74 - Ferme #2

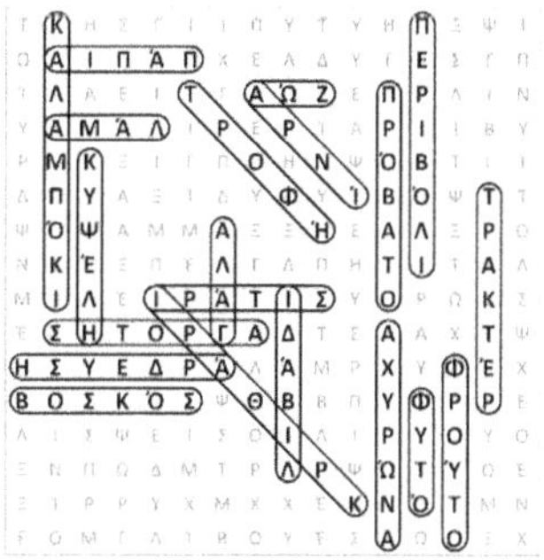

75 - Vacances #2

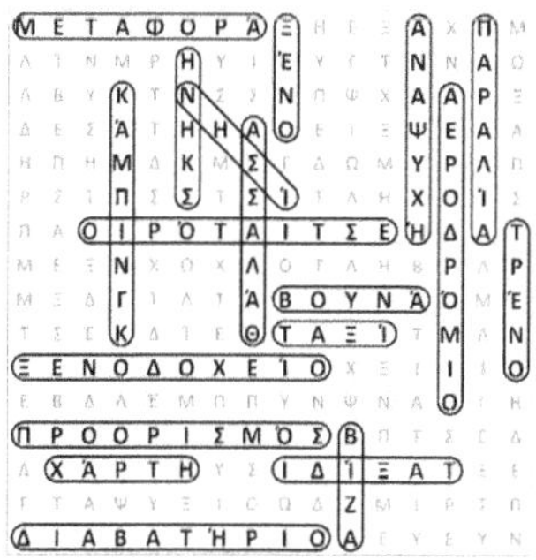

76 - Éthique

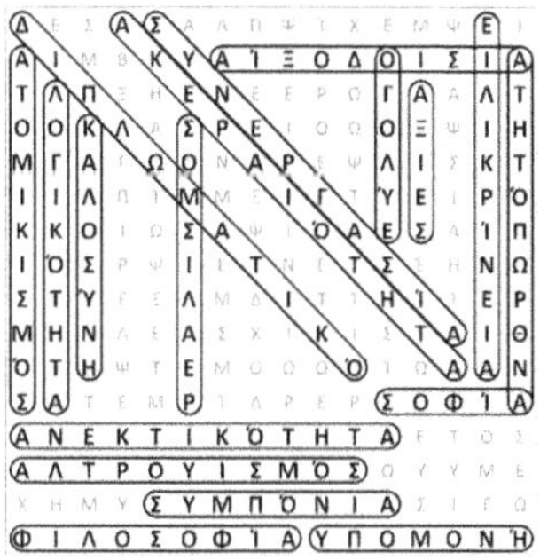

77 - Temps

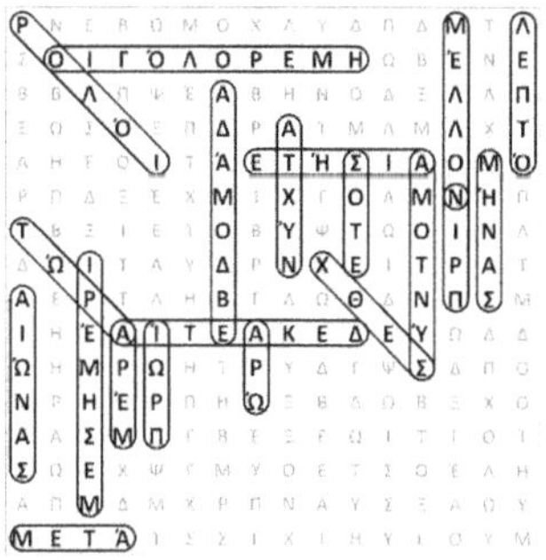

78 - Maison

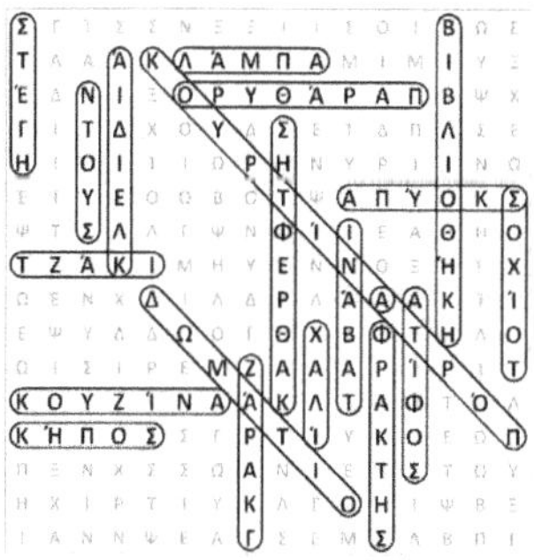

79 - Légumes

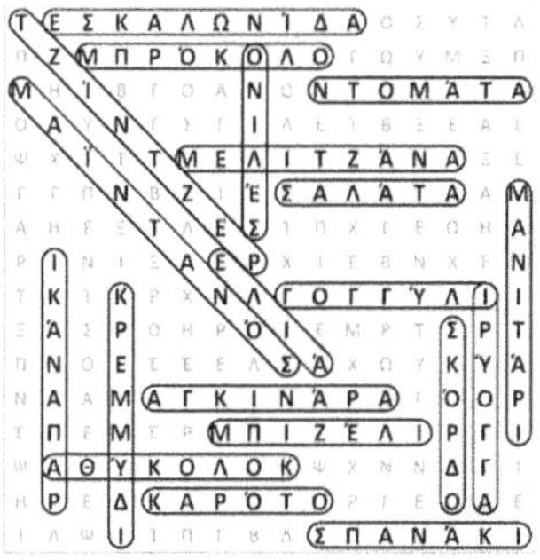

80 - Plage

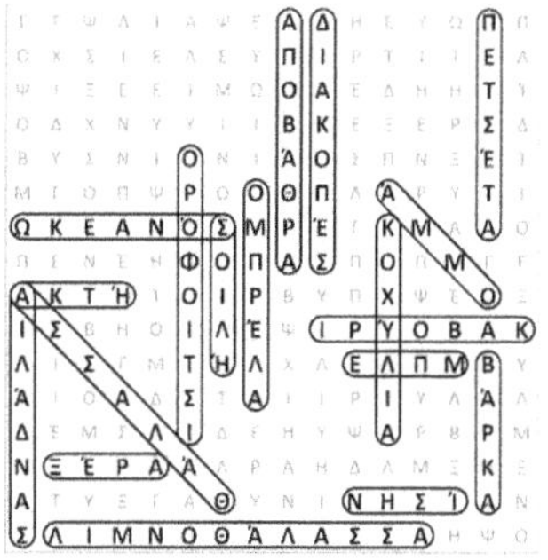

81 - Famille

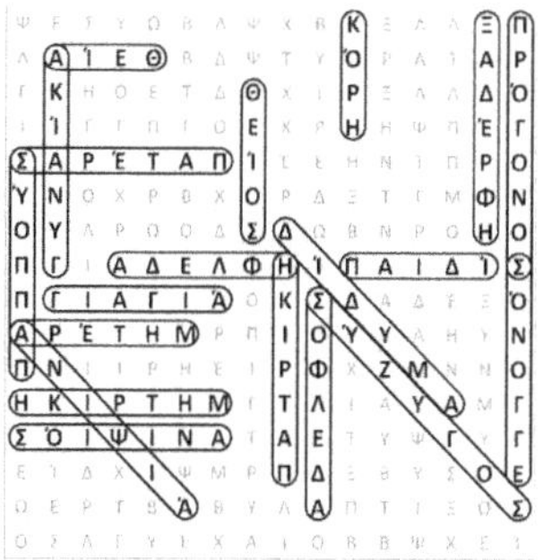

82 - Oiseaux

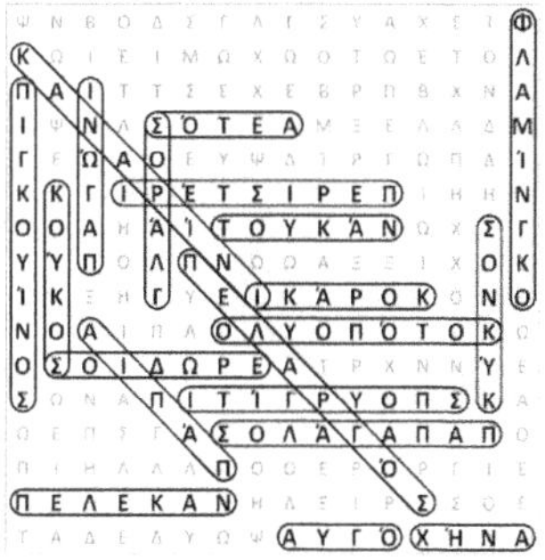

83 - Disciplines Scientifiques

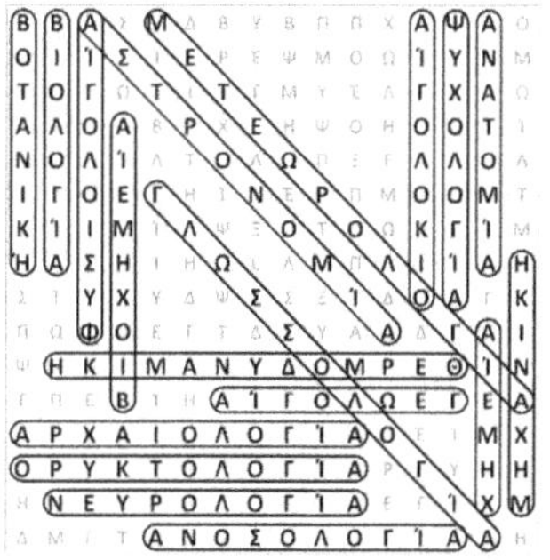

84 - Maladie

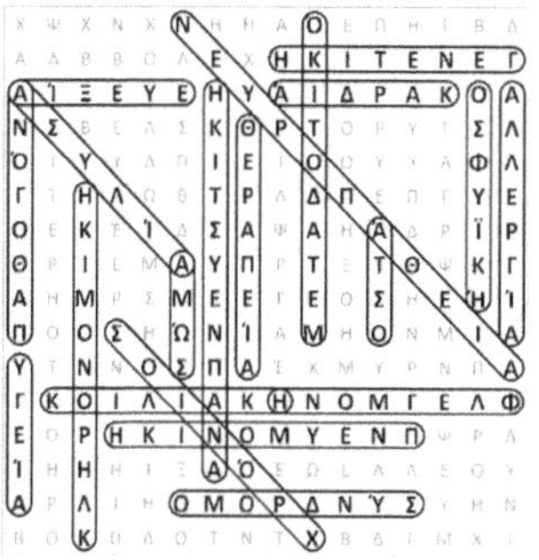

85 - Univers

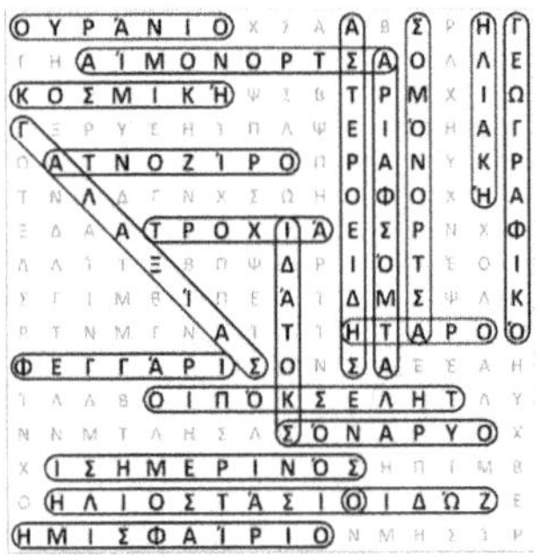

86 - Géographie

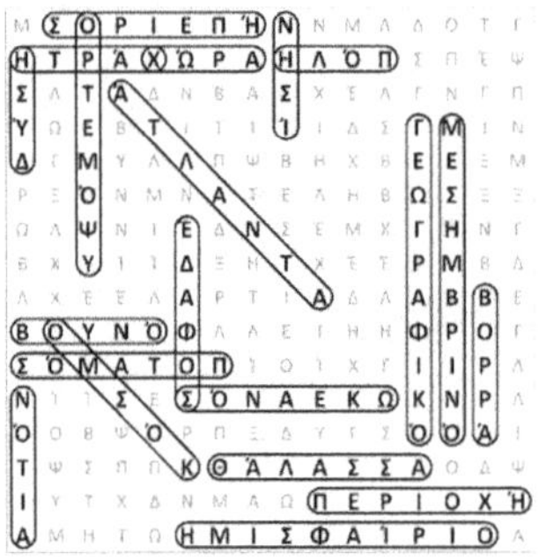

87 - Danse

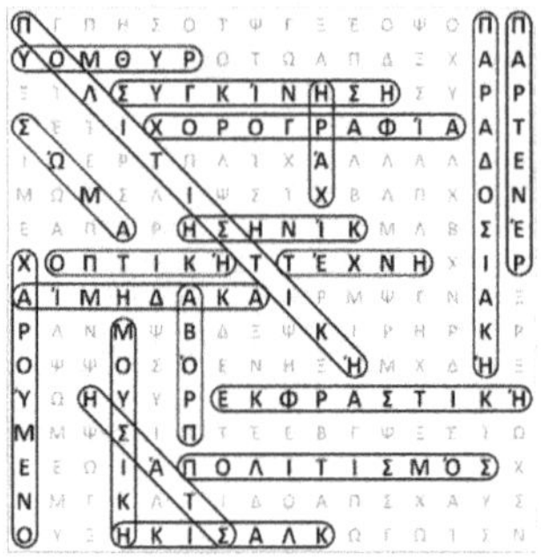

88 - Bâtiments

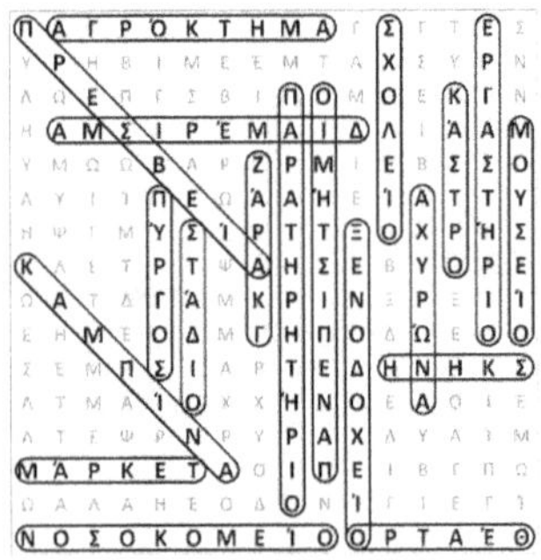

89 - Activités et Loisirs

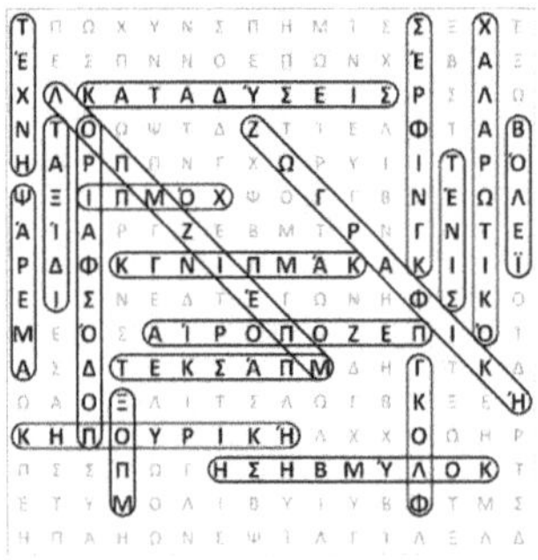

90 - Livres

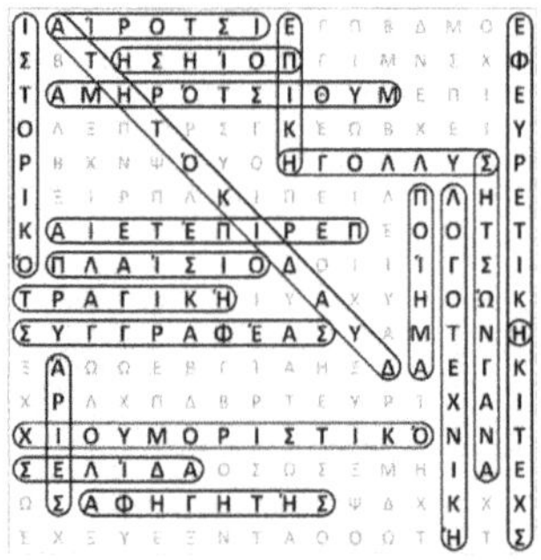

91 - Pays #2

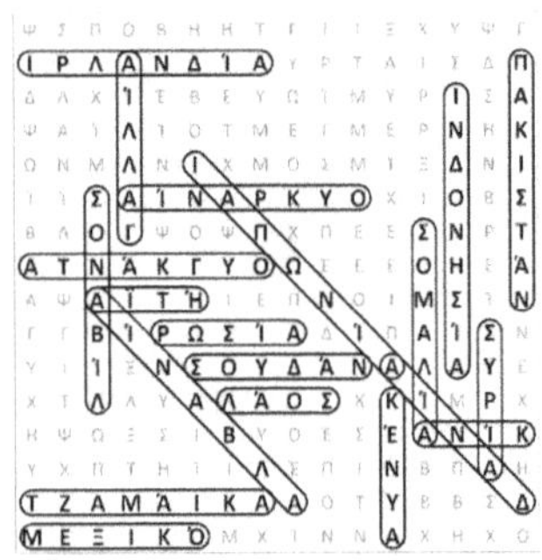

92 - Eau

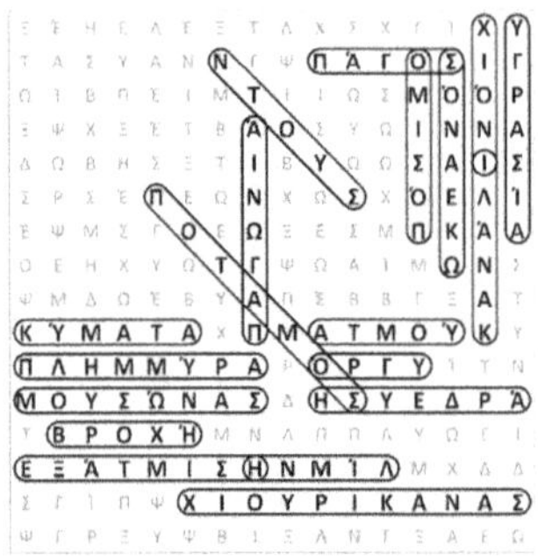

93 - Jazz

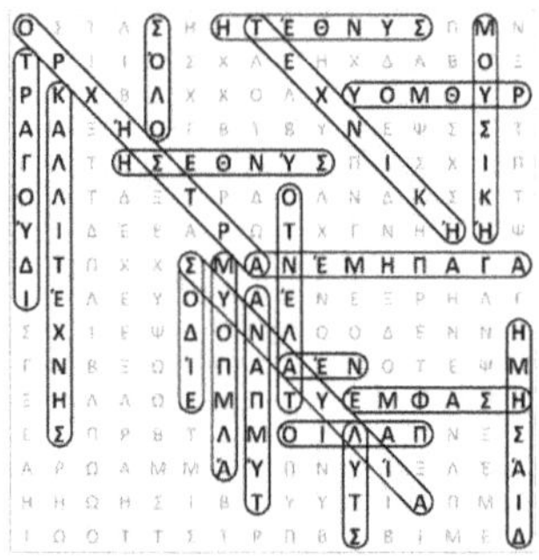

94 - Paysages

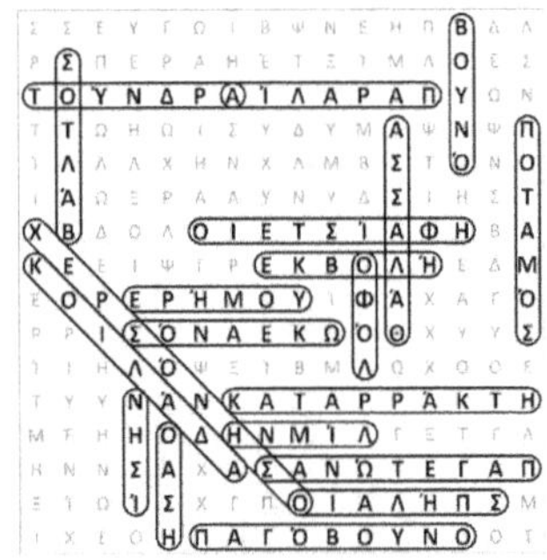

95 - Pays #1

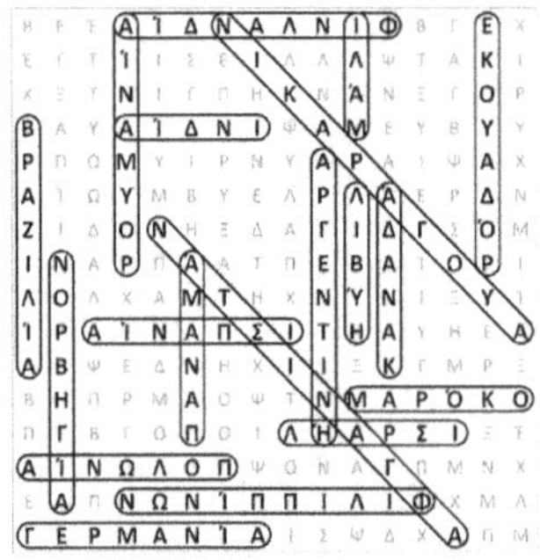

96 - Nombres

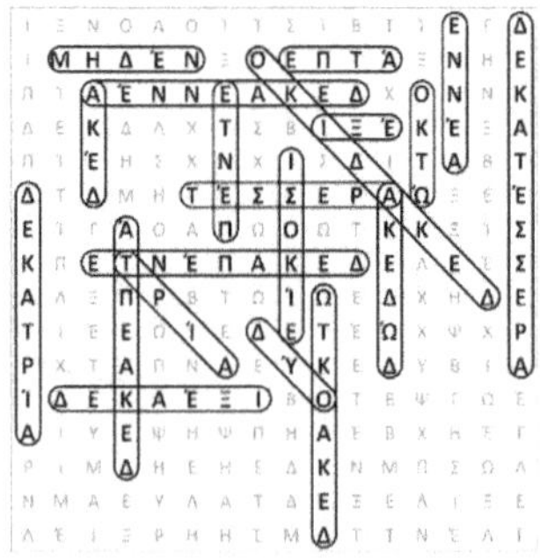

97 - Nature

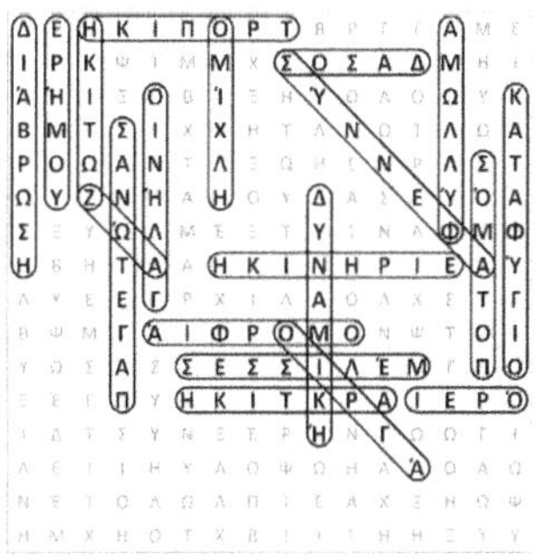

98 - Chimie

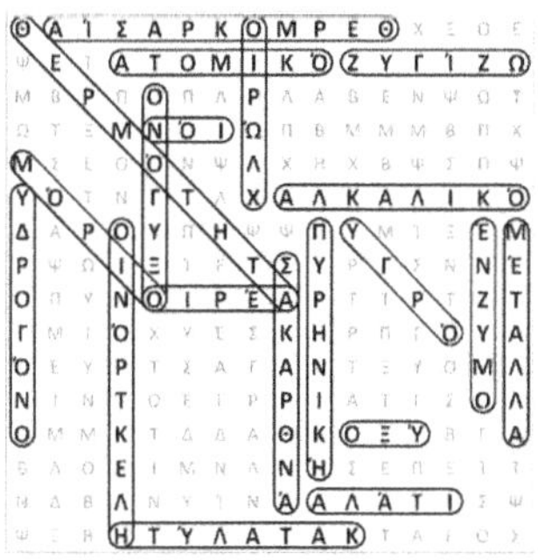

99 - Bateaux

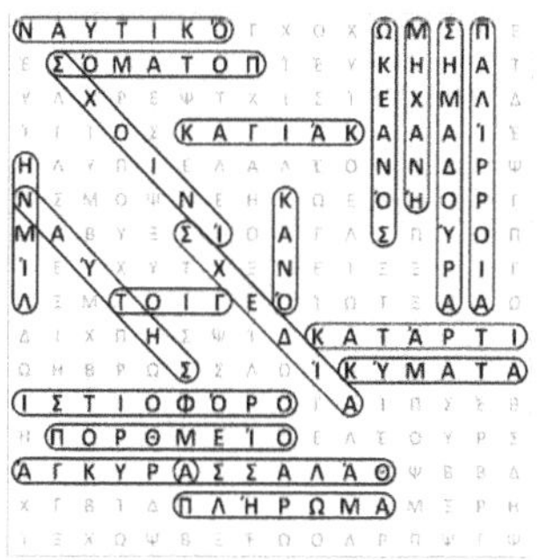

100 - Mesures

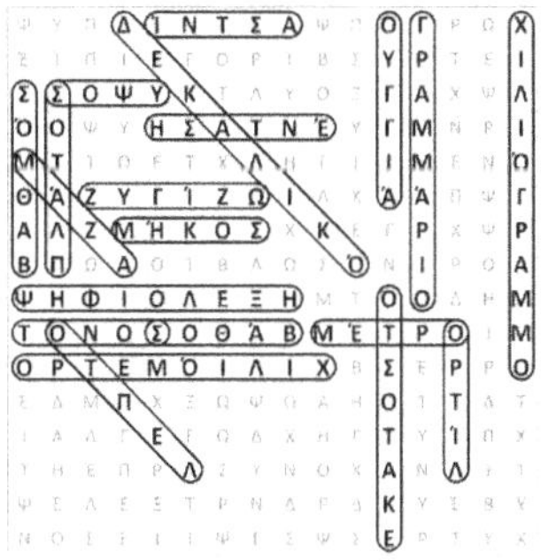

Dictionnaire

Activités
Δραστηριότητες

Activité	Δραστηριότητα
Art	Τέχνη
Artisanat	Βιοτεχνία
Camping	Κάμπινγκ
Céramique	Κεραμική
Chasse	Κυνήγι
Compétence	Επιδεξιότητα
Couture	Ράψιμο
Intérêts	Συμφέροντα
Jardinage	Κηπουρική
Jeux	Παιχνίδια
Lecture	Ανάγνωση
Loisir	Αναψυχή
Magie	Μαγεία
Peinture	Ζωγραφική
Pêche	Ψάρεμα
Photographie	Φωτογραφία
Plaisir	Ευχαρίστηση
Randonnée	Πεζοπορία
Relaxation	Χαλάρωση

Activités et Loisirs
Δραστηριότητες και Αναψυχή

Art	Τέχνη
Base-Ball	Μπέιζμπολ
Basket-Ball	Μπάσκετ
Boxe	Μποξ
Camping	Κάμπινγκ
Football	Ποδόσφαιρο
Golf	Γκολφ
Jardinage	Κηπουρική
Nager	Κολύμβηση
Passe-Temps	Χόμπι
Peinture	Ζωγραφική
Pêche	Ψάρεμα
Plongée	Καταδύσεισ
Randonnée	Πεζοπορία
Relaxant	Χαλαρωτικό
Surf	Σέρφινγκ
Tennis	Τένισ
Volley-Ball	Βόλεϊ
Voyage	Ταξίδι

Adjectifs #1
Επίθετα #1

Absolu	Απόλυτη
Actif	Ενεργή
Ambitieux	Φιλόδοξο
Aromatique	Αρωματικό
Artistique	Καλλιτεχνική
Attractif	Ελκυστικό
Beau	Όμορφη
Exotique	Εξωτικό
Énorme	Τεράστιο
Fantastique	Φανταστικό
Généreux	Γενναιόδωρη
Identique	Ίδια
Important	Σημαντικό
Innocent	Αθώοσ
Lent	Αργή
Lourd	Βαριά
Mince	Λεπτή
Moderne	Μοντέρνο
Parfait	Τέλειο
Utile	Χρήσιμη

Adjectifs #2
Επίθετα #2

Authentique	Αυθεντικό
Célèbre	Διάσημη
Créatif	Δημιουργική
Descriptif	Περιγραφικό
Doué	Προικισμένοσ
Dramatique	Δραματική
Élégant	Κομψό
Fier	Υπεροχη
Fort	Ισχυρή
Intéressant	Ενδιαφέρον
Naturel	Φυσική
Nouveau	Νέα
Productif	Παραγωγική
Puissant	Ισχυρό
Pur	Αγνό
Responsable	Υπεύθυνοσ
Sain	Υγιή
Salé	Αλμυρή
Sauvage	Άγριο
Sec	Ξηρό

Agronomie
Αγρονομία

Agriculture	Γεωργία
Croissance	Ανάπτυξη
Eau	Νερό
Engrais	Λίπασμα
Environnement	Περιβάλλον
Écologie	Οικολογία
Énergie	Ενέργεια
Érosion	Διάβρωση
Étude	Μελέτη
Graines	Σπόροι
Identification	Αναγνώριση
Légumes	Λαχανικά
Maladies	Ασθένεια
Nourriture	Τροφή
Pollution	Ρύπανση
Production	Παραγωγή
Recherche	Έρευνα
Rural	Αγροτική
Science	Επιστήμη
Systèmes	Σύστημα

Algèbre
Άλγεβρα

Diagramme	Διάγραμμα
Exposant	Εκθέτη
Équation	Εξίσωση
Facteur	Παράγοντασ
Formule	Τύποσ
Fraction	Κλάσμα
Graphique	Γράφημα
Infini	Άπειρο
Linéaire	Γραμμική
Matrice	Μήτρα
Nombre	Αριθμόσ
Parenthèse	Παρένθεση
Problème	Πρόβλημα
Quantité	Ποσότητα
Simplifier	Απλοποιώ
Solution	Λύση
Somme	Άθροισμα
Soustraction	Αφαίρεση
Variable	Μεταβλητή
Zéro	Μηδέν

Antarctique
Ανταρκτική

Baie	Κόλπο
Baleines	Φάλαινα
Chercheur	Ερευνητήσ
Conservation	Διατήρηση
Continent	Ήπειροσ
Eau	Νερό
Environnement	Περιβάλλον
Expédition	Εκδρομή
Géographie	Γεωγραφία
Glace	Πάγοσ
Îles	Νησιά
Migration	Μετανάστευση
Minéraux	Ορυκτά
Nuage	Σύννεφα
Oiseaux	Πουλιά
Péninsule	Χερσόνησο
Rocheux	Βραχώδησ
Scientifique	Επιστημονική
Température	Θερμοκρασία
Topographie	Τοπογραφία

Antiquités
Αντίκες

Art	Τέχνη
Authentique	Αυθεντικό
Bijoux	Κοσμήματα
Condition	Κατάσταση
Décoratif	Διακοσμητικό
Enchères	Δημοπρασία
Élégant	Κομψό
Galerie	Συλλογή
Inhabituel	Ασυνήθιστο
Investissement	Επένδυση
Meubles	Έπιπλα
Peintures	Ζωγραφική
Pièces	Κέρματα
Prix	Τιμή
Qualité	Ποιότητα
Restauration	Αποκατάσταση
Sculpture	Γλυπτική
Siècle	Αιώνασ
Style	Στυλ
Vieux	Παλιό

Archéologie
Αρχαιολογία

Analyse	Ανάλυση
Années	Χρόνια
Antiquité	Αρχαιότητα
Chercheur	Ερευνητήσ
Civilisation	Πολιτισμόσ
Descendant	Απόγονοσ
Ère	Εποχή
Équipe	Ομάδα
Évaluation	Αξιολόγηση
Fossile	Απολίθωμα
Fragments	Θραύσματα
Inconnu	Άγνωστοσ
Mystère	Μυστήριο
Objets	Αντικείμενα
Os	Οστά
Oublié	Ξεχασμένο
Professeur	Καθηγητήσ
Relique	Λείψανο
Temple	Ναό
Tombe	Μνήμα

Arts Visuels
Εικαστικές Τέχνες

Architecture	Αρχιτεκτονική
Artiste	Καλλιτέχνησ
Céramique	Κεραμική
Charbon	Κάρβουνο
Chef-D'Œuvre	Αριστούργημα
Chevalet	Καβαλέτο
Cire	Κερί
Composition	Σύνθεση
Craie	Κιμωλία
Crayon	Μολύβι
Film	Ταινία
Peinture	Ζωγραφική
Perspective	Προοπτική
Photographie	Φωτογραφία
Pochoir	Πολυγράφο
Portrait	Πορτρέτο
Sculpture	Γλυπτική
Stylo	Στυλό
Vernis	Βερνίκι

Astronomie
Αστρονομία

Astéroïde	Αστεροειδήσ
Astronaute	Αστροναύτησ
Astronome	Αστρονόμοσ
Ciel	Ουρανόσ
Constellation	Αστερισμό
Éclipse	Έκλειψη
Équinoxe	Ισημερία
Fusée	Ρουκέτα
Galaxie	Γαλαξίασ
Lune	Φεγγάρι
Météore	Μετέωρο
Nébuleuse	Νεφέλωμα
Observatoire	Παρατηρητήριο
Planète	Πλανήτησ
Radiation	Ακτινοβολία
Satellite	Δορυφορική
Solaire	Ηλιακή
Supernova	Σουπερνόβα
Terre	Γη
Univers	Σύμπαν

Aventure
Περιπέτεια

Activité	Δραστηριότητα
Amis	Φίλοι
Beauté	Ομορφιά
Bravoure	Γενναιότητα
Chance	Ευκαιρία
Dangereux	Επικίνδυνο
Destination	Προορισμόσ
Difficulté	Δυσκολία
Enthousiasme	Ενθουσιασμόσ
Excursion	Εκδρομή
Inhabituel	Ασυνήθιστο
Itinéraire	Δρομολόγιο
Joie	Χαρά
Nature	Φύση
Navigation	Πλοήγηση
Nouveau	Νέα
Préparation	Παρασκευή
Sécurité	Ασφάλεια
Voyages	Ταξίδι

Avions
Αεροπλάνα

Air	Αέρασ
Altitude	Υψόμετρο
Atmosphère	Ατμόσφαιρα
Atterrissage	Προσγείωση
Aventure	Περιπέτεια
Ballon	Μπαλόνι
Carburant	Καύσιμο
Ciel	Ουρανόσ
Construction	Κατασκευή
Descente	Καταγωγή
Direction	Κατεύθυνση
Équipage	Πλήρωμα
Gonfler	Φουσκώνουν
Hauteur	Υψοσ
Histoire	Ιστορία
Hydrogène	Υδρογόνο
Moteur	Μηχανή
Passager	Επιβάτη
Pilote	Πιλοτική
Turbulence	Αναταραχή

Ballet
Μπαλέτο

Applaudissement	Χειροκρότημα
Artistique	Καλλιτεχνική
Ballerine	Μπαλαρίνα
Chorégraphie	Χορογραφία
Compétence	Επιδεξιότητα
Compositeur	Συνθέτη
Danseurs	Χορευτεσ
Expressif	Εκφραστική
Geste	Χειρονομία
Intensité	Ένταση
Musique	Μουσική
Orchestre	Ορχήστρα
Pratique	Άσκηση
Public	Ακροατήριο
Répétition	Πρόβα
Rythme	Ρυθμού
Solo	Σόλο
Style	Στυλ
Technique	Τεχνική

Barbecues
Μπάρμπεκιου

Chaud	Ζεστό
Couteaux	Μαχαίρια
Déjeuner	Γεύμα
Dîner	Δείπνο
Enfants	Παιδί
Été	Καλοκαίρι
Faim	Πείνα
Famille	Οικογένεια
Fruit	Φρούτο
Gril	Σχάρα
Jeux	Παιχνίδια
Légumes	Λαχανικά
Musique	Μουσική
Oignons	Κρεμμύδια
Poivre	Πιπέρι
Poulet	Κοτόπουλο
Salades	Σαλάτα
Sauce	Σάλτσα
Sel	Αλάτι
Tomates	Ντομάτα

Bateaux
Σκάφη

Ancre	Άγκυρα
Bouée	Σημαδούρα
Canoë	Κανό
Corde	Σχοινί
Équipage	Πλήρωμα
Ferry	Πορθμείο
Fleuve	Ποταμόσ
Kayak	Καγιάκ
Lac	Λίμνη
Marée	Παλίρροια
Marin	Ναύτησ
Mât	Κατάρτι
Mer	Θάλασσα
Moteur	Μηχανή
Nautique	Ναυτικό
Océan	Ωκεανόσ
Radeau	Σχεδία
Vagues	Κύματα
Voilier	Ιστιοφόρο
Yacht	Γιοτ

Bâtiments
Κτίρια

Ambassade	Πρεσβεία
Appartement	Διαμέρισμα
Cabine	Καμπίνα
Château	Κάστρο
École	Σχολείο
Ferme	Αγρόκτημα
Garage	Γκαράζ
Grange	Αχυρώνα
Hôpital	Νοσοκομείο
Hôtel	Ξενοδοχείο
Laboratoire	Εργαστήριο
Musée	Μουσείο
Observatoire	Παρατηρητήριο
Stade	Στάδιο
Supermarché	Μάρκετ
Tente	Σκηνή
Théâtre	Θέατρο
Tour	Πύργοσ
Université	Πανεπιστήμιο
Usine	Εργοστάσιο

Beauté
Ομορφιά

Boucles	Μπούκλεσ
Charme	Γοητεία
Ciseaux	Ψαλίδι
Cosmétique	Καλλυντικά
Couleur	Χρώμα
Élégance	Κομψότητα
Élégant	Κομψό
Grâce	Χάρη
Huiles	Έλαια
Lisse	Ομαλή
Maquillage	Μακιγιάζ
Mascara	Μάσκαρα
Miroir	Καθρεφτησ
Parfum	Άρωμα
Peau	Δέρμα
Photogénique	Φωτογενησ
Rouge à Lèvres	Κραγιόν
Services	Υπηρεσία
Shampooing	Σαμπουάν
Styliste	Στυλίστασ

Biologie
Βιολογία

Anatomie	Ανατομία
Bactéries	Βακτήρια
Cellule	Κελί
Chromosome	Χρωμόσωμα
Collagène	Κολλαγόνο
Embryon	Έμβρυο
Enzyme	Ένζυμο
Évolution	Εξέλιξη
Hormone	Ορμόνη
Mammifère	Θηλαστικό
Mutation	Μετάλλαξη
Naturel	Φυσική
Nerf	Νεύρο
Neurone	Νευρώνα
Osmose	Όσμωση
Photosynthèse	Φωτοσύνθεση
Protéine	Πρωτεΐνη
Reptile	Ερπετό
Symbiose	Συμβίωση
Synapse	Σύναψη

Boxe
Πυγμαχία

Adversaire	Αντίπαλοσ
Arbitre	Διαιτητήσ
Cloche	Κουδούνι
Coin	Γωνία
Combattant	Μαχητήσ
Compétence	Επιδεξιότητα
Concentrer	Εστίαση
Cordes	Σχοινιά
Corps	Σώμα
Coude	Αγκώνα
Coup	Κλωτσώ
Épuisé	Εξαντληθεί
Force	Δύναμη
Gants	Γάντια
Menton	Πηγούνι
Poing	Γροθιά
Points	Σημεία
Récupération	Ανάκτηση

Café
Καφές

Acide	Όξινο
Amer	Πικρή
Arôme	Άρωμα
Boisson	Ποτό
Caféine	Καφεΐνη
Crème	Κρέμα
Eau	Νερό
Filtre	Φίλτρο
Lait	Γάλα
Liquide	Υγρό
Matin	Πρωί
Moudre	Αλέθω
Noir	Μαύρο
Origine	Προέλευση
Prix	Τιμή
Saveur	Γεύση
Sucre	Ζάχαρη
Tasse	Κύπελλο
Variété	Ποικιλία

Camping
Κατασκήνωση

nimaux	Ζώα
venture	Περιπέτεια
oussole	Πυξίδα
abine	Καμπίνα
anoë	Κανό
arte	Χάρτη
hapeau	Καπέλο
hasse	Κυνήγι
orde	Σχοινί
quipement	Εξοπλισμόσ
eu	Φωτιά
orêt	Δασοσ
amac	Αιώρα
secte	Έντομο
ac	Λίμνη
anterne	Φανάρι
une	Φεγγάρι
ontagne	Βουνό
ature	Φύση
ente	Σκηνή

Chimie
Χημεία

Acide	Οξύ
Alcalin	Αλκαλικό
Atomique	Ατομικό
Carbone	Άνθρακασ
Catalyseur	Καταλύτη
Chaleur	Θερμότητα
Chlore	Χλώριο
Enzyme	Ένζυμο
Électron	Ηλεκτρόνιο
Gaz	Αέριο
Hydrogène	Υδρογόνο
Ion	Ιόν
Liquide	Υγρό
Métaux	Μέταλλα
Molécule	Μόριο
Nucléaire	Πυρηνική
Oxygène	Οξυγόνο
Poids	Ζυγίζω
Sel	Αλάτι
Température	Θερμοκρασία

Chocolat
Σοκολάτα

Amer	Πικρή
Arôme	Άρωμα
Artisanal	Βιοτεχνική
Cacahuètes	Φιστίκια
Cacao	Κακάο
Calories	Θερμιδεσ
Caramel	Καραμέλα
Délicieux	Νόστιμο
Doux	Γλυκό
Exotique	Εξωτικό
Favori	Αγαπημένοσ
Goût	Γεύση
Ingrédient	Συστατικό
Noix de Coco	Καρύδα
Poudre	Σκόνη
Qualité	Ποιότητα
Recette	Συνταγή
Sucre	Ζάχαρη

Conduite

Οδήγηση

Accident	Ατύχημα
Camion	Φορτηγό
Carburant	Καύσιμο
Carte	Χάρτη
Danger	Κινδύνου
Freins	Φρένα
Garage	Γκαράζ
Gaz	Αέριο
Licence	Άδεια
Moteur	Μοτέρ
Moto	Μοτοσυκλέτα
Piéton	Πεζόσ
Police	Αστυνομία
Route	Δρόμοσ
Sécurité	Ασφάλεια
Trafic	Κυκλοφορία
Transport	Μεταφορά
Tunnel	Σήραγγα
Vitesse	Ταχύτητα
Voiture	Αυτοκίνητο

Corps Humain

Ανθρώπινο Σώμα

Bouche	Στόμα
Cerveau	Μυαλό
Cheville	Αστράγαλοσ
Cou	Λαιμόσ
Coude	Αγκώνα
Cœur	Καρδιά
Doigt	Δάχτυλο
Estomac	Στομάχι
Épaule	Ώμοσ
Genou	Γόνατο
Lèvres	Χείλη
Main	Χέρι
Mâchoire	Σαγόνι
Menton	Πηγούνι
Nez	Μύτη
Oreille	Αυτί
Peau	Δέρμα
Sang	Αίμα
Tête	Κεφάλι
Visage	Πρόσωπο

Créativité

Δημιουργικότητα

Artistique	Καλλιτεχνική
Authenticité	Αυθεντικότητα
Clarté	Σαφήνεια
Compétence	Επιδεξιότητα
Dramatique	Δραματική
Expression	Έκφραση
Émotions	Συναισθήματα
Fluidité	Ρευστότητα
Idées	Ιδέα
Image	Εικόνα
Imagination	Φαντασία
Impression	Εντύπωση
Inspiration	Έμπνευση
Intensité	Ένταση
Intuition	Διαίσθηση
Inventif	Εφευρετική
Sensation	Αίσθηση
Spontané	Αυθόρμητη
Visions	Οράματα
Vitalité	Ζωτικότητα

Danse

Χορός

Académie	Ακαδημία
Art	Τέχνη
Chorégraphie	Χορογραφία
Classique	Κλασική
Corps	Σώμα
Culture	Πολιτισμόσ
Culturel	Πολιτιστική
Expressif	Εκφραστική
Émotion	Συγκίνηση
Grâce	Χάρη
Joyeux	Χαρούμενο
Mouvement	Κίνηση
Musique	Μουσική
Partenaire	Παρτενέρ
Posture	Στάση
Répétition	Πρόβα
Rythme	Ρυθμού
Traditionnel	Παραδοσιακή
Visuel	Οπτική

Diplomatie

Διπλωματία

Ambassade	Πρεσβεία
Ambassadeur	Πρέσβησ
Civique	Πολίτη
Communauté	Κοινότητα
Conflit	Σύγκρουση
Conseiller	Σύμβουλοσ
Coopération	Συνεργασία
Diplomatique	Διπλωματικό
Discussion	Συζήτηση
Éthique	Ηθική
Étranger	Ξένο
Gouvernement	Κυβέρνηση
Humanitaire	Ανθρωπιστική
Intégrité	Ακεραιότητα
Justice	Δικαιοσύνη
Politique	Πολιτική
Résolution	Ανάλυση
Sécurité	Ασφάλεια
Solution	Λύση
Traité	Συνθήκη

Disciplines Scientifiques

Επιστημονικοί Κλάδοι

Anatomie	Ανατομία
Archéologie	Αρχαιολογία
Astronomie	Αστρονομία
Biochimie	Βιοχημεία
Biologie	Βιολογία
Botanique	Βοτανική
Chimie	Χημεία
Écologie	Οικολογία
Géologie	Γεωλογία
Immunologie	Ανοσολογία
Linguistique	Γλωσσολογία
Mécanique	Μηχανική
Météorologie	Μετεωρολογία
Minéralogie	Ορυκτολογία
Neurologie	Νευρολογία
Physiologie	Φυσιολογία
Psychologie	Ψυχολογία
Sociologie	Κοινωνιολογία
Thermodynamiq ue	Θερμοδυναμική
Zoologie	Ζωολογία

'au
ερό

anal	Κανάλι
ouche	Ντουσ
vaporation	Εξάτμιση
euve	Ποταμόσ
el	Παγωνιά
lace	Πάγοσ
umide	Υγρό
umidité	Υγρασία
ondation	Πλημμύρα
rigation	Άρδευση
ıc	Λίμνη
ousson	Μουσώνασ
eige	Χιόνι
céan	Ωκεανόσ
uragan	Χιουρικανασ
uie	Βροχή
otable	Πόσιμο
agues	Κύματα
apeur	Ατμού

Entreprise
Επιχείρηση

Argent	Χρήμα
Boutique	Κατάστημα
Bureau	Γραφείο
Carrière	Καριέρα
Coût	Κόστοσ
Devise	Νόμισμα
Employeur	Εργοδότη
Entreprise	Εταιρεία
Économie	Οικονομικά
Finance	Χρηματοδοτώ
Importation	Εισαγωγή
Impôts	Φόροι
Investissement	Επένδυση
Marchandise	Εμπορεύματα
Profit	Κέρδοσ
Revenu	Εισόδημα
Réduction	Έκπτωση
Transaction	Συναλλαγή
Usine	Εργοστάσιο
Vente	Πώληση

Écologie
Οικολογία

Bénévoles	Εθελοντέσ
Climat	Κλίμα
Communautés	Κοινότητα
Diversité	Ποικιλία
Durable	Βιώσιμη
Espèce	Είδοσ
Faune	Πανίδα
Flore	Χλωρίδα
Global	Παγκόσμια
Marin	Θαλάσσιο
Montagnes	Βουνά
Nature	Φύση
Naturel	Φυσική
Plantes	Φυτά
Ressources	Πόρων
Sécheresse	Ξηρασία
Survie	Επιβίωση
Végétation	Βλάστηση

'lectricité
λεκτρική Ενέργεια

mant	Μαγνήτησ
mpoule	Βολβόσ
atterie	Μπαταρία
âble	Καλώδιο
ectricien	Ηλεκτρολόγοσ
ectrique	Ηλεκτρική
quipement	Εξοπλισμόσ
ls	Καλώδια
énérateur	Γεννήτρια
ampe	Λάμπα
aser	Λέιζερ
égatif	Αρνητικό
ojets	Αντικείμενα
ositif	Θετική
rise	Πρίζα
uantité	Ποσότητα
éseau	Δίκτυο
ockage	Αποθήκευση
éléphone	Τηλέφωνο
élévision	Τηλεόραση

Énergie
Ενέργεια

Batterie	Μπαταρία
Carbone	Άνθρακασ
Carburant	Καύσιμο
Chaleur	Θερμότητα
Diesel	Ντίζελ
Entropie	Εντροπία
Environnement	Περιβάλλον
Essence	Βενζίνη
Électrique	Ηλεκτρική
Électron	Ηλεκτρόνιο
Hydrogène	Υδρογόνο
Industrie	Βιομηχανία
Moteur	Μοτέρ
Nucléaire	Πυρηνική
Photon	Φωτόνιο
Pollution	Ρύπανση
Renouvelable	Ανανεώσιμη
Soleil	Ήλιοσ
Turbine	Στροβίλων
Vent	Άνεμοσ

Épices
Μπαχαρικά

Aigre	Ξινή
Ail	Σκόρδο
Amer	Πικρή
Anis	Γλυκάνισο
Cannelle	Κανέλα
Cardamome	Κάρδαμο
Cumin	Κύμινο
Curcuma	Κουρκούμη
Curry	Κάρυ
Fenouil	Μάραθο
Gingembre	Τζίντζερ
Muscade	Μοσχοκάρυδο
Oignon	Κρεμμύδι
Paprika	Πάπρικα
Poivre	Πιπέρι
Réglisse	Γλυκόριζα
Safran	Κροκοσ
Saveur	Γεύση
Sel	Αλάτι
Vanille	Βανίλια

Éthique
Ηθική

Altruisme	Αλτρουισμόσ
Compassion	Συμπόνια
Coopération	Συνεργασία
Dignité	Αξιοπρέπεια
Diplomatique	Διπλωματικό
Gentillesse	Καλοσύνη
Honnêteté	Ειλικρίνεια
Humanité	Ανθρωπότητα
Individualisme	Ατομικισμόσ
Intégrité	Ακεραιότητα
Optimisme	Αισιοδοξία
Patience	Υπομονή
Philosophie	Φιλοσοφία
Raisonnable	Εύλογο
Rationalité	Λογικότητα
Réalisme	Ρεαλισμοσ
Sagesse	Σοφία
Tolérance	Ανεκτικότητα
Valeurs	Αξιεσ

Famille
Οικογένεια

Ancêtre	Πρόγονοσ
Cousin	Ξαδέρφη
Enfant	Παιδί
Femme	Γυναίκα
Fille	Κόρη
Frère	Αδελφοσ
Grand-Mère	Γιαγιά
Grand-Père	Παππούσ
Jumeaux	Δίδυμα
Mari	Σύζυγοσ
Maternel	Μητρική
Mère	Μητέρα
Neveu	Ανιψιόσ
Nièce	Ανιψιά
Oncle	Θείοσ
Paternel	Πατρική
Petit-Fils	Εγγονόσ
Père	Πατέρασ
Soeur	Αδελφή
Tante	Θεία

Ferme #1
Αγρόκτημα #1

Abeille	Μέλισσα
Agriculture	Γεωργία
Âne	Γαϊδούρι
Champ	Πεδίο
Chat	Γάτα
Cheval	Άλογο
Chèvre	Γίδα
Chien	Σκύλοσ
Clôture	Φρακτησ
Cochon	Γουρούνι
Corbeau	Κοράκι
Eau	Νερό
Engrais	Λίπασμα
Foin	Σανό
Miel	Μέλι
Poulet	Κοτόπουλο
Riz	Ρύζι
Troupeau	Κοπάδι
Vache	Αγελάδα
Veau	Μοσχάρι

Ferme #2
Αγρόκτημα #2

Agneau	Αρνί
Agriculteur	Αγροτησ
Animaux	Ζώα
Berger	Βοσκόσ
Blé	Σιτάρι
Canard	Πάπια
Fruit	Φρούτο
Grange	Αχυρώνα
Irrigation	Άρδευση
Lait	Γάλα
Lama	Λάμα
Légume	Φυτό
Maïs	Καλαμπόκι
Mouton	Πρόβατο
Nourriture	Τροφή
Orge	Κριθάρι
Pré	Λιβάδι
Ruche	Κυψέλη
Tracteur	Τρακτέρ
Verger	Περιβόλι

Fleurs
Λουλούδια

Bouquet	Μπουκέτο
Gardénia	Γαρδένια
Hibiscus	Ιβίσκοσ
Jasmin	Γιασεμί
Lavande	Λεβάντα
Lilas	Πασχαλιά
Lys	Κρίνοσ
Magnolia	Μανόλια
Marguerite	Μαργαρίτα
Orchidée	Ορχιδέα
Passiflore	Πασσιφλόρα
Pavot	Παπαρούνα
Pétale	Πέταλο
Pissenlit	Πικραλίδα
Pivoine	Παιωνία
Rose	Τριαντάφυλλο
Tournesol	Ηλιοτρόπιο
Trèfle	Τριφύλλι
Tulipe	Τουλίπα

Force et Gravité
Δύναμη και Βαρύτητα

Axe	Άξονασ
Centre	Κέντρο
Découverte	Ανακάλυψη
Distance	Απόσταση
Dynamique	Δυναμική
Expansion	Επέκταση
Élan	Ορμή
Friction	Τριβή
Magnétisme	Μαγνητισμόσ
Mécanique	Μηχανική
Mouvement	Κίνηση
Orbite	Τροχιά
Physique	Φυσική
Poids	Ζυγίζω
Pression	Πίεση
Propriétés	Ιδιότητα
Temps	Ώρα
Universel	Καθολική
Vitesse	Ταχύτητα

Forêt Tropicale
Τροπικό Δάσος

Amphibiens	Αμφίβια
Botanique	Βοτανική
Climat	Κλίμα
Communauté	Κοινότητα
Diversité	Ποικιλία
Espèce	Είδοσ
Insectes	Έντομα
Jungle	Ζούγκλα
Mammifères	Θηλαστικά
Mousse	Βρύα
Nature	Φύση
Nuage	Σύννεφα
Oiseaux	Πουλιά
Précieux	Πολύτιμα
Préservation	Διατήρηση
Refuge	Καταφύγιο
Respect	Σέβομαι
Restauration	Αποκατάσταση
Survie	Επιβίωση

Formes
Σχήματα

Arc	Τόξο
Bords	Άκρη
Carré	Πλατεία
Cercle	Κύκλοσ
Coin	Γωνία
Courbe	Καμπύλη
Cône	Κώνοσ
Côté	Πλευρά
Cube	Κύβοσ
Cylindre	Κύλινδροσ
Ellipse	Έλλειψη
Hyperbole	Υπερβολή
Ligne	Γραμμή
Ovale	Οβάλ
Polygone	Πολύγωνο
Prisme	Πρίσμα
Pyramide	Πυραμίδα
Rectangle	Ορθογώνιο
Sphère	Σφαίρα
Triangle	Τριγώνου

Fruit
Φρούτα

Abricot	Βερίκοκο
Ananas	Ανανά
Avocat	Αβοκάντο
Baie	Μούρο
Banane	Μπανάνα
Cerise	Κεράσι
Citron	Λεμόνι
Figue	Σύκο
Framboise	Βατόμουρο
Goyave	Γκουάβα
Kiwi	Ακτινίδιο
Mangue	Μάνγκο
Melon	Πεπόνι
Nectarine	Νεκταρίνι
Orange	Πορτοκάλι
Papaye	Παπάγια
Pêche	Ροδάκινο
Poire	Αχλάδι
Pomme	Μήλο
Raisin	Σταφύλι

Géographie
Γεωγραφία

ltitude	Υψόμετρο
tlas	Άτλαντα
arte	Χάρτη
ontinent	Ήπειροσ
leuve	Ποταμόσ
émisphère	Ημισφαίριο
e	Νησί
ongitude	Γεωγραφικό
er	Θάλασσα
éridien	Μεσημβρινό
onde	Κόσμο
ontagne	Βουνό
ord	Βορρά
céan	Ωκεανόσ
uest	Δύση
ays	Χώρα
égion	Περιοχή
ud	Νότια
rritoire	Έδαφοσ
lle	Πόλη

Géologie
Γεωλογία

Acide	Οξύ
Calcium	Ασβέστιο
Caverne	Σπήλαιο
Continent	Ήπειροσ
Corail	Κοράλλι
Couche	Στρώμα
Cristaux	Κρύσταλλα
Érosion	Διάβρωση
Fondu	Λιωμένο
Fossile	Απολίθωμα
Lave	Λάβα
Minéraux	Ορυκτά
Pierre	Πέτρα
Plateau	Οροπέδιο
Quartz	Χαλαζία
Sel	Αλάτι
Stalactite	Σταλακτίτησ
Stalagmites	Σταλαγμιτεσ
Volcan	Ηφαίστειο
Zone	Ζώνη

Géométrie
Γεωμετρία

Angle	Γωνία
Calcul	Υπολογισμόσ
Cercle	Κύκλοσ
Courbe	Καμπύλη
Diamètre	Διάμετροσ
Dimension	Διάσταση
Équation	Εξίσωση
Hauteur	Υψοσ
Logique	Λογική
Masse	Μάζα
Médian	Μέση
Nombre	Αριθμόσ
Parallèle	Παράλληλη
Proportion	Ποσοστό
Segment	Τμήμα
Surface	Επιφάνεια
Symétrie	Συμμετρία
Théorie	Θεωρία
Triangle	Τριγώνου
Vertical	Κάθετη

Gouvernement
Κυβέρνηση

Citoyenneté	Ιθαγένεια
Civil	Δημόσια
Constitution	Σύνταγμα
Démocratie	Δημοκρατία
Discours	Ομιλία
Discussion	Συζήτηση
District	Περιοχή
Droits	Δικαιώματα
Égalité	Ισότητα
État	Κατάσταση
Indépendance	Ανεξαρτησία
Judiciaire	Δικαστική
Justice	Δικαιοσύνη
Liberté	Ελευθερία
Loi	Δίκαιο
Monument	Μνημείο
Nation	Έθνοσ
Paisible	Ειρηνική
Politique	Πολιτική
Symbole	Σύμβολο

Herboristerie
Βοτανολογία

Ail	Σκόρδο
Aromatique	Αρωματικό
Basilic	Βασιλικού
Bénéfique	Ευεργετική
Culinaire	Μαγειρική
Estragon	Εστραγκόν
Fenouil	Μάραθο
Fleur	Λουλούδι
Ingrédient	Συστατικό
Jardin	Κήποσ
Lavande	Λεβάντα
Marjolaine	Μαντζουράνα
Menthe	Μέντα
Persil	Μαϊντανόσ
Qualité	Ποιότητα
Romarin	Δενδρολίβανο
Safran	Κροκοσ
Saveur	Γεύση
Thym	Θυμάρι
Vert	Πράσινο

Ingénierie
Μηχανική

Angle	Γωνία
Axe	Άξονασ
Calcul	Υπολογισμόσ
Construction	Κατασκευή
Diagramme	Διάγραμμα
Diamètre	Διάμετροσ
Diesel	Ντίζελ
Distribution	Διανομή
Engrenages	Γρανάζια
Énergie	Ενέργεια
Force	Δύναμη
Liquide	Υγρό
Machine	Μηχανή
Mesure	Μέτρηση
Moteur	Μοτέρ
Profondeur	Βάθοσ
Propulsion	Ώθηση
Rotation	Περιστροφή
Stabilité	Σταθερότητα
Structure	Δομή

Instruments de Musique
Μουσικά Όργανα

Banjo	Μπάντζο
Basson	Φαγκότο
Clarinette	Κλαρινέτο
Flûte	Φλάουτο
Gong	Γκονγκ
Guitare	Κιθάρα
Harmonica	Φυσαρμόνικα
Harpe	Άρπα
Hautbois	Όμποε
Mandoline	Μαντολίνο
Marimba	Μαρίμπα
Percussion	Κρούση
Piano	Πιάνο
Saxophone	Σαξόφωνο
Tambour	Τύμπανο
Tambourin	Ντέφι
Trombone	Τρομπόνι
Trompette	Τρομπέτα
Violon	Βιολί
Violoncelle	Βιολοντσέλο

Jardin
Κήπος

Arbre	Δέντρο
Banc	Παγκάκι
Clôture	Φρακτησ
Étang	Λίμνη
Fleur	Λουλούδι
Garage	Γκαράζ
Hamac	Αιώρα
Herbe	Γρασίδι
Jardin	Κήποσ
Mauvaises Herbes	Ζιζάνια
Pelle	Φτυάρι
Pelouse	Γκαζόν
Râteau	Τσουγκράνα
Terrasse	Βεράντα
Trampoline	Τραμπολίνο
Tuyau	Σωλήνα
Verger	Περιβόλι
Vigne	Αμπέλι

Jardinage
Κηπουρική

Botanique	Βοτανική
Bouquet	Μπουκέτο
Climat	Κλίμα
Comestible	Βρώσιμα
Compost	Κοπρόχωμα
Eau	Νερό
Espèce	Είδοσ
Exotique	Εξωτικό
Feuillage	Φύλλωμα
Feuille	Φύλλο
Fleur	Άνθοσ
Floral	Λουλουδιών
Graines	Σπόροι
Humidité	Υγρασία
Récipient	Δοχείο
Saisonnier	Εποχιακή
Saleté	Βρωμιά
Tuyau	Σωλήνα
Verger	Περιβόλι

Jazz
Τζαζ

Accent	Έμφαση
Album	Άλμπουμ
Artiste	Καλλιτέχνησ
Célèbre	Διάσημη
Chanson	Τραγούδι
Compositeur	Συνθέτη
Composition	Σύνθεση
Concert	Συναυλία
Favoris	Αγαπημένα
Genre	Είδοσ
Musique	Μουσική
Nouveau	Νέα
Orchestre	Ορχήστρα
Rythme	Ρυθμού
Solo	Σόλο
Style	Στυλ
Talent	Ταλέντο
Tambours	Τύμπανα
Technique	Τεχνική
Vieux	Παλιό

Jours et Mois
Ημέρες και Μήνες

Août	Αυγούστου
Avril	Απριλίου
Calendrier	Ημερολόγιο
Dimanche	Κυριακή
Février	Φεβρουαρίου
Janvier	Ιανουαρίου
Jeudi	Πέμπτη
Juillet	Ιουλίου
Juin	Ιουνίου
Lundi	Δευτέρα
Mardi	Τρίτη
Mars	Πορεία
Mercredi	Τετάρτη
Mois	Μήνασ
Novembre	Νοεμβρίου
Octobre	Οκτωβρίου
Samedi	Σάββατο
Semaine	Εβδομάδα
Septembre	Σεπτεμβρίου
Vendredi	Παρασκευή

L'Entreprise
Η Εταιρεία

Affaires	Επιχείρηση
Créatif	Δημιουργική
Décision	Απόφαση
Emploi	Απασχόληση
Global	Παγκόσμια
Industrie	Βιομηχανία
Innovant	Καινοτόμο
Investissement	Επένδυση
Possibilité	Δυνατότητα
Présentation	Παρουσίαση
Produit	Προϊόν
Progrès	Πρόοδοσ
Qualité	Ποιότητα
Ressources	Πόρων
Revenu	Έσοδα
Réputation	Φήμη
Risques	Κίνδυνοι
Tendances	Τάσεισ
Unités	Μονάδεσ

Les Abeilles
Μέλισσες

Ailes	Φτερά
Bénéfique	Ευεργετική
Cire	Κερί
Diversité	Ποικιλία
Essaim	Σμήνοσ
Écosystème	Οικοσύστημα
Fleur	Άνθοσ
Fleurs	Λουλούδια
Fruit	Φρούτο
Fumée	Καπνίζουν
Insecte	Έντομο
Jardin	Κήποσ
Miel	Μέλι
Nourriture	Τροφή
Plantes	Φυτά
Pollen	Γύρη
Pollinisateur	Επικονιαστήσ
Reine	Βασίλισσα
Ruche	Κυψέλη
Soleil	Ήλιοσ

Légumes
Λαχανικά

Ail	Σκόρδο
Artichaut	Αγκινάρα
Aubergine	Μελιτζάνα
Brocoli	Μπρόκολο
Carotte	Καρότο
Céleri	Σέλινο
Champignon	Μανιτάρι
Citrouille	Κολοκύθα
Concombre	Αγγούρι
Échalote	Εσκαλωνίδα
Épinard	Σπανάκι
Gingembre	Τζίντζερ
Navet	Γογγύλι
Oignon	Κρεμμύδι
Olive	Ελιά
Persil	Μαϊντανόσ
Pois	Μπιζέλι
Radis	Ραπανάκι
Salade	Σαλάτα
Tomate	Ντομάτα

Littérature
Λογοτεχνία

Analogie	Αναλογία
Analyse	Ανάλυση
Anecdote	Ανέκδοτο
Auteur	Συγγραφέασ
Biographie	Βιογραφία
Comparaison	Σύγκριση
Conclusion	Συμπέρασμα
Description	Περιγραφή
Dialogue	Διάλογοσ
Fiction	Φαντασία
Métaphore	Μεταφορά
Narrateur	Αφηγητήσ
Opinion	Γνώμη
Poème	Ποίημα
Poétique	Ποιητική
Roman	Μυθιστόρημα
Rythme	Ρυθμού
Style	Στυλ
Thème	Θέμα
Tragédie	Τραγωδία

Livres
Βιβλία

Auteur	Συγγραφέασ
Aventure	Περιπέτεια
Collection	Συλλογή
Contexte	Πλαίσιο
Dualité	Δυαδικότητα
Épique	Επική
Histoire	Ιστορία
Historique	Ιστορικό
Humoristique	Χιουμοριστικό
Inventif	Εφευρετική
Lecteur	Αναγνώστησ
Littéraire	Λογοτεχνική
Narrateur	Αφηγητήσ
Page	Σελίδα
Pertinent	Σχετική
Poème	Ποίημα
Poésie	Ποίηση
Roman	Μυθιστόρημα
Série	Σειρά
Tragique	Τραγική

Maison
Σπίτι

Balai	Σκούπα
Bibliothèque	Βιβλιοθήκη
Chambre	Δωμάτιο
Cheminée	Τζάκι
Clés	Κλειδιά
Clôture	Φρακτησ
Cuisine	Κουζίνα
Douche	Ντουσ
Fenêtre	Παράθυρο
Garage	Γκαράζ
Grenier	Σοφίτα
Jardin	Κήποσ
Lampe	Λάμπα
Miroir	Καθρεφτησ
Mur	Τοίχοσ
Plafond	Ταβάνι
Porte	Πόρτα
Rideaux	Κουρτίνα
Tapis	Χαλί
Toit	Στέγη

Maladie
Ασθένεια

Abdominal	Κοιλιακή
Allergies	Αλλεργία
Bien-Être	Ευεξία
Chronique	Χρόνιοσ
Contagieux	Μεταδοτικό
Corps	Σώμα
Cœur	Καρδιά
Génétique	Γενετική
Héréditaire	Κληρονομική
Immunité	Ασυλία
Inflammation	Φλεγμονή
Lombaire	Οσφυϊκή
Neuropathie	Νευροπάθεια
Os	Οστά
Pathogènes	Παθογόνα
Pulmonaire	Πνευμονική
Respiratoire	Αναπνευστική
Santé	Υγεία
Syndrome	Σύνδρομο
Thérapie	Θεραπεία

Mammifères
Θηλαστικά

Baleine	Φάλαινα
Chat	Γάτα
Cheval	Άλογο
Chien	Σκύλοσ
Coyote	Κογιότ
Dauphin	Δελφίνι
Éléphant	Ελέφαντασ
Girafe	Καμηλοπάρδαλη
Gorille	Γορίλασ
Kangourou	Καγκουρό
Lapin	Κουνέλι
Lion	Λιοντάρι
Loup	Λύκοσ
Mouton	Πρόβατο
Ours	Αρκούδα
Renard	Αλεπού
Singe	Μαϊμού
Taureau	Ταύροσ
Tigre	Τίγρη
Zèbre	Ζέβρα

Mathématiques
Μαθηματικά

Angles	Γωνία
Arithmétique	Αριθμητική
Carré	Πλατεία
Circonférence	Περιφέρεια
Décimal	Δεκαδικό
Diamètre	Διάμετροσ
Exposant	Εκθέτη
Équation	Εξίσωση
Fraction	Κλάσμα
Géométrie	Γεωμετρία
Parallèle	Παράλληλη
Perpendiculaire	Κάθετοσ
Périmètre	Περίμετρο
Polygone	Πολύγωνο
Rayon	Ακτίνα
Rectangle	Ορθογώνιο
Somme	Άθροισμα
Symétrie	Συμμετρία
Triangle	Τριγώνου
Volume	Ένταση

Mesures
Μετρήσεις

Centimètre	Εκατοστό
Degré	Βαθμόσ
Décimal	Δεκαδικό
Gramme	Γραμμάριο
Hauteur	Υψοσ
Kilogramme	Χιλιόγραμμο
Kilomètre	Χιλιόμετρο
Largeur	Πλάτοσ
Litre	Λίτρο
Longueur	Μήκοσ
Masse	Μάζα
Mètre	Μέτρο
Minute	Λεπτό
Octet	Ψηφιολεξη
Once	Ουγγιά
Poids	Ζυγίζω
Pouce	Ίντσα
Profondeur	Βάθοσ
Tonne	Τόνοσ
Volume	Ένταση

Meubles
Έπιπλα

Banc	Παγκάκι
Bibliothèque	Βιβλιοθήκη
Bureau	Γραφείο
Canapé	Καναπέ
Chaise	Καρέκλα
Commode	Κομμό
Coussins	Μαξιλάρια
Étagères	Ράφια
Fauteuil	Πολυθρόνα
Futon	Φουτόν
Hamac	Αιώρα
Lampe	Λάμπα
Lit	Κρεβάτι
Matelas	Στρώμα
Miroir	Καθρεφτησ
Oreiller	Μαξιλάρι
Rideaux	Κουρτίνα
Tapis	Χαλί

Méditation
Διαλογισμός

Acceptation	Αποδοχή
Attention	Προσοχή
Calme	Ηρεμία
Clarté	Σαφήνεια
Compassion	Συμπόνια
Esprit	Μυαλό
Émotions	Συναισθήματα
Éveillé	Ξύπνησε
Gentillesse	Καλοσύνη
Gratitude	Ευγνωμοσύνη
Mental	Ψυχική
Mouvement	Κίνηση
Musique	Μουσική
Nature	Φύση
Observation	Παρατήρηση
Paix	Ειρήνη
Perspective	Προοπτική
Posture	Στάση
Respiration	Αναπνοή
Silence	Σιωπή

Météo
Καιρός

Arc-En-Ciel	Ουράνιο Τόξο
Atmosphère	Ατμόσφαιρα
Brise	Αεράκι
Brouillard	Ομίχλη
Calme	Ηρεμία
Ciel	Ουρανόσ
Climat	Κλίμα
Glace	Πάγοσ
Inondation	Πλημμύρα
Mousson	Μουσώνασ
Nuage	Σύννεφο
Ouragan	Χιουρικανασ
Polaire	Πολική
Sec	Ξηρό
Sécheresse	Ξηρασία
Température	Θερμοκρασία
Tempête	Καταιγίδα
Tonnerre	Βροντή
Tropical	Τροπική
Vent	Άνεμοσ

Mode
Μόδα

bordable	Προσιτή
outique	Μπουτίκ
outons	Κουμπιά
roderie	Κέντημα
her	Ακριβά
nfortable	Άνετο
entelle	Δαντέλα
légant	Κομψό
inimaliste	Μινιμαλιστικό
oderne	Μοντέρνο
odeste	Μέτριο
odèle	Μοτίβο
riginal	Αρχική
ratique	Πρακτική
imple	Απλόσ
tyle	Στυλ
ndance	Τάση
exture	Υφή
ssu	Ύφασμα

Musique
Μουσική

Album	Άλμπουμ
Ballade	Μπαλάντα
Chanter	Τραγουδώ
Chanteur	Τραγουδιστήσ
Classique	Κλασική
Enregistrement	Εγγραφή
Harmonie	Αρμονία
Harmonique	Αρμονική
Instrument	Όργανο
Lyrique	Λυρική
Mélodie	Μελωδία
Microphone	Μικρόφωνο
Musical	Μουσική
Musicien	Μουσικόσ
Opéra	Όπερα
Poétique	Ποιητική
Rythme	Ρυθμού
Rythmique	Ρυθμική
Tempo	Τέμπο
Vocal	Φωνητικό

Mythologie
Μυθολογία

Archétype	Αρχέτυπο
Catastrophe	Καταστροφή
Comportement	Συμπεριφορά
Création	Δημιουργία
Créature	Πλάσμα
Croyances	Πεποιθήσεισ
Culture	Πολιτισμόσ
Éclair	Αστραπή
Force	Δύναμη
Guerrier	Πολεμιστήσ
Héros	Ήρωασ
Immortalité	Αθανασία
Jalousie	Ζήλια
Labyrinthe	Λαβύρινθοσ
Légende	Θρύλοσ
Magique	Μαγικό
Monstre	Τέρασ
Mortel	Θνητόσ
Tonnerre	Βροντή
Vengeance	Εκδίκηση

Nature
Φύση

Abeilles	Μέλισσεσ
Abri	Καταφύγιο
Animaux	Ζώα
Arctique	Αρκτική
Beauté	Ομορφιά
Brouillard	Ομίχλη
Désert	Ερήμου
Dynamique	Δυναμική
Érosion	Διάβρωση
Feuillage	Φύλλωμα
Fleuve	Ποταμόσ
Forêt	Δασοσ
Glacier	Παγετώνασ
Nuage	Σύννεφα
Paisible	Ειρηνική
Sanctuaire	Ιερό
Sauvage	Άγριο
Serein	Γαλήνιο
Tropical	Τροπική
Vital	Ζωτική

Nombres
Αριθμοί

Cinq	Πέντε
Deux	Δύο
Décimal	Δεκαδικό
Dix	Δέκα
Dix-Huit	Δεκαοκτώ
Dix-Neuf	Δεκαεννέα
Dix-Sept	Δεκαεπτά
Douze	Δώδεκα
Huit	Οκτώ
Neuf	Εννέα
Quatorze	Δεκατέσσερα
Quatre	Τέσσερα
Quinze	Δεκαπέντε
Seize	Δεκαέξι
Sept	Επτά
Six	Έξι
Treize	Δεκατρία
Trois	Τρία
Vingt	Είκοσι
Zéro	Μηδέν

Nourriture #1
Τρόφιμα #1

Ail	Σκόρδο
Basilic	Βασιλικού
Café	Καφέ
Cannelle	Κανέλα
Carotte	Καρότο
Citron	Λεμόνι
Épinard	Σπανάκι
Fraise	Φράουλα
Jus	Χυμόσ
Lait	Γάλα
Navet	Γογγύλι
Oignon	Κρεμμύδι
Orge	Κριθάρι
Poire	Αχλάδι
Salade	Σαλάτα
Sel	Αλάτι
Soupe	Σούπα
Sucre	Ζάχαρη
Thon	Τόνοσ
Viande	Κρέασ

Nourriture #2
Τρόφιμα #2

Amande	Αμύγδαλο
Aubergine	Μελιτζάνα
Banane	Μπανάνα
Blé	Σιτάρι
Brocoli	Μπρόκολο
Cerise	Κεράσι
Céleri	Σέλινο
Champignon	Μανιτάρι
Chocolat	Σοκολάτα
Jambon	Ζαμπόν
Kiwi	Ακτινίδιο
Mangue	Μάνγκο
Oeuf	Αυγό
Pain	Ψωμί
Poisson	Ψάρι
Pomme	Μήλο
Poulet	Κοτόπουλο
Raisin	Σταφύλι
Riz	Ρύζι
Tomate	Ντομάτα

Nutrition
Διατροφή

Amer	Πικρή
Appétit	Όρεξη
Calories	Θερμιδεσ
Comestible	Βρώσιμα
Diète	Διατροφή
Digestion	Πέψη
Épices	Μπαχαρικό
Équilibré	Ισορροπημένη
Fermentation	Ζύμωση
Ingrédients	Συστατικά
Liquides	Υγρά
Poids	Ζυγίζω
Protéines	Πρωτεϊνεσ
Qualité	Ποιότητα
Sain	Υγιή
Santé	Υγεία
Sauce	Σάλτσα
Saveur	Γεύση
Toxine	Τοξίνη
Vitamine	Βιταμίνη

Océan
Ωκεανός

Algue	Φύκι
Anguille	Χέλι
Baleine	Φάλαινα
Bateau	Βάρκα
Corail	Κοράλλι
Crabe	Καβούρι
Crevette	Γαρίδα
Dauphin	Δελφίνι
Éponge	Σφουγγάρι
Huître	Στρείδι
Méduse	Μέδουσεσ
Poisson	Ψάρι
Poulpe	Χταπόδι
Requin	Καρχαρίασ
Récif	Ξέρα
Sel	Αλάτι
Tempête	Καταιγίδα
Thon	Τόνοσ
Tortue	Χελώνα
Vagues	Κύματα

iseaux
ουλιά

igle	Αετόσ
anard	Πάπια
anari	Καναρίνι
igogne	Πελαργόσ
olombe	Περιστέρι
orbeau	Κοράκι
oucou	Κούκοσ
ygne	Κύκνοσ
lamant	Φλαμίνγκο
éron	Ερωδιοσ
anchot	Πιγκουίνοσ
oineau	Σπουργίτι
ouette	Γλάροσ
euf	Αυγό
ie	Χήνα
aon	Παγώνι
erroquet	Παπαγάλοσ
élican	Πελεκαν
oulet	Κοτόπουλο
oucan	Τουκάν

Pays #1
Χώρες #1

Afghanistan	Αφγανιστάν
Allemagne	Γερμανία
Argentine	Αργεντινή
Brésil	Βραζιλία
Canada	Καναδά
Espagne	Ισπανία
Équateur	Εκουαδόρ
Finlande	Φινλανδία
Inde	Ινδία
Israël	Ισραήλ
Libye	Λιβύη
Mali	Μάλι
Maroc	Μαρόκο
Nicaragua	Νικαράγουα
Norvège	Νορβηγία
Panama	Παναμά
Philippines	Φιλιππίνων
Pologne	Πολωνία
Roumanie	Ρουμανία
Venezuela	Βενεζουέλα

Pays #2
Χώρες #2

Albanie	Αλβανία
Chine	Κίνα
Danemark	Δανία
France	Γαλλία
Haïti	Αϊτή
Indonésie	Ινδονησία
Irlande	Ιρλανδία
Jamaïque	Τζαμάικα
Japon	Ιαπωνία
Kenya	Κένυα
Laos	Λάοσ
Liban	Λίβανοσ
Mexique	Μεξικό
Ouganda	Ουγκάντα
Pakistan	Πακιστάν
Russie	Ρωσία
Somalie	Σομαλία
Soudan	Σουδάν
Syrie	Συρία
Ukraine	Ουκρανία

aysages
οπία

ascade	Καταρράκτη
olline	Λόφο
ésert	Ερήμου
stuaire	Εκβολή
leuve	Ποταμόσ
lacier	Παγετώνασ
rotte	Σπήλαιο
eberg	Παγόβουνο
[illegible]	Νησί
ac	Λίμνη
arais	Βάλτοσ
er	Θάλασσα
ontagne	Βουνό
asis	Όαση
céan	Ωκεανόσ
éninsule	Χερσόνησο
lage	Παραλία
oundra	Τούνδρα
allée	Κοιλάδα
olcan	Ηφαίστειο

Physique
Φυσική

Accélération	Επιτάχυνση
Atome	Άτομο
Chaos	Χάοσ
Chimique	Χημική
Densité	Πυκνότητα
Électron	Ηλεκτρόνιο
Formule	Τύποσ
Fréquence	Συχνότητα
Gaz	Αέριο
Gravité	Βαρύτητα
Magnétisme	Μαγνητισμόσ
Masse	Μάζα
Mécanique	Μηχανική
Molécule	Μόριο
Moteur	Μηχανή
Nucléaire	Πυρηνική
Particule	Σωματίδιο
Relativité	Σχετικότητα
Universel	Καθολική
Vitesse	Ταχύτητα

Plage
Παραλία

Bateau	Βάρκα
Bleu	Μπλε
Coquilles	Κοχύλια
Côte	Ακτή
Crabe	Καβούρι
Dock	Αποβάθρα
Île	Νησί
Lagune	Λιμνοθάλασσα
Mer	Θάλασσα
Océan	Ωκεανόσ
Parapluie	Ομπρέλα
Récif	Ξέρα
Sable	Άμμο
Sandales	Σανδάλια
Serviette	Πετσέτα
Soleil	Ήλιοσ
Vacances	Διακοπέσ
Voilier	Ιστιοφόρο

Plantes
Φυτά

Arbre	Δέντρο
Baie	Μούρο
Bambou	Μπαμπού
Botanique	Βοτανική
Cactus	Κάκτοσ
Engrais	Λίπασμα
Feuillage	Φύλλωμα
Fleur	Λουλούδι
Flore	Χλωρίδα
Forêt	Δασοσ
Grandir	Αυξάνω
Haricot	Φασόλι
Herbe	Βότανο
Jardin	Κήποσ
Lierre	Κισσόσ
Mousse	Βρύα
Pétale	Πέταλο
Racine	Ρίζα
Tige	Ανακόπτω
Végétation	Βλάστηση

Professions #1
Επαγγέλματα #1

Ambassadeur	Πρέσβησ
Artiste	Καλλιτέχνησ
Astronome	Αστρονόμοσ
Avocat	Δικηγόροσ
Banquier	Τραπεζίτησ
Cartographe	Χαρτογράφοσ
Chasseur	Κυνηγόσ
Danseur	Χορευτήσ
Entraîneur	Προπονητήσ
Éditeur	Επεξεργασία
Géologue	Γεωλόγοσ
Infirmière	Νοσοκόμα
Médecin	Διδάκτωρ
Musicien	Μουσικόσ
Pianiste	Πιανίστασ
Plombier	Υδραυλικόσ
Pompier	Πυροσβέστησ
Psychologue	Ψυχολόγοσ
Scientifique	Επιστήμονασ
Vétérinaire	Κτηνίατροσ

Professions #2
Επαγγέλματα #2

Astronaute	Αστροναύτησ
Biologiste	Βιολόγοσ
Chercheur	Ερευνητήσ
Chirurgien	Χειρουργόσ
Dentiste	Οδοντίατροσ
Détective	Ντετέκτιβ
Enseignant	Δάσκαλοσ
Illustrateur	Εικονογράφοσ
Ingénieur	Μηχανικόσ
Inventeur	Εφευρέτησ
Jardinier	Κηπουρόσ
Journaliste	Δημοσιογράφοσ
Linguiste	Γλωσσολόγοσ
Médecin	Ιατροσ
Peintre	Ζωγράφοσ
Philosophe	Φιλόσοφοσ
Photographe	Φωτογράφοσ
Pilote	Πιλοτική
Professeur	Καθηγητήσ
Zoologiste	Ζωολόγοσ

Randonnée
Πεζοπορία

Animaux	Ζώα
Bottes	Μπότεσ
Camping	Κάμπινγκ
Carte	Χάρτη
Climat	Κλίμα
Eau	Νερό
Falaise	Βράχο
Fatigué	Κουρασμένοσ
Guides	Οδηγοί
Lourd	Βαριά
Météo	Καιρόσ
Montagne	Βουνό
Moustiques	Κουνούπια
Nature	Φύση
Parcs	Πάρκα
Pierres	Πέτρα
Préparation	Παρασκευή
Sauvage	Άγριο
Soleil	Ήλιοσ
Sommet	Κορυφή

Restaurant #2
Εστιατόριο #2

Boisson	Ποτό
Chaise	Καρέκλα
Cuillère	Κουτάλι
Déjeuner	Γεύμα
Délicieux	Νόστιμο
Dîner	Δείπνο
Eau	Νερό
Épices	Μπαχαρικό
Fourchette	Πιρούνι
Fruit	Φρούτο
Gâteau	Κέικ
Glace	Πάγοσ
Légumes	Λαχανικά
Nouilles	Λαζάνια
Oeuf	Αυγα
Poisson	Ψάρι
Salade	Σαλάτα
Sel	Αλάτι
Serveur	Σερβιτόροσ
Soupe	Σούπα

Santé et Bien-Être #1
Υγεία και Ευεξία #1

Actif	Ενεργή
Bactéries	Βακτήρια
Blessure	Τραυματισμό
Clinique	Κλινική
Faim	Πείνα
Fracture	Κάταγμα
Habitude	Συνήθεια
Hauteur	Υψοσ
Hormone	Ορμόνη
Médecin	Διδάκτωρ
Médicament	Ιατρική
Nerfs	Νεύρα
Os	Οστά
Peau	Δέρμα
Pharmacie	Φαρμακείο
Posture	Στάση
Relaxation	Χαλάρωση
Suppléments	Συμπληρώματα
Thérapie	Θεραπεία
Virus	Ιόσ

Santé et Bien-Être #2
Υγεία και Ευεξία #2

Allergie	Αλλεργία
Anatomie	Ανατομία
Appétit	Όρεξη
Calorie	Θερμίδα
Corps	Σώμα
Déshydratation	Αφυδάτωση
Énergie	Ενέργεια
Génétique	Γενετική
Hôpital	Νοσοκομείο
Hygiène	Υγιεινή
Infection	Μόλυνση
Maladie	Αρρώστια
Massage	Μασάζ
Nutrition	Διατροφή
Poids	Ζυγίζω
Récupération	Ανάκτηση
Sain	Υγιή
Sang	Αίμα
Stress	Πίεση
Vitamine	Βιταμίνη

Science
Επιστήμη

Atome	Άτομο
Chimique	Χημική
Climat	Κλίμα
Données	Δεδομένα
Expérience	Πείραμα
Évolution	Εξέλιξη
Fait	Γεγονόσ
Fossile	Απολίθωμα
Gravité	Βαρύτητα
Hypothèse	Υπόθεση
Laboratoire	Εργαστήριο
Méthode	Μέθοδοσ
Minéraux	Ορυκτά
Molécules	Μόρια
Nature	Φύση
Observation	Παρατήρηση
Organisme	Οργανισμόσ
Particules	Σωματίδια
Physique	Φυσική
Scientifique	Επιστήμονασ

Science-Fiction
Επιστημονική Φαντασία

Atomique	Ατομικό
Dystopie	Δυστοπία
Explosion	Έκρηξη
Extrême	Άκρο
Feu	Φωτιά
Futuriste	Φουτουριστικό
Galaxie	Γαλαξίασ
Illusion	Ψευδαίσθηση
Imaginaire	Φανταστικό
Livres	Βιβλια
Lointain	Μακρινό
Monde	Κόσμο
Mystérieux	Μυστηριώδησ
Oracle	Μαντείο
Planète	Πλανήτησ
Réaliste	Ρεαλιστική
Robots	Ρομπότ
Scénario	Σενάριο
Technologie	Τεχνολογία
Utopie	Ουτοπία

Temps
Χρόνος

nnée	Ετοσ
nnuel	Ετήσια
près	Μετά
vant	Πριν
ientôt	Σύντομα
alendrier	Ημερολόγιο
écennie	Δεκαετία
utur	Μέλλον
eure	Ώρα
ier	Χθεσ
orloge	Ρολόι
our	Μέρα
aintenant	Τώρα
atin	Πρωί
idi	Μεσημέρι
inute	Λεπτό
ois	Μήνασ
uit	Νύχτα
emaine	Εβδομάδα
ècle	Αιώνασ

Types de Cheveux
Τύποι Μαλλιών

Argent	Ασημένιο
Blanc	Λευκό
Blond	Ξανθά
Boucles	Μπούκλεσ
Brillant	Λαμπερά
Chauve	Φαλακρόσ
Court	Κοντό
Doux	Μαλακό
Épais	Παχύ
Frisé	Σγουρά
Gris	Γκρι
Lisse	Ομαλή
Long	Μακρύ
Marron	Καφέ
Mince	Λεπτή
Noir	Μαύρο
Sain	Υγιή
Sec	Ξηρό
Tresses	Πλεξούδεσ
Tressé	Πλεγμένο

Univers
Σύμπαν

Astéroïde	Αστεροειδήσ
Astronome	Αστρονόμοσ
Astronomie	Αστρονομία
Atmosphère	Ατμόσφαιρα
Céleste	Ουράνιο
Ciel	Ουρανόσ
Cosmique	Κοσμική
Équateur	Ισημερινόσ
Galaxie	Γαλαξίασ
Hémisphère	Ημισφαίριο
Horizon	Ορίζοντα
Longitude	Γεωγραφικό
Lune	Φεγγάρι
Obscurité	Σκοτάδι
Orbite	Τροχιά
Solaire	Ηλιακή
Solstice	Ηλιοστάσιο
Télescope	Τηλεσκόπιο
Visible	Ορατή
Zodiaque	Ζώδιο

Vacances #2
Διακοπές #2

Aéroport	Αεροδρόμιο
Camping	Κάμπινγκ
Carte	Χάρτη
Destination	Προορισμόσ
Étranger	Ξένο
Hôtel	Ξενοδοχείο
Île	Νησί
Loisir	Αναψυχή
Mer	Θάλασσα
Montagnes	Βουνά
Passeport	Διαβατήριο
Plage	Παραλία
Restaurant	Εστιατόριο
Taxi	Ταξί
Tente	Σκηνή
Train	Τρένο
Transport	Μεταφορά
Visa	Βίζα
Voyage	Ταξίδι

Véhicules
Οχήματα

Ambulance	Ασθενοφόρο
Avion	Αεροπλάνο
Bateau	Βάρκα
Bus	Λεωφορείο
Camion	Φορτηγό
Caravane	Τροχόσπιτο
Ferry	Πορθμείο
Fusée	Ρουκέτα
Hélicoptère	Ελικόπτερο
Métro	Μετρό
Moteur	Μοτέρ
Pneus	Λάστιχα
Radeau	Σχεδία
Scooter	Σκούτερ
Sous-Marin	Υποβρύχιο
Taxi	Ταξί
Tracteur	Τρακτέρ
Train	Τρένο
Vélo	Ποδήλατο
Voiture	Αυτοκίνητο

Vêtements
Ρούχα

Bracelet	Βραχιόλι
Ceinture	Ζώνη
Chapeau	Καπέλο
Chaussure	Παπούτσι
Chemise	Πουκάμισο
Chemisier	Μπλούζα
Collier	Κολιέ
Foulard	Κασκόλ
Gants	Γάντια
Jeans	Τζιν
Jupe	Φούστα
Manteau	Παλτό
Mode	Μόδα
Pantalon	Παντελόνι
Pull	Πουλόβερ
Pyjama	Πιτζάμα
Robe	Φόρεμα
Sandales	Σανδάλια
Tablier	Ποδιά
Veste	Σακάκι

Ville
Πόλη

Aéroport	Αεροδρόμιο
Banque	Τράπεζα
Bibliothèque	Βιβλιοθήκη
Boulangerie	Αρτοποιείο
Clinique	Κλινική
École	Σχολείο
Fleuriste	Ανθοπωλείο
Galerie	Συλλογή
Hôtel	Ξενοδοχείο
Librairie	Βιβλιοπωλείο
Marché	Αγορά
Musée	Μουσείο
Pharmacie	Φαρμακείο
Restaurant	Εστιατόριο
Salon	Σαλόνι
Stade	Στάδιο
Supermarché	Μάρκετ
Théâtre	Θέατρο
Université	Πανεπιστήμιο
Zoo	Ζωολογικό

Félicitations

Vous avez réussi !

Nous espérons que vous avez apprécié ce livre autant que nous avons pris plaisir à le concevoir. Nous faisons de notre mieux pour créer des livres de la meilleure qualité possible.
Cette édition est conçue pour permettre un apprentissage intelligent et de qualité en se divertissant !

Vous avez aimé ce livre ?

Une Simple Demande

Nos livres existent grâce aux avis que vous publiez. Pourriez-vous nous aider en laissant un avis maintenant ?

Voici un lien rapide qui vous mènera à votre page d'évaluation de vos commandes :

BestBooksActivity.com/Avis50

CHALLENGE FINAL !

Défi n°1

Êtes-vous prêt pour votre jeu bonus ? Nous les utilisons tout le temps mais ils ne sont pas si faciles à trouver. Voici les Synonymes !

Notez 5 mots que vous avez trouvés dans les puzzles notés ci-dessous (n°21, n°36, n°76) et essayez de trouver 2 synonymes pour chaque mot.

Notez 5 Mots du ***Puzzle 21***

Mots	Synonyme 1	Synonyme 2

Notez 5 Mots du ***Puzzle 36***

Mots	Synonyme 1	Synonyme 2

Notez 5 Mots du ***Puzzle 76***

Mots	Synonyme 1	Synonyme 2

Défi n°2

Maintenant que vous vous êtes échauffé, notez 5 mots que vous avez dé-couverts dans les Puzzles n° 9, n° 17, n° 25 et essayez de trouver 2 anto-nymes pour chaque mot. Combien pouvez-vous en trouver en 20 minutes ?

Notez 5 Mots du ***Puzzle 9***

Mots	Antonyme 1	Antonyme 2

Notez 5 Mots du ***Puzzle 17***

Mots	Antonyme 1	Antonyme 2

Notez 5 Mots du ***Puzzle 25***

Mots	Antonyme 1	Antonyme 2

Défi n°3

Formidable ! Ce défi final  n'est rien pour vous.

Prêt pour le dernier défi ? Choisissez 10 mots que vous avez découverts parmi les différents puzzles et notez-les ci-dessous.

1.	6.
2.	7.
3.	8.
4.	9.
5.	10.

Maintenant, composez un texte en pensant à une personne, un animal ou un lieu que vous aimez !

Astuce: Vous pouvez utiliser la dernière page de ce livre comme brouillon !

Votre Composition :

CARNET DE NOTES :

À TRÈS BIENTÔT !

Toute l'équipe

www.ingramcontent.com/pod-product-compliance
Lightning Source LLC
Chambersburg PA
CBHW082205120626
46553CB00010B/3020
* 9 7 9 8 8 9 6 7 0 5 1 9 2 *